高等职业教育"十二五"规划教材

教育部高等学校高职高专汽车类专业教学指导委员会推荐精品课程教材

汽车发动机机械系统检测与修复

（理实一体化教程）

（第三版）

主　编　李景蒲　　赵树国

副主编　王秀贞　　赵丽芳

参　编　武志平　　吴立波　　盛鹏程

主　审　王秀贞

上海交通大学出版社
SHANGHAI JIAO TONG UNIVERSITY PRESS

内容提要

本书介绍了发动机机械系统的检测与修复，主要包括汽车发动机维修常用工具和量具的使用方法、发动机机械性能的检测与修复、发动机异响的诊断与排除、发动机温度异常的诊断与排除、发动机机油压力异常的诊断与排除及任务工单六部分。本书注重介绍故障的诊断、检测与修复方法，详细列举了发动机机械系统各个常见故障产生的原因，并给出了具体的故障案例，集理论与实践于一体。

本书可作为职业院校汽车检测和维修技术及相关专业的教材，也可作为各类汽车职业培训用书。

图书在版编目（CIP）数据

汽车发动机机械系统检测与修复：理实一体化教程/
李景蒲，赵树国主编. —3 版. —上海：上海交通大学
出版社，2016
ISBN 978 - 7 - 313 - 15957 - 1

Ⅰ. ①汽…　Ⅱ. ①李…②赵…　Ⅲ. ①汽车—发动机
—机械系统—检测—教材②汽车—发动机—机械系统—车
辆修理—教材　Ⅳ. ①U472.43

中国版本图书馆 CIP 数据核字（2016）第 244305 号

汽车发动机机械系统检测与修复
（理实一体化教程）
（第三版）

主　　编：李景蒲　赵树国
出版发行：上海交通大学出版社　　　　　　　　　地　　址：上海市番禺路 951 号
邮政编码：200030　　　　　　　　　　　　　　　电　　话：021 - 64071208
出 版 人：郑益慧
印　　制：上海天地海设计印刷有限公司　　　　　经　　销：全国新华书店
开　　本：787 mm×1092 mm　1/16　　　　　　　印　　张：12.25
字　　数：293 千字
版　　次：2011 年 8 月第 1 版　2016 年 10 月第 3 版　印　　次：2016 年 10 月第 3 次印刷
书　　号：ISBN 978 - 7 - 313 - 15957 - 1/U
定　　价：36.00 元

高等职业教育"十二五"规划教材

教育部高等学校高职高专汽车类专业教学指导委员会推荐精品课程教材

顾问

委员

本书编写委员会

序

　　我国作为世界汽车生产和消费大国,汽车产业的高速发展和汽车消费的持续增长,为国民经济的增长产生了巨大拉动作用。近年来,我国汽车专业职业教育事业取得了长足发展,为汽车行业输送了大量的人才。随着汽车产业的迅猛发展,社会对汽车专业人才提出了更高的要求。进一步深化人才培养模式、课程体系和教学内容的改革,提高办学质量,培养更多的适应新时代需要的具有创新能力的高技能、高素质人才,是汽车专业教育的当务之急。

　　作为汽车专业教育的重要环节,教材建设肩负着重要使命,新的形势要求教材建设适应新的教学要求。职业教育教材应针对学生自身特点,按照技能人才培养模式和培养目标,以应用性职业岗位需求为中心,以素质教育、创新教育为基础,以学生能力培养、技能实训为本位,使职业资格认证内容和教材内容有机衔接,全面构建适应21世纪人才培养需求的汽车类专业教材体系。

　　本书作者既有来自汽车专业教学一线的老师,也有来自行业和企业的专家,他们根据自己长期从事实际工作的经验,对人才培养模式和教学方法进行了新的探索和总结,并形成这一系列特点明显的创新教材。我觉得该系列教材有以下两个值得关注的亮点:

　　一是教材编写形式新颖。该系列教材按照理实一体化教学模式进行编写,在整个教学环节中,理论和实践交替进行,让学生在学中练、练中学,在学练中理解理论知识、掌握技能,达到学以致用的效果。

　　二是教材内容生动活泼。书中提供了大量详细、实用的案例,也穿插讲述了相关知识和技巧,引导学生积极参与教和学的过程,激发学生学习的热忱,增强学生学习的兴趣。

　　我衷心希望通过本系列教材的出版为我国高等职业教育汽车类专业教材的编写探索一个新的模式,也期待本系列教材的出版为我国汽车类专业人才培养和教育教学改革起到积极的推动作用。

北京大学中国职业研究所所长
中国就业促进会副会长
中华职业教育社专家委员会副主任
中国就业培训技术指导中心学术委员会主任

陈　宇

(教授,博导)

前　言

　　为适应汽车行业发展和高等职业教育改革的要求,特编写本教材。本书在编写过程中,突出职业教育的特点,在理论上以"够用"为原则;在实训部分突出职业技能的训练和职业素质的培养与提高;在内容上加强了汽车故障的针对性和应用性,力求改变学生被动学习的传统教学方式,突出学生的主体地位。

　　本书分五个项目和任务工单共六大部分。以汽车的具体故障案例为载体,激发学生的学习兴趣,进而引导学生完成汽车发动机机械系统常见故障的原因分析和故障排除。本书详细介绍了发动机机械系统异常的诊断、检修和故障排除过程,重点介绍了发动机机械部分的检修、发动机异响的诊断与排除、发动机冷却液温度异常的诊断与排除、发动机机油压力异常的诊断与排除。

　　本书的另一特点是增加了任务工单。对应理实一体的教学方式,5 个项目中包含 17 个任务,贯穿于整个教学过程,可以充分调动学生的学习积极性和主动性,使其真正成为行动导向教学过程中的主体。

　　本教材由邢台职业技术学院李景蒲和邯郸职业技术学院赵树国担任主编,邢台职业技术学院王秀贞和邯郸学院赵丽芳担任副主编。项目一由李景蒲编写,项目三由保定职业技术学院武志平编写,项目二、四、五由赵树国编写,各章节案例由邯郸职业技术学院吴立波、邯郸学院赵丽芳和邢台职业技术学院盛鹏程编写,任务工单由王秀贞编写。本教材由邢台职业技术学院王秀贞统稿和主审,在此表示衷心的感谢。

　　在本教材的编写过程中参考了多本相关教材、著作和汽车维修资料,在此谨向其作者及资料提供者表示衷心的谢意。

　　由于编者水平有限,书中存在的不妥之处,恳请读者和专家批评指正。

目　　录

⟶ 项目一

汽车发动机维修工具和量具的使用

📖 项目描述

常言道"工欲善其事，必先利其器"，汽车维修也有"三分技术，七分工具和设备"的说法，由此可见，正确地选用工具和量具对汽车维修来说非常重要。

汽车维修作业最基本的工作是拆卸和装配，在拆卸过程中使用最频繁的是通用工具。通用工具的种类很多，用途也各不相同，通用工具使用的正确与否，直接关系到维修工作的效率。若使用不正确，不但影响工作效率，还会造成某些部件和工具的损坏，甚至会发生人身伤亡事故。但现实很多维修技术人员不太重视工具和量具的使用方法，导致不能顺利完成维修工作。因此作为一个汽车维修技术人员，应该了解通用工具的用途，并熟练掌握通用工具的使用方法。本项目将对汽车维修通用工具和量具的选用及使用作出详细的介绍。汽车维修通用工具包括千分尺、游标卡尺、量缸表、套筒、扳手、钳子、螺丝刀、电动及气动工具等。

任务一　汽车发动机维修常用量具的使用

🔧 任务导入

一辆汽车的力学性能和经济性能下降明显，燃油和机油损耗增加，机油一个星期就需要补加一次，废气排放明显超标。打开机油加注口察看液面时，会冒出一定的脉动烟雾。

✒ 学习目标

1. 掌握游标卡尺、千分尺、百分表等常用测量工具的测量原理。
2. 掌握汽车主要零件的平面度、圆度、圆柱度、配合间隙等的测量方法。
3. 能独立操作常用测量工具对汽车主要零件尺寸、形位误差及配合间隙进行测量。
4. 能正确对测量结果进行读数，并根据正确的读数进行分析。

📚 相关知识

在汽车维修过程中经常用到一些量具来测量一些数据，如用塞尺来测量气门间隙，用游标卡尺、外径千分尺来测量直径等。

一、塞尺

塞尺是由多片不同厚度的标准钢片所组成的测量工具,钢片上标有其厚度值,如图 1-1 所示。塞尺主要用于测量两个接合面之间的间隙值,使用时可以用一片进行测量,也可以用多片组合在一起进行测量。

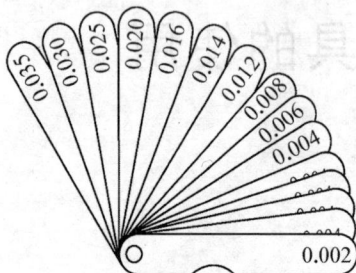

图 1-1 塞尺

二、游标卡尺

游标卡尺是一种能直接测量工件直径、宽度、长度或深度的量具,如图 1-2 所示。按照测量功能不同,游标卡尺可分为普通游标卡尺和深度游标卡尺;按照测量精度不同,可分为 0.10 mm、0.20 mm、0.05 mm、0.02 mm 等几种型号。汽车发动机维修作业中常用的游标卡尺的测量精度为 0.10 mm。

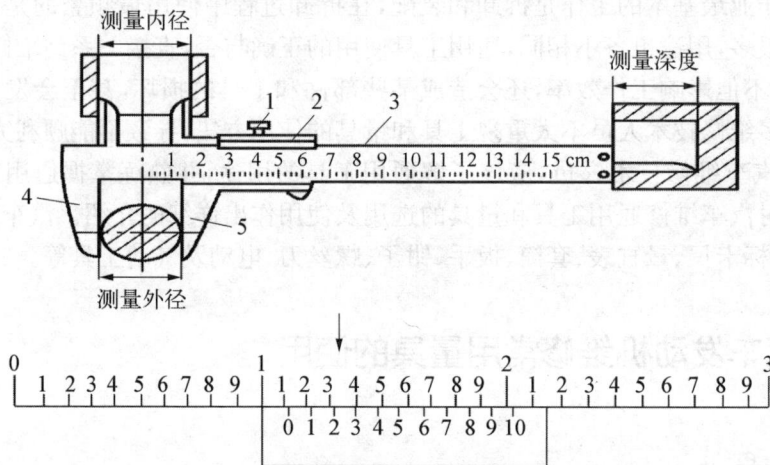

图 1-2 游标卡尺的结构及读数方法
1-固定螺钉;2-游标;3-尺身;4-固定卡脚;5-活动卡脚

三、外径千分尺

外径千分尺又称为分离卡尺,是一种测量精度较高的精密量具,其测量精度可达到 0.01 mm,如图 1-3 所示。按照测量范围的不同,外径千分尺可分为 0~25 mm、25~50 mm、50~70 mm、75~100 mm 和 100~125 mm 等多种不同的规格,但每种千分尺的测量范围均为 25 mm。

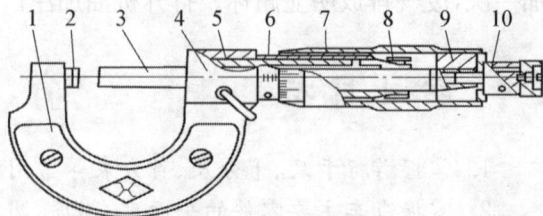

图 1-3 外径千分尺
1-尺架;2-固定座;3-活动座;4-锁紧装置;5-螺纹套筒;6-固定套筒;7-活动套筒;8-螺母;9-接头;10-棘轮

四、百分表

如图 1-4 所示,百分表是一种比较性测量仪器,主要用于测量工件的尺寸误差、形位误差

图 1-4 百分表
1-大指针；2-小指针；3-刻度盘；
4-测头；5-磁力表座；6-支架

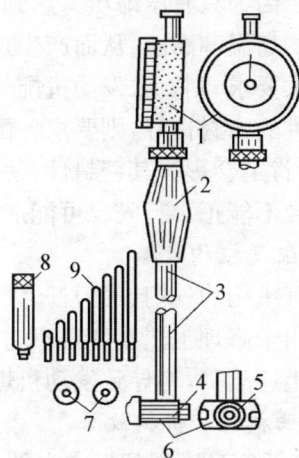

图 1-5 内径百分表
1-百分表；2-绝缘套；3-表杆；
4-接杆座；5-活动测头；6-支撑架；
7-固定螺母；8-加长接杆；9-接杆

及配合间隙等，其测量精度为 0.01 mm。

五、内径百分表

内径百分表又称为量缸表或内径表，是一种用于测量孔径的比较性量具，其测量精度为 0.01 mm。在汽车发动机维修作业中，主要用于测量发动机汽缸和轴承坐孔的圆度误差、圆柱度误差或零件磨损情况。

内径百分表由百分表、表杆、接杆座、活动测头、支撑架、固定螺母、加长接杆和一套长度不等的接杆等组成，如图 1-5 所示。

🏁 任务实施

一、发动机烧机油的故障现象

一辆车发动机经过大修后不久，就明显出现了烧机油现象，具体表现如下：

（1）汽车行驶过程中，低速、中速及高速都有冒蓝烟的现象，并且机油压力偏低，起动时比较困难，行驶时无力。

（2）动力性能和经济性能下降明显，燃油和机油损耗增加，机油一个星期就需要补加一次，废气排放明显超标。打开机油加注口察看液面时，会冒出一定的脉动烟雾。

（3）检查曲轴和进气口时，有刺鼻气味的烟雾窜出；看排气管口，有油湿现象，检查火花塞时有明显的积炭现象。

二、造成发动机烧机油的故障分析

发动机在正常工作温度下运转时，要取得足够的动力性和良好的经济性，工作时就必须要使进入燃烧室的混合气的压力符合技术要求，并且需要保证有足够的空气进入汽缸、混合气燃烧彻底。因为只有压缩压力达到最大要求和进气充分的情况下，才能保证发动机做功时能产生足够的高温和高压，从而产生足够的动力，带动发动机高速运转。而要保证发动机汽缸压力达到最大要求，则要求发动机配气机构以及曲柄连杆机构等各配合部件密封良好。想要保证相关部件的密封良好，则要求各配合间隙符合技术要求。一旦发动机各相关密封配合件磨损过大时，肯定会影响其密封性，使发动机出现烧机油的现象，令其输出功率下降、动力性下降，最终导致不能正常行驶。可能造成发动机烧机油的有如下几个故障点：

1. 配气机构故障

配气机构的气门、气门杆、气门导管的磨损超标，会导致其配合间隙增大。当气门杆和气门导管由于修理工艺及磨损不均匀时，会造成密封配合不良，容易产生漏油现象。配气机构如果出现上述故障，将导致发动机燃烧室烧机油，从而影响发动机的动力性和经济性。

2. 曲柄连杆机构故障

（1）活塞环磨损超标或失效、各环环口未错开规定角度。活塞环是活塞连杆组中磨损最快的零件，尤其是第一道气环，因其工作环境最为恶劣，使其磨损最快。在燃烧的作用下，环背产生的压力加速了环背的磨损。活塞环磨损或失效后，弹力减弱，端隙、侧隙以及背隙增大，令活塞环与汽缸体之间的配合间隙增大，使汽缸内密封性能变差而出现机油上窜，造成发动机的动力性能降低，机油消耗增加，导致燃烧室表面积炭和排气时冒蓝烟。

（2）活塞磨损引起的窜油故障。活塞磨损最快的部位，是活塞环槽与活塞销座孔环槽的磨损，其中第一道环槽磨损最为严重，从上而下，依此减轻，环槽的磨损，使活塞环槽中配合间隙增大，容易引起烧机油现象。

3. 汽缸磨损故障

汽缸的工作表面，正常情况下活塞环运动的区域内会形成不均匀的磨损。纵向截面磨成上大下小的圆锥形，横向截面形成椭圆形。纵向截面磨损产生圆柱度误差，最大的磨损部位是在活塞处于上止点位置时，第一道气环所对应的缸壁处。横向截面磨损产生圆度误差，最大的磨损处在进气门对面的汽缸壁上。

三、故障排除的方法

根据以上分析，围绕着发动机出现烧机油的故障现象，针对以上可能产生烧机油的故障点，逐项进行检查、分析、排除。

首先，拆下汽缸盖检查，发现个别排气门座上有灰白的积炭，进气门处有油湿。将有问题的气门导管与杆的配合间隙进行测量，找出配合间隙大于原厂标准 0.14 mm 以上的，即为造成进排气门与座的配合密封不良而产生积炭的原因。显然这是由于维修工艺不规范或材质不佳而造成的。而部分气门杆与导管的配合间隙过大，同样不排除工艺与材质的因素。检查完后重新更换气门、气门导管和气门油封。与此同时，要重点检查活塞环的几个重要数据，没有发现对口现象，怀疑是环的材质有问题。则又选一副原厂生产、认为质量可靠的活塞环试配，重新装好发动机起动试运转，燃烧机油和动力不足的现象明显改善，但尚有蓝烟从排气管排出，即发动机烧机油的故障还未排除。重新用量缸表测量汽缸体的圆度和圆柱度误差，圆度误差为 0.03 mm，圆柱度误差为 0.02 mm，且无拉伤痕迹，符合大修标准。但检查汽缸表面的粗糙度时，发现汽缸局部位置与活塞环无接触。根据这种情况，估计故障可能是汽缸体承孔与汽缸套外径配合不良造成，因为如果汽缸套与承孔配合不是过盈配合，而存在间隙时，在发动机高速运转的情况下,有间隙的部位会在瞬间高温高压作用下,造成汽缸套局部变形压紧在承孔上,导致较大变形,使活塞环与汽缸体间产生瞬间密封配合不良的问题。而采用量缸表是不能量出这一变形误差的,原因是零件表面的实际形状对理想形状的变动量是在受到冲击力时才出现的,而且发生时的变动量为形状误差,当实际圆柱面偏离理论圆柱面时,实际圆柱内各垂直面的直径是相等的,所以用量缸表测量仍得到符合标准的数据。根据以上分析,重新压出汽缸套,经测量,果然是汽缸体承孔加工不符合技术要求。重新镗磨汽缸体承孔,配换标准的新汽缸套,重新装好后试运行,发动机烧机油现象消除。经过一系列的调试,发动机呈正常运行状态。

拓展提升

一、塞尺的使用

用干净布将塞尺片擦拭干净,不能在塞尺片沾有油污的情况下进行测量,否则会直接影响测量结果的准确性。使用时将厚度适中的塞尺片插入被测间隙中,来回拉动塞尺片,感到稍有阻力时表明该间隙值接近塞尺片上所标出的数值。如果拉动时阻力过大或过小,说明该间隙值小于或大于塞尺片上所标出的数值,需要重新换用另一片厚度不同的塞尺片进行测量。

塞尺使用时候的注意事项有以下两点:

(1) 在测量过程中,不允许剧烈弯折塞尺片或用较大的力硬将塞尺片插入被检测间隙中,否则将损坏塞尺片。

(2) 测量结束后,应将塞尺片擦拭干净,并涂上一层薄薄的润滑油或工业凡士林,然后将塞尺片收回夹框内,以防锈蚀、弯曲或变形。

二、游标卡尺的使用

1. 使用方法

(1) 使用前,先将工件被测表面和卡钳接触表面擦拭干净。

(2) 测量工件外径时,将活动卡钳向外移动,使两卡钳间距大于工件外径,然后再缓慢地移动副尺,使两卡钳与工件接触。使用中,切忌硬拉硬卡,否则会影响游标卡尺的精度和读数的精确性。

(3) 测量工件内径时,将活动卡钳向内移动,使两卡钳间距小于工件内径,然后再缓慢地向外移动副尺,使两卡钳与工件接触。

(4) 测量工件的内径和外径时,应使游标卡尺与工件垂直,如图1-6(a)所示。测量外径时记下最小尺寸,测内径时记下最大尺寸。

(5) 测量沟槽时,应当用卡钳的平面测量刃进行测量,尽量避免用卡钳端部和刀口形卡钳测量外尺寸。而对于圆弧形沟槽尺寸,则应用刀口形卡钳进行测量,不应该用平面形卡钳进行测量,如图1-6(b)所示。

(6) 测量沟槽宽度时,要放正游标卡尺,使卡尺两卡钳的连线垂直于沟槽,不能歪斜。否则,卡钳若在图1-6(c)所示的错误位置上,也将使测量结果不准确(可能大也可能小)。

(7) 用深度游标卡尺测量工件时,将固定卡钳与工件被测表面平整接触,然后缓慢地移动副尺,使卡钳与工件接触。测量时用力不宜过大,以免硬压游标而影响测量精度和读数的准确性。

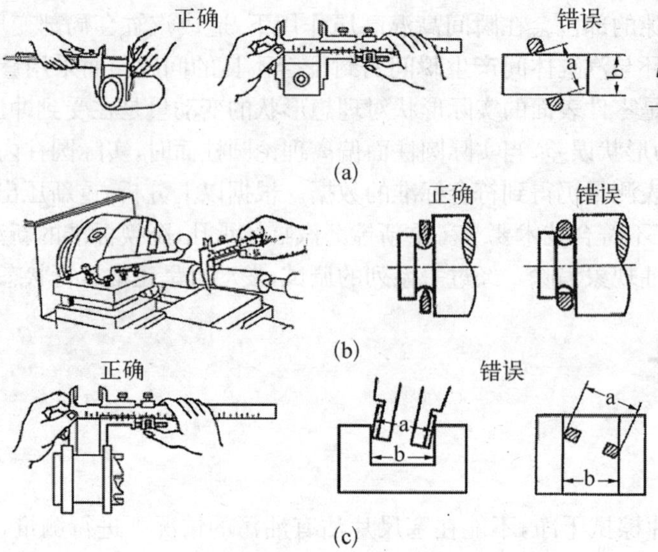

图 1-6　游标卡尺与工件的正确位置
(a) 测量外尺寸　(b) 测量沟槽尺寸　(c) 测量沟槽宽度

　　(8) 使用完毕,应将游标卡尺擦拭干净,并涂上一层薄薄的工业凡士林,然后放入卡尺盒内存放,切忌弯折、重压。

　　2. 读数方法

　　(1) 读出副尺零刻线所对应主尺上左边刻线的毫米整数值。

　　(2) 观察副尺上零刻线右边第几条刻线与主尺某一刻线对准,将游标精度乘以副尺上的格数,即为毫米小数值。

　　(3) 将主尺上整数值和副尺上的小数值相加,即得被测工件的尺寸,可参考图 1-2。

工件尺寸(mm)=主尺整数值+游标卡尺精度×副尺格数

三、外径千分尺的使用

　　1. 千分尺误差的检查

　　先把千分尺砧端表面擦拭干净;旋转棘轮盘,使两个砧端夹住圆柱形标准量块,直到棘轮发出 2～3 响"咔咔"声,这时检查指示值。活动套筒前端应与固定套筒的零线对齐,活动套筒的零线应与固定套筒的基线对齐。若两者中有一个零线没有对齐,则该千分尺有误差,必须调整使其零位对齐后才能使用。

　　2. 使用方法

　　将工件被测表面擦拭干净,并置于千分尺两砧端之间,使千分尺螺杆轴线与工件中心线垂直或平行。若有歪斜,则直接影响测量准确性。旋转旋钮,使砧端与工件测量表面接近,然后改用旋转棘轮盘,直到棘轮发出"咔咔"声为止,这时的指示数值就是所测量到的工件尺寸。测量完成后,应将千分尺擦拭干净,保持清洁,并涂抹一层薄薄的工业凡士林,然后放入盒内保存。禁止重压、弯曲千分尺,且两砧端不得接触,以免影响千分尺精度。

　　3. 读数方法

　　从固定套筒上露出的刻线读出工件尺寸的毫米整数部分和半毫米数;从活动套筒上由固

定套筒纵向线所对准的刻度线读出工件的小数部分,不足一格数可用估算读法确定。将两次读数相加就是工件的测量尺寸,如图1-7所示。

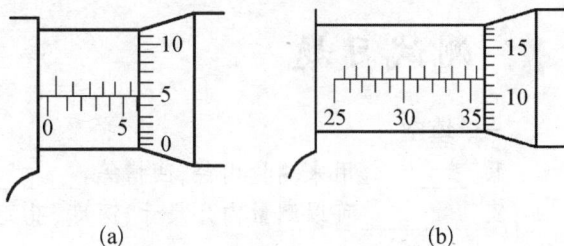

图1-7 外径千分尺的读数方法
(a) 6+0.05=6.05 mm (b) 35.5+0.12=35.62 mm

四、百分表的使用

1. 读数方法

百分表的刻度盘一般为100格,测量杆每移动0.01 mm,大指针偏转1格;大指针每旋转1圈,小指针偏转1格。指针的偏转量就是被测工件的实际偏差或间隙值。

2. 使用方法

先将百分表固定在表架上,以测杆端量头抵住工件表面,并使量头产生一定量的位移。移动被测工件或百分表支架座,观察百分表刻度盘上指针的偏转量,该偏转量即是被测物体的偏差尺寸或间隙值。

3. 注意事项

(1)测杆轴线应与被测工件表面垂直,否则影响测量精度。

(2)百分表用完后,应卸除所有的负荷;用干净的软布将表面擦拭干净,并在金属表面涂抹一层薄薄的工业凡士林;将百分表水平放置在盒内,严禁重压。

五、内径百分表的使用

在汽车发动机维修作业中,内径百分表一般用来测量汽缸的磨损程度,以确定汽缸的圆度和圆柱度。使用时按照以下步骤进行操作:

(1)一只手拿住绝热套,另一只手尽量托住表杆下部,轻轻摆动表杆,使内径百分表测杆与汽缸轴线垂直(可通过观察百分表摆动情况来判断,当指针顺时针转动到极限位置时数值最小,表示测杆已与汽缸轴线垂直)。

(2)读出百分表指示的数值,其读数方法与百分表相同。

(3)确定工件尺寸。如果百分表大指针正好指在"0"处,说明被测工件的孔径与其校表尺寸相等;若以标准尺寸进行校表,则表示工件尺寸与标准尺寸相同。如果百分表大指针顺时针方向转离"0"位,则表示工件尺寸小于标准尺寸;反之,则表示工件尺寸大于标准尺寸。对不同截面、不同位置进行测量,根据测量结果即可计算出圆度和圆柱度误差或工件的磨损量。

在进行测量时,测量部位的选择非常重要。根据汽缸的磨损规律,汽缸的测量位置应选择在三个截面:汽缸体上部距汽缸上平面10 mm处、汽缸中部和汽缸下部距汽缸套下口10 mm处,并按A、B两个方向分别测量汽缸的直径,如图1-8所示。

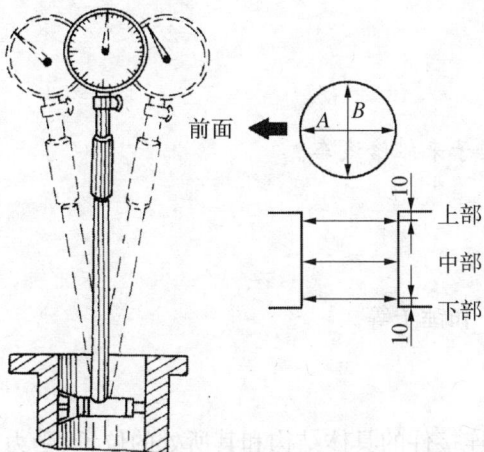

图1-8 汽缸的测量

测试习题

一、填空

1. _____用来测量内径、凹槽等,_____用来测量外径和平行面等。

2. _____可以测量内外尺寸、深度、孔距、环形壁厚和沟槽等,其读数部分由_____和_____组成。

3. _____又称螺旋测微器,是一种精密量具。

4. _____是齿轮传动式测微量具,常用来测量机器零件的各种几何形状偏差和表面相互位置偏差,也可测量工件的长度尺寸,具有外廓尺寸小、重量轻和使用方便等特点。

5. _____又称塞尺,主要用来测量两平面之间的间隙。

6. 使用量具时应注意防止由_____而产生的误差。

7. 使用游标卡尺和千分尺时应先将测量面_____,并检查_____。

8. 使用量缸表测量缸径时,量杆必须与汽缸轴线_____。

二、读数

_____   _____   _____

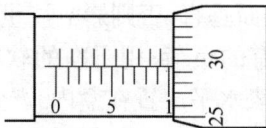

任务二　汽车发动机维修常用工具的使用

任务导入

如何正确使用汽车维修工具?

学习目标

学会正确使用各种扳手、螺钉旋具、各种钳子和锤子来维修汽车。

相关知识

汽车维修常用的工具主要有扳手、螺钉旋具、钳子和锤子等。

一、扳手

各类扳手都是用来拆装螺纹连接件的,由于螺纹连接件的具体结构和其所处的位置、受力的大小等不同,故扳手的种类有很多。汽车发动机维修时常用的扳手有以下几种:

1. 呆扳手

呆扳手的规格用开口宽度表示,同一支呆扳手两端的开口尺寸一般不相等。在汽车发动机维修中常用8件一套的呆扳手,其开口尺寸为7～24 mm。呆扳手用来拆装紧固力矩较小的螺纹连接件,不可当作锤子或冲杆使用。拆装时,应选择开口尺寸合适的呆扳手插套在螺母或螺栓的棱头上,使呆扳手的宽面受拉力,窄面受压力,均匀用力向操作者身体方向拉动呆扳手,尽量不要向外推呆扳手。不能选用开口尺寸稍大的扳手,也不可突然用力推、拉、扳转呆扳手,以免滑脱碰伤或损坏机件。

2. 梅花扳手

梅花扳手用于拆装紧固力矩较大的螺纹连接件,其杆身一般是直的,两端为正十二角形圆环,均以正十二角形两平行边的距离来表示其规格型号。汽车维修中多用8件一套的梅花扳手,其规格尺寸为5.5～27 mm。使用时,一定要选择圆环尺寸合适的梅花扳手套住螺母或螺栓的棱头,均匀用力向操作者身体方向扳转。不可因圆环尺寸小或其他原因而用榔头砸套,以免损坏工具或工件。

3. 活动扳手

活动扳手的开口可在一定范围内调节,多用于不规则的螺纹连接件的拆装作业。使用时,应使固定开口面受拉力,活动开口面受压力,不可反用。活动扳手比呆扳手体厚笨重,使用过程中应注意调整开口宽度,切实符合螺纹连接件的棱头。在能使用呆扳手或梅花扳手的条件下,一般不使用活动扳手。活动扳手的规格型号用柄长和开口最大宽度表示,汽车行业常用200×24 mm、375×46 mm 和150×193 mm 等几种规格的活动扳手。常用的扳手类型如图1-9所示。

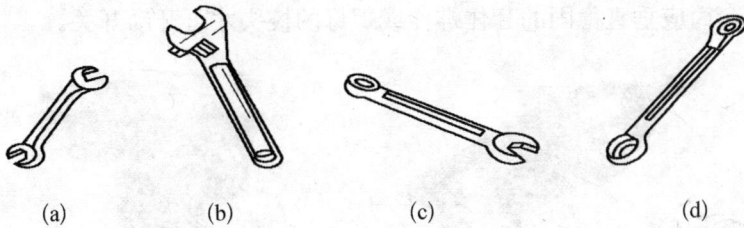

图1-9　常用的扳手
(a)呆扳手　(b)活动扳手　(c)两用扳手　(d)梅花扳手

4. 套筒扳手

套筒扳手由套筒和扳手两部分组成,是一种组合型工具,使用时由几件工具组合成一把扳手。其套筒部分与梅花扳手的端头相似,套筒制成单件,可以拆下;可根据需要选用不同规格的套筒和各种手柄进行组合。套筒扳手具有功能多、使用方便、安全可靠等优点,尤其在拆装部位所处空间狭小、凹下很深或不易接近等部位的螺栓、螺母时更为方便实用。常用的套筒扳手有13件一套、17件一套和24件一套等多种规格,常见的套筒扳手如图1-10所示。

5. 火花塞套筒

火花塞套筒是专门用来拆装发动机火花塞的工具,为内六角式结构,筒身上加工有手柄穿入孔,如图

图1-10　常用的套筒扳手

1-11所示。

图1-11　火花塞套筒

6. 扭力扳手

扭力扳手有两类：一是定值式；二是预置式，如图1-12所示。预置可调式扭力扳手上的扭矩预紧值是可调的，使用者可根据实际需要进行调整。使用扳手前，先将需要的实际拧紧转矩值预置到扳手上；当拧紧螺纹紧固件时，若实际扭矩与预置值相等时，扳手发出"咔嗒"声，此时应立即停止扳动；释放后，扳手可为下一次操作自动设定预紧转矩值。扭力扳手手柄上有观察窗，窗口内有标尺，标尺显示扭矩值的大小，在窗口边上有标准线。当标尺上的线与标准线对齐时，那点的转矩值就代表当前的转矩预紧值。设定预紧转矩值的方法是：先松开扭力扳手尾部的尾盖，然后旋转扳手尾部手轮，管内标尺随之移动，将标尺的刻线与管壳窗口上的标准线对齐即可。头部尺寸可随用户需要而配置，如内六角、开口、一字、十字头、梅花头、标准头等。

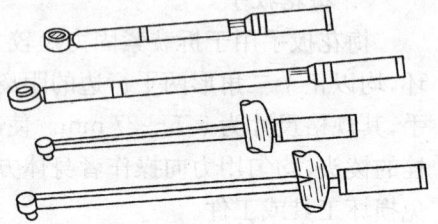

图1-12　扭力扳手

7. 风动扳手和电动扳手

为了减轻工人的劳动强度并提高工作效率，我国汽车维修行业在20世纪六七十年代开始使用风动扳手和电动扳手，如图1-13和图1-14所示。风动扳手使用压缩空气作为动力；电动扳手使用电能作为动力，其外形与手电钻相似。风动扳手和电动扳手在"枪柄的端头"接压缩空气管或电线，在"枪身"中装有起动、转动、冲击和换向机构。使用时，注意用手握紧"枪柄"，"枪头"上的套筒应垂直稳固的套住螺栓或螺母的棱头才可开动开关。

图1-13　电动扳手

图1-14　风动扳手

二、螺钉旋具

螺钉旋具的功用是拆装端头带有凹槽的螺钉和小型螺栓。如图1-15所示，螺钉旋具一般由旋杆和手柄两部分组成。旋杆由特种钢材45号钢制成，旋杆的锋口都进行热处理；手柄一般由木材或塑料制成。锋口平直者为一字形螺钉旋具，锋口垂直交叉者为十字螺钉旋具。旋杆穿通手柄的称为穿心螺钉旋具，可承受较大的扭力；旋杆不穿通手柄的称为普通螺钉旋具，承受的扭矩较小，通常旋杆是绝缘的。旋杆粗壮的称夹心螺钉旋具，承受的扭力大且允许用锤子适度击打柄端。

使用时，应选择锋口与工件凹槽适应的螺钉旋具，并擦净锋口与凹槽的油污以防止螺钉旋具滑脱；不要将工件拿在手上用螺钉旋具拆装，以免工具滑脱戳伤手。操作时，用手掌心抵住柄端，用手指握住柄身，使螺钉旋具旋杆与工件凹槽底面垂直。拆卸操作时，开始扭力和扭矩

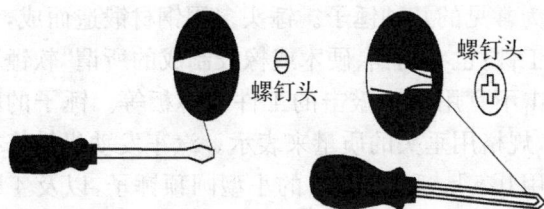

图 1-15　螺钉旋具

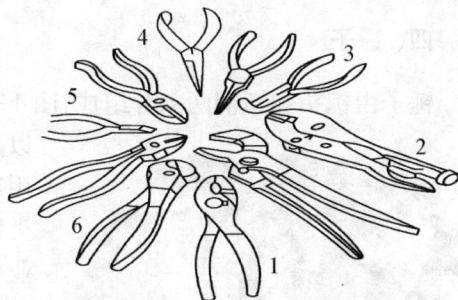

图 1-16　常用钳子类型

1-鲤鱼钳；2-夹紧钳；3-钩钳；
4-尖嘴钳；5-组合钢丝钳；6-剪钳

都较大，工件扭转后两力都应减小；装配操作过程中扭力应渐增，以便使工件牢固连接。不允许将螺钉旋具当撬杆或泥刀使用；除夹心螺钉旋具外，不允许用锤子击打螺钉旋具柄端头；不允许用钳子、活动扳手等夹住螺钉旋具的旋杆施加扭力。

三、钳子

图 1-16 为几种常用的钳子。

1. 鲤鱼钳

鲤鱼钳是汽车维修行业应用最广泛的钳子。鲤鱼钳一般用 50 号钢锻造，钳口位置经过热处理，钳柄外面滚花，通体镀锌或铬。细齿的平开口处夹持小工件，粗齿的凹开口处夹持较大的工件，可用其拆装扭力较小的螺纹连接件。开口的根部制有剪刀刃口，用以剪切较细的金属丝。一片钳体中间制有两个销孔，另一片钳体中间装一特制的销子，因而可使钳口开度较大，使用起来较为方便。

鲤鱼钳的规格以钳子的长度表示，只有 165 mm 和 200 mm 两种。汽车发动机维修行业中常用的是 165 mm 的。操作中不许将钳子作撬棍、锤子使用。

2. 尖嘴钳和弯嘴钳

尖嘴钳和弯嘴钳的头部细而长，能在较窄的空间中使用。汽车电气设备维修作业中常用这两种钳子。还用一种尖嘴钳和弯嘴钳，其头部两片张口都为圆锥形，用来拆装各式挡圈和锁环。

3. 活塞环拆装钳

活塞环拆装钳是专门用来拆装发动机活塞环的工具，如图 1-17 所示。

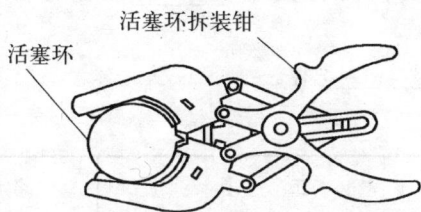

图 1-17　活塞环拆装钳

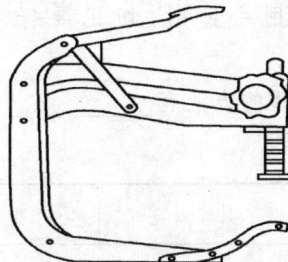

图 1-18　气门拆装钳

4. 气门拆装钳

气门拆装钳是专门用来拆装发动机气门的工具，如图 1-18 所示。

四、锤子

锤子由锤头和锤柄两部分组成,图1-19为常见的几种锤子。锤头多用钢材锻造而成,用

以敲击工件;也有用铜、硬木或橡胶制成的所谓"软锤",用以敲击不宜用钢锤敲击的工件或薄板等。锤子的种类繁多,规格用垂头的质量来表示。汽车发动机维修行业中常用0.5 kg和0.75 kg的小型圆顶锤子,以及4 kg的大锤和0.25 kg的木锤。

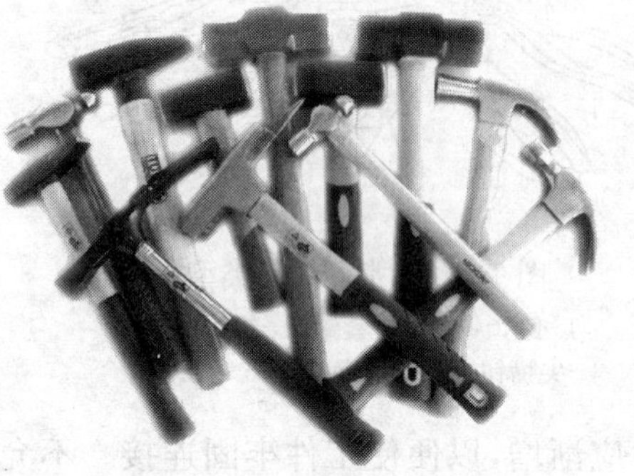

使用锤子的手法有三种:腕抖、肘挥、臂抡。腕抖是只用手腕的力量运锤,敲击力小,速度快、击打准确。肘挥是用小臂和腕的力量运锤,敲击力较大,击点不很准确。臂抡是用大臂、小臂和腕的力量运锤,敲击力大,但使用不熟练往往击点不准。大锤用双手使用,用以击

图1-19　常用的锤子

打需要重击的部位。

使用前应将锤子和工件上的油污等擦净,并确保锤头与手柄结合牢固。击打时,应使锤头平面与工件表面贴和,不准用锤头棱边击打工件,严防锤子或锤头脱出造成伤害。

测试习题

一、填空

1. _____用起来对螺栓或螺帽的棱角损坏程度小,但切勿用大力,以防扭断螺栓。

2. _____使用灵活安全,可以任意组合。

3. _____的开口尺寸在一定范围内可任意调节。

4. _____可读出所施扭矩大小。

5. 扳手的选用原则为:_____。

6. 使用扳手时,应使拉力作用在_____的一边。

7. 除_____外,其他扳手都不能装加力杆。

8. 螺钉旋具型号规格的选择应以_____为原则,不可带电操作。

9. 使用螺丝刀时应_____顶在螺丝钉头的部上,一边顶压着一边转动螺丝刀。

10. 使用手锤时,切记要仔细检查锤头和锤把是否_____,握锤应握住锤把_____部。

11. 挥锤的方法有_____、_____和_____3种。

二、填表

工　具	名　称	工　具	名　称
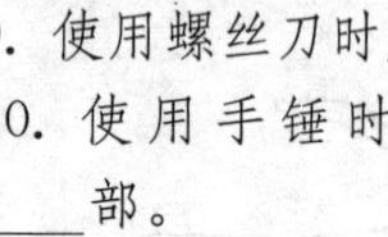		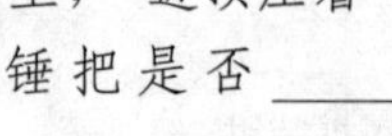	

工　具	名　称	工　具	名　称

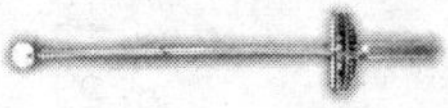			
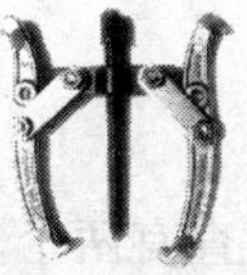			

▐▶ 项目二

发动机机械系统的检测与修复

📖 项目描述

发动机是汽车的动力源,主要由曲柄连杆机构、配气机构及机体等组成。发动机的零部件在高温、高压以及较大热负荷和交变载荷下工作,许多零部件受力较大,相对运动速度较高,工作条件恶劣。零部件的非正常磨损使发动机技术状况变坏,直接影响其使用性能和使用寿命,必须按要求及时进行检测和修复。

发动机机械系统的主要作业内容有:汽缸密封性的检测,汽缸盖的检测与修复,汽缸体的检测与修复,曲柄连杆机构的检测与修复,以及配气机构的检测与修复。

任务一 发动机密封性的检测

🔧 任务导入

丰田轿车不易起动,起动后怠速不稳,有点冒黑烟,且加速无力。经检查有两个气门磨损严重导致汽缸漏气,更换气门后故障排除。请问,导致汽缸漏气的原因是什么? 如何检查其密封性?

📖 学习目标

学会独立进行汽缸压力、曲轴箱窜气量、汽缸漏气量和进气歧管真空度的检测。

📚 相关知识

发动机的功率和转矩取决于汽缸的平均压力,而汽缸的密封性是保证发动机汽缸压力的基本条件。若汽缸密封性不良,则发动机的动力性能、经济性能和排放性能就会大大下降。

一、汽缸压力的检测

1. 汽缸压力表

汽缸压力表是一种专用压力表,由表头、导管、单向阀和接头等组成,如图 2-1 所示。汽缸压力表接头有螺纹管接头和锥形橡胶接头两种。螺纹管接头可以直接安装到汽油机火花塞或柴油机喷油器的螺纹孔中;锥形橡胶接头则需要压在汽油机火花塞或柴油机喷油器的螺纹孔中。单向阀处于关闭位置时,可以保持测得的汽缸压力值;按下单向阀(打开),压力表指针归零,便于下一次测量。汽缸压力表结构简单,使用方便,价格便宜,因而得到了广泛的应用。

图 2-1 汽缸压力表

2. 汽缸压力的检测

(1)起动发动机,怠速运转至正常温度(冷却液温度 80～90℃)后熄火。

(2)拔下汽油泵熔断器或汽油泵继电器,拆下汽油机火花塞(或柴油机喷油器)。

(3)将加速踏板踩到底,使节气门全开。

(4)将汽缸压力表的锥形橡胶头压紧在火花塞孔或直接通过螺纹连接到火花塞座孔(喷油器安装孔)上,如图 2-2 所示。

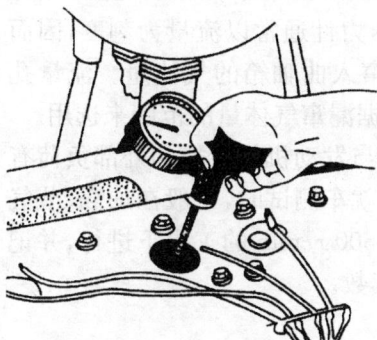

图 2-2 汽缸压力表安装位置

(5)起动发动机,用起动机带动曲轴运转,记下压力表所示读数。

(6)按下单向阀使指针归零。

(7)依次检测其他汽缸,每个汽缸至少检测两次,测量结果取其平均值。

汽缸压力与发动机的转速有关。当起动机带动发动机在很低的转速下运转时,汽缸压力值受转速的影响较大;发动机转速超过某一值时(汽油机一般为 150 r/min),对汽缸压力的影响较小。发动机的起动转速取决于蓄电池和起动机的技术状况,以及发动机旋转时的摩擦阻力力矩。因此,检测汽缸压力时,要求蓄电池、起动机的技术状况良好;同时要求发动机润滑条件良好,并运转至正常温度,以减小运转时的摩擦阻力。

3. 汽缸压力检测结果分析

根据 GB 18563-2001《营运车辆综合性能要求和检验方法》,对汽油机要求各缸压力不低于原厂规定标准值的 10%;对柴油机要求各缸压力不低于原厂规定标准值的 20%;为了保证发动机运转平衡,各缸压力差,汽油机要求不大于其平均缸压的 8%;柴油机为 10%。几种车型汽缸压缩压力的标准值如表 2-1 所示。

表 2-1 几种车型汽缸压缩压力的标准值/MPa

车 型	压缩比	汽缸压力	车 型	压缩比	汽缸压力
宝来	9.5	1.13	广州本田	8.9	1.23
捷达	9.3	1.25	桑塔纳 2000	9.5	1.0～1.3

若测得的汽缸压力值高于原厂规定的标准值,可能是发动机燃烧室内有积炭,汽缸垫过薄或发动机大修时汽缸盖与汽缸体结合平面修磨过甚所致。

若测得的汽缸压力低于原厂规定的标准值,说明汽缸密封性差。可向汽缸内加注 20～

30 mL润滑油,再次测量汽缸压缩压力。如果汽缸压力升高,说明汽缸、活塞、活塞环磨损过大;若汽缸压力基本不变,则说明气门与气门座圈密封不良或汽缸垫密封不良;若相邻两缸的压力值接近,说明相邻两缸之间的汽缸垫穿透而相互窜气。

二、曲轴箱窜气量的检测

汽缸活塞组配合副磨损、活塞环弹性下降或粘结均会导致汽缸密封性下降,使缸内气体窜入曲轴箱。漏气量越多,表明汽缸与活塞、活塞环的密封性越差,因此,检测发动机工作状态下单位时间内窜入曲轴箱的气体量,可以评价汽缸的密封性。

1. 曲轴箱窜气量的检测方法

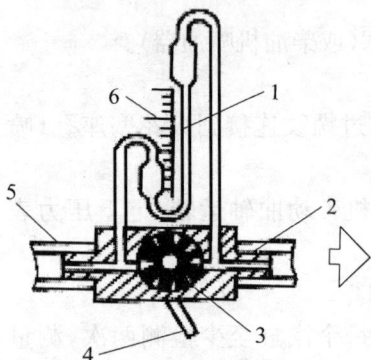

图2-3　气体流量计

1-压力计;2-通大气管;3-孔板;
4-孔扳手柄;5-通曲轴箱胶管;6-刻度板

曲轴箱窜气量可用气体流量计检测,如图2-3所示。测量时,首先对发动机进行预热,然后将曲轴箱密封(堵住机油尺口、曲轴箱通风进出口等),在加机油口处用橡胶管将漏窜气体导出,输入气体流量计。当气体沿图中箭头移动时,由于流量孔板两边存在压力差,使压力计水柱移动,直至气体压力与水柱落差平衡为止。压力计通常以流量为刻度,因而由压力计水柱高度可以确定窜入曲轴箱的气体量。流量孔备有不同直径的小孔,可以根据漏窜气体量的范围来选用。

实验表明,曲轴箱窜气量与发动机的转速和外部负荷有关,尤其受负荷的影响较大。就车测试时,一般在加载、节气门全开、发动机转速1 000~1 600 r/min的工况下进行,并记下气体流量计每分钟的流量读数。

2. 检测结果分析

曲轴箱窜气量的大小还与缸径和汽缸数量有关,很难把众多车型的曲轴箱窜气量综合在一个标准内,所以对曲轴箱窜气量还没有统一的检验标准。企业一般根据具体车型,逐渐积累资料和数据,制定参考标准。如:东风EQ1090E汽车,发动机在2 000 r/min时的窜气量应不大于70 L/min;解放CA1091汽车,发动机在1 000 r/min时的窜气量应不大于40 L/min。

曲轴箱窜气量过大,一般是汽缸、活塞、活塞环磨损严重、配合间隙增大或活塞环对口、积炭等原因造成的,要结合使用和维修情况进行分析判断。

三、汽缸漏气量的检测

检测时活塞处于压缩行程上止点,发动机静止;把具有一定压力的压缩空气从火花塞或喷油器孔充入到汽缸,通过压力的变化即可检测汽缸的密封性。

1. 汽缸漏气率检测仪

检测仪结构如图2-4所示,其中漏气率表一般可将203.2~509.5 kPa气压表的表面刻度改为漏

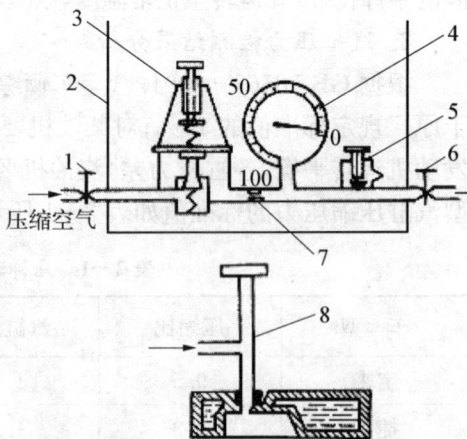

图2-4　汽缸漏气率检测仪

1-压缩空气进入接头和开关;2-仪器箱;
3-减压器;4-漏气表;5-气压调节器;
6-仪表与测量塞头及开关;7-出气量孔;8-测量塞头

气率(%)来代替。当出气孔精度不高时,可调整气压调节阀以获得正确的气压表针位置。

检测仪采用 713~917 kPa 的压缩气源,出气量孔 7 的孔径一般应根据各车发动机技术状况恶化时的最大漏气量来选择。在接上压缩空气后打开开关 1,关闭开关 6 时,调节减压器使压力表 4 的压力达到表上额定压力时作为漏气率零点;然后打开出气阀 6,压缩空气全部经量孔漏出,压力表指示在零点表示漏气率 100%;在 0 与 100 之间等分 100 份,每一份即为 1% 的漏气量。

2. 检测方法

检测时,发动机加热至 70~85℃后熄火,用压缩空气吹净火花塞或喷油器周围的脏物,旋出所有火花塞或柴油机喷油器。转动发动机曲轴到第一缸压缩行程上止点。为防止压缩空气吹动活塞使曲轴转动,将变速器换入低挡,拉紧驻车制动器。将仪器接通气源,然后将测量塞头压紧在火花塞孔或喷油器孔上;打开开关 6,表 4 的读数即为第一缸上止点时的漏气率。同相同的方法测出其他各缸上止点时的漏气率。

3. 检测结果分析

当活塞处于压缩终了上止点位置时,新发动机的汽缸漏气率一般在 3%~5% 之间;大修后,若发动机汽缸漏气率超过 10%,说明大修质量较差。一般汽缸活塞组正常的漏气率为 0~15%,不得大于 30%~40%。当超过这一数值时,如果进、排气门和汽缸衬垫良好,说明汽缸活塞组的磨损已经临近极限值,应更换活塞环或镗磨汽缸。汽缸的漏气率检测标准如表 2-2 所示。

表 2-2 汽缸漏气率参考值

汽缸密封状况	仪器读数值/%	汽缸密封状况	仪器读数值/%
良好	0~10	较差	20~30
一般	10~20	维修	30~40

在测量的同时,可通过查听漏气声响判断漏气部位。若散热器有气泡或相邻两缸火花塞处有漏气声,表明汽缸垫密封不良;若空气滤清器有漏气声,表明进气门密封不良;若机油加注口处有漏气声,表明汽缸活塞组技术状况不良。

四、进气歧管真空度的检测

发动机进气歧管真空度与进气歧管的密封性和汽缸密封性有关。因此,在确认进气歧管密封良好的情况下,通过检测进气歧管的真空度可以判断汽缸的密封情况。

1. 影响进气歧管真空度的因素

进气歧管真空度是指进气歧管内的进气压力与外界大气压力之差。汽油机依靠节气门开度的变化控制进入汽缸的混合气量,进而改变发动机的输出功率。发动机怠速时,节气门的节流作用大,进气歧管中的真空度较大;节气门全开时,进气节流作用小,进气歧管中真空度较小。真空度检测多在怠速条件下进行,因为技术状况良好的汽油机,怠速时进气歧管真空度较为稳定;并且节气门关闭,进气歧管的真空度较高,对进气歧管和汽缸密封性不良引起的真空度下降较为敏感。

此外,进气歧管真空度还与气门的密封性、排气是否通畅密切相关,点火系统和供油系统的工作状况也会影响到进气歧管的真空度。

2. 进气歧管真空度的检测

进气歧管真空度可用真空表进行检测,检测步骤如下:

(1) 发动机怠速运转至正常温度。

(2) 将真空表的一段软管与进气歧管上的检测孔(任意真空管)相连。

(3) 变速器置于空挡,发动机怠速运转。

(4) 读取真空表上的读数。

3. 检测结果分析

根据国标 GB/T 3799.1-2005《商用汽车发动机大修竣工出厂技术条件》的规定,发动机大修后,在怠速时进气歧管真空度应在 57~70 kPa 范围内。进气歧管真空度波动:六缸汽油机不超过 3 kPa,四缸汽油机不超过 5 kPa。进气歧管真空度随海拔高度升高而降低,海拔每升高 1 000 m,真空度下降 10 kPa 左右,因此要根据当地海拔高度修正检测结果。

若检测结果不符合要求,可根据检测时的具体情况来判断发动机的技术状况:

(1) 怠速时,指针在 50.66~67.55 kPa 之间摆动,表示气门黏滞或点火系统有故障。

(2) 怠速时,指针在 33.78~74.31 kPa 之间缓慢摆动,且随转速升高而加剧摆动,表明气门弹簧弹力不足、气门导管磨损或汽缸垫有缝隙。

(3) 怠速时,若指针指示值有规律地下跌几千帕或十几千帕,表明气门密封不严、气门烧蚀或结胶。

(4) 怠速时,指针指示值逐渐下降到零,表示排气消声器或排气系统堵塞。

任务实施

案例 1: 2011 年奥迪 Q5 怠速抖动

故障现象: 一辆奥迪 Q5TFI、2.0 L 怠速抖动,运转不稳。

故障诊断: 技师接上诊断仪读取车辆故障信息,车辆系统正常,无故障码,引起发动机不稳的原因很多,首先做常规的检测保养,用免拆设备清洗节气门,清洗喷油器,清洗进气门积炭,更换火花塞,做完常规保养后,车辆的故障现象依然毫无改善。以前遇到此类故障现象,做完常规保养后,故障基本可以排除。接上诊断仪读取车辆数据信息,看能否找到故障所在,如图2-5所示。

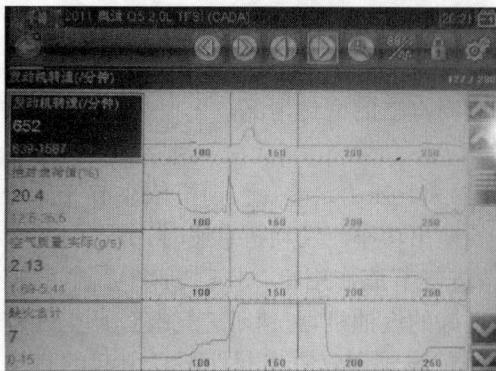

图 2-5　数据波形信息一

首先看到的是 100 帧处的缺火合计是 7,按照以往的维修惯例,应该是喷油器雾化不好,喷油不均匀引起的缺火较低频率,更换 4 个喷油器后,车辆依旧抖动,因此不是喷油不均匀引起的故障,重新分析图 2-5 的数据流,为什么在 100 帧时空气流量 2.13(g/s)数值下引起的绝对负荷值下降呢?

读取节气门的开度与加速踏板的数值,如图
2-6所示。由图2-6可以看出,在100帧处,
油门位置(%)14.9数值固定不变,空气流量
传感器1.69(g/s)数值的下降,引起负荷率的
数值下降,缺火率的增加。为了维持发动机的
稳定转速,控制单元自动控制节气门的开度
(在120帧)来维持发动机的平稳。最终的故
障点是空气流量传感器的数值下降,引起的发
动机抖动。既然故障点已经找到,就不要盲目
地更换空气流量传感器,有可能是空气的泄漏

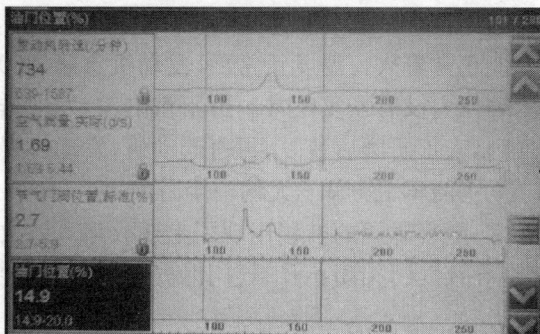

图2-6 数据波形信息二

引起的空气流量下降,经过排查,发现曲轴箱通风阀有空气向外泄漏现象,经过分解曲轴箱通
风阀,发现里面的膜片有裂口损坏。

故障排除:更换曲轴箱通风阀后故障排除。

故障总结:维修时要进行数据的逻辑组合,分析数据流要分析因果关系,才能把故障点找到。

案例2:气门漏气导致发动机起动困难、怠速不稳、加速无力

故障现象:丰田轿车不易起动,起动后怠速不稳,有点冒黑烟,且加速无力。

故障排除:开始以为电控系统有故障,调取故障码,无故障码显示。又用代换法更换一些
传感器及控制单元,试车时故障依旧。但在起步过程中踩刹车,发现制动踏板较硬,感觉真空
助力器效果较差或真空泄漏。对真空管路进行全面检查未发现真空管脱落或真空泄漏的情
况,于是怀疑进气歧管真空度不足。

在节气门后方连接真空表,起动发动机并怠速运转,真空表数值在35~50 kPa之间来回
摆动,显然真空度偏小。卸下火花塞测量汽缸压力,也明显偏低。拆检汽缸盖,发现两个汽缸
气门有不同程度的漏气。更换全套气门之后,发动机及制动故障全部排除。

案例3:排气门间隙调整不当造成汽缸压力过低、发动机无法起动

故障现象:一辆长安之星面包车,配备电控发动机。车主反映:早上起动时需打起动机
6~8次才能勉强着火,曾在几家修理厂维修,更换了火花塞、高压线、分电器盖、点火线圈,保
养了起动机,但均未能见效。用车拖也不能着火,排气管"放炮",致使排气管被崩裂。

故障排除:接修此车后,先检查了蓄电池、空气滤清器、真空装置、汽油滤清器、机油滤清
器、喷油器、点火正时、氧传感器、温度传感器、节气门阀体、节气门传感器、怠速阀、燃油压力
等,均无故障。随后测量汽缸压力,汽缸压力过低。引起汽缸压力过低的原因很多,如气门间
隙变化、气门漏气、气门杆不能轻松活动、气门弹簧力下降、活塞及活塞环过度磨损、汽缸体及
汽缸盖结合部位漏气等。打开气门室盖,在发动机静止的状态下把点火正时调到一缸上止点
前10°。检查一缸进气门和排气门、二缸进气门和三缸排气门的间隙,结果一缸和三缸排气门
根本没有间隙,但进气门间隙正常。将曲轴旋转360°,调到四缸上止点前10°,检查四缸、二缸
进气门和排气门的间隙,令人吃惊的是排气门还是无间隙。按原厂设计要求,进气门和排气门
的间隙应是:冷态进气门0.13~0.17 mm,排气门0.23~0.27 mm;热态进气门0.17~
0.21 mm,排气门0.27~0.31 mm。按规定调整完毕,打开点火开关,起动机带动发动机缓慢

提速到正常冷起动快怠速(950 r/min)而不是马上着火,需要用起动机带动发动机运转十秒后才能正常着火。温度正常后,发动机怠速(850 r/min)时,运转不稳,加速迟缓,爆发性差,汽缸压缩压力没有恢复正常。拆下汽缸盖,发现排气门及气门座严重烧蚀。更换原厂进气门和排气门,人工研磨后装复,再打起动机,发动机爆发性能良好,加速有力,怠速稳定。

　　询问车主方知:大约一个月前,在一修理厂更换机油时曾调整过气门间隙,当时没有什么异常,随着时间的推移出现了上述故障。该故障就是由于维修人员在调整气门间隙时操作失误,导致气门关闭不严、气门漏气、气门座烧蚀,进而导致发动机加速无力等现象。

测试习题

1. 简述如何检测汽缸的压力。
2. 简述如何检测进气歧管的真空度。

任务二　汽缸盖的检测与修复

任务导入

　　一辆日产单排座载货汽车的发动机为 ED33 型,起动预热系统为自动温控式。发动机突然出现了动力不足、排气严重冒白烟的现象,请问如何进行故障排除?

学习目标

　　能进行汽缸盖裂纹、变形和螺纹孔的检测。

相关知识

　　发动机汽缸盖的损伤主要是裂纹和变形。

一、汽缸盖裂纹的检修

　　一般汽缸盖裂纹易出现在气门座或气门座圈及火花塞螺纹孔之间。如果裂纹宽度最大不超过 0.5 mm 或火花塞螺纹孔虽有裂纹但不超过头圈范围,则汽缸盖仍可继续使用。

　　汽缸盖产生裂纹与其结构、工作条件和使用不当有关,通常采用水压试验进行检查。如图 2-7 所示,先将汽缸盖及汽缸垫装在汽缸体上,将水压机出水管接头与汽缸前端水泵入水口连接好,堵

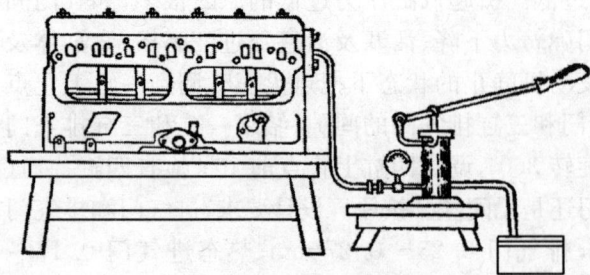

图 2-7　汽缸盖的水压试验

住其他水道口,然后将水压入水套,在 300~400 kPa 的压力下保持 5 min,汽缸盖应无渗漏。如有水珠渗出,即表明该处有裂纹。

通常汽缸盖出现裂纹应予以更换,也可根据裂纹的部位和大小,选择粘结法、焊修法和堵漏法等方法予以修复。

(1)粘结法。对于受力不大、温度较低(除燃烧室和气门座圈附近外)的裂纹,可用环氧树脂胶或酚醛树脂胶粘接。

(2)焊修法。对于受力较大或温度较高部位的裂纹,采用焊修法修复。

(3)堵漏法。对于汽缸盖微小裂纹或砂眼可用堵漏剂修补。

二、汽缸盖变形的检修

汽缸盖变形可导致汽缸体与汽缸盖平面度误差扩大,造成汽缸密封不严,漏水、漏气、漏油,甚至燃气冲坏汽缸垫,严重影响发动机的装配质量。汽缸盖拆装螺栓力矩过大或过小,或不按照顺序拧紧螺栓以及在高温下拆卸汽缸盖等,都会引起汽缸盖的翘曲变形。

汽缸盖平面度多采用刀口尺和厚薄规检测,如图 2-8 所示,沿两条对角线和纵轴线将刀口尺放置到汽缸盖下平面,移动塞尺检查。一般要求 50 mm×50 mm 范围内平面度误差不超过 0.05 mm;全长不大于 600 mm 的汽缸体,其平面度误差不大于 0.15 mm;全长大于 600 mm 的铸铁汽缸体,其平面度误差不大于 0.25 mm;全长大于 600 mm 的铝合金汽缸体,其平面度误差不大于 0.35 mm。几种车型汽缸盖的形位公差要求如表2-3所示,如果不符合要求可通过铲削或磨削加工修复。

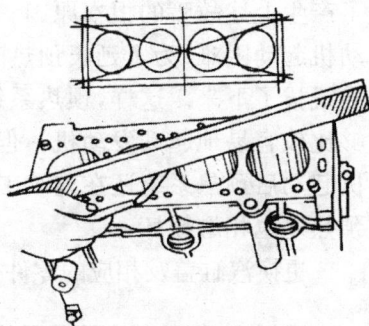

图 2-8 汽缸盖的变形检测

表 2-3 几种国产车型汽缸盖的形位公差要求/mm

项 目 \ 车 型	夏 利	富 康	宝 来	桑塔纳	广州本田	捷 达
汽缸盖厚度	104.8~106.8	≥111	≥139.2	≥132.6	99.95~100.05	≥132.6
下平面的平面度	0.05	<0.05	0.10	0.05	0.05	0.10
进、排气平面的平面度	<0.10	<0.10		<0.10		

三、汽缸盖螺纹孔的检修

螺纹孔损伤主要是拆装不当或螺纹在工作中磨损所致,通常采用目测和将螺栓、火花塞旋入螺孔的方法来检验螺纹孔。要求火花塞的螺孔螺纹损伤不得多于 1 牙,其他螺孔螺纹损伤不得多于 2 牙。

螺纹孔损伤可采用镶套法修理,也可更换台阶形螺柱。如果火花塞螺孔周围龟裂现象严重时,应更换汽缸盖。

任务实施

案例 1：汽缸盖破裂导致发动机动力不足、排气冒白烟

故障现象： 一辆日产单排座载货汽车的发动机为 ED33 型，起动预热系统为自动温控式。因发动机突然出现了动力不足、排气冒白烟严重的现象，被迫送厂修理。

故障排除： 初步确定为汽缸进水。因此，对发动机进行了有针对性的检查，发现汽缸压力普遍很低，但汽缸垫没有烧蚀漏气现象。随后拆下汽缸盖，发现所有涡流室镶块呈蓝色并变形突出，气门座之间的"鼻梁"均出现很大的裂缝，汽缸盖水套破裂。由此可以断定涡流室温度过高。

什么原因引起涡流室温度过高的？带着这一问题询问该车驾驶员，驾驶员的回答道出了产生上述故障的根本原因。原来是由于当时(冬季)气温较低，且发动机有些老化，使发动机起动困难；为了延长预热时间，提高涡流室温度，驾驶员将位于汽缸盖上的温控开关的导线拔了下来。这样，预热系统因不受温控开关的控制而连续无限制地对涡流室加热，能够比较容易地起动发动机。但遗憾的是，驾驶员并没有将温控开关的导线恢复，造成发动机起动后预热系统还在继续工作，使涡流室内持续高温，导致汽缸盖烧坏而漏水；同时，4 只预热塞也相继损坏。

更换汽缸盖及相应的零件，连接温控开关的导线。试车，故障排除。

案例 2：汽缸盖变形导致汽车行驶无力，油耗增加，动力不足

故障现象： 一辆北京 BJ2020VJ 型汽车，装备切诺基电喷发动机，该车行驶无力，油耗增加，加速或上坡时明显感觉发动机动力不足。

故障排除： 根据故障现象，首先检查发动机的工作情况。经检查，发动机工作不缺缸，油路、点火正时、高压线路均正常，也没有出现爆燃现象。测量发动机汽缸压力，发现各缸气压均偏低。随后拆下汽缸盖检查，汽缸垫、气门等没有发现明显异常。于是怀疑汽缸垫质量差，或紧固汽缸盖螺栓时没有按规定操作，各螺栓拧紧力矩不均匀，使汽缸垫不能平整地贴在汽缸体与汽缸盖结合面上。更换合格的汽缸垫，并按规定力矩和顺序拧紧汽缸盖螺栓，再试车，故障现象仍然存在。进而怀疑汽缸盖变形，再次拆下汽缸盖，将其置于平板上检查其平面度误差，发现汽缸盖平面度误差已超过 0.05 mm，显然汽缸盖已变形。

更换新的汽缸盖，并按规定的拧紧力矩和操作要求逐个拧紧汽缸盖螺栓。装复后试车，发动机动力明显增加，故障彻底排除。

测试习题

1. 简述如何检测汽缸盖的密封性。
2. 简述如何检测汽缸盖的平面度。

任务三　汽缸体的检测与修复

🎯 任务导入

　　一台东风汽车发动机大修后不久就出现了窜油现象，动力性能和经济性能大大下降。故障症状为：发动机起动困难，汽车行驶乏力；机油压力低，低、中、高速运行都有蓝烟，废气排放超标；燃油和机油损耗增加，机油约 5 天补加一次。打开机油加注口查看，有一定的脉动烟雾冒出；检查曲轴箱通风口，有刺激气味烟雾窜出；查看排气管口，有油湿现象；检查火花塞，积炭明显。出现此现象的原因是什么？如何检修？

📖 学习目标

　　1. 了解汽缸磨损的原因。
　　2. 会检测汽缸的圆度和圆柱度。
　　3. 能独立确定汽缸的修理等级，并进行汽缸的修理。

📘 相关知识

　　发动机工作时，活塞在汽缸内做高速往复直线运动，造成汽缸磨损。汽缸磨损严重时，会导致漏气、窜油，使发动机动力性能和经济性能下降。

一、汽缸磨损的检测与修复

　　1. 汽缸的磨损机理
　　1) 磨料磨损
　　磨料磨损是指由夹在摩擦副之间的微粒产生的磨损。这种磨料主要为空气中的硬粒灰尘，它是从汽缸上部吸入的，所以汽缸上部的磨损较大。还有润滑油中未滤清的金属微粒以及来自发动机本身的磨损微粒等，这些磨料随润滑油飞溅到汽缸表面，并与汽缸和活塞环摩擦而产生磨损。
　　磨料磨损对汽缸的影响与磨料颗粒的大小、数量和硬度有极大的关系。润滑油越脏，含有的磨料越多，引起的磨损就越严重。硬度高的磨料会在汽缸内表面产生平行于汽缸轴线的拉痕；个别粗大的磨料附着在活塞表面并随活塞不断地上下运动，会对缸壁产生明显拉伤，俗称"拉缸"。
　　2) 粘着磨损
　　当发动机冷却不良、润滑强度不足及长时间大负荷工作时，汽缸摩擦副有极微小的凸起，金属面直接接触，形成局面高温，使其熔融粘着、脱落，逐渐扩展为粘着磨损。这种磨损一旦发生，汽缸的工作面会遭到严重的破坏，甚至报废。
　　3) 腐蚀磨损
　　汽缸内可燃混合气燃烧后会产生碳、硫、氮的氧化物，这些氧化物直接与缸壁作用，使汽缸壁产生腐蚀,即化学腐蚀。

当发动机汽缸壁温度较低时,混合气燃烧后生成的水蒸气会在汽缸壁上凝聚成水珠,水珠溶解废气中的腐蚀性气体而生成碳酸、硫酸、蚁酸等腐蚀性物质,这些腐蚀性物质附在汽缸壁上,使汽缸壁产生腐蚀(即微电池化学腐蚀),使其组织结构松散;活塞在汽缸内运动时,在活塞环的作用下,金属腐蚀产物被刮下来,从而造成腐蚀磨损。腐蚀越严重,磨损越厉害。

进气道对面的汽缸壁经常受到混合气的冲刷,既破坏油膜的形成,又加速该部位的冷却效果,因此该部位的磨损特别严重。

发动机冷起动时,汽缸的磨损很大,其磨损量约占汽缸总磨损量的45%～60%。但在温度过高时,由于润滑油黏度较低,油膜难以形成,不仅机械磨损加剧,高温氧化磨损也会严重,所以温度过高也会造成汽缸壁的严重磨损。

4) 机械磨损

相互运动的零部件均会产生机械磨损,汽缸的机械磨损主要是由于润滑油不良和气体压力等原因造成的。机械磨损最常发生在活塞位于上止点时第一道活塞环的顶边上。

(1) 润滑不良的影响。汽缸采用压力润滑或飞溅润滑,其上部供油条件较差,又邻近燃烧室,受到高温的作用,润滑油变稀,甚至有可能被烧掉。同时,可燃混合气进入汽缸时,混合气中所含的小油滴对汽缸上部(尤其是进气道对面)的冲刷严重。所有这些因素都造成汽缸上部润滑不良,难以形成润滑油膜,容易产生边界摩擦或干摩擦,使磨损加剧。

(2) 活塞环的影响。发动机工作时,活塞环在自身弹力和气体压力作用下压紧在汽缸壁上。当活塞在汽缸中做往复运动时,活塞环与汽缸壁发生相对摩擦而造成磨损。活塞环作用在汽缸壁上的压力越大,润滑油膜的形成越困难,汽缸与活塞环的磨损就越严重。

2. 汽缸磨损的检测

汽缸的磨损程度是判断发动机技术状况是否良好、是否需要大修的主要依据。所以,掌握汽缸磨损规律,分析汽缸磨损原因,提高检测和维修质量,并在使用中减少汽缸磨损,是延长发动机使用寿命的重要措施。

1) 汽缸磨损规律

汽缸磨损的特点是磨损不均匀:在汽缸轴线方向呈上大下小的不规则锥形磨损,最大磨损部位在上止点第一道活塞环稍下的部位;在汽缸上端不与活塞环接触的部位磨损非常小,形成明显的台阶,通常称为"缸肩";在汽缸断面上的磨损呈不规则的椭圆形,磨损最大部位往往随汽缸结构、使用条件的不同而异,一般是左右方向(垂直于汽缸轴线方向)磨损最大。汽缸径向磨损和轴向磨损的规律如图2-9、图2-10所示。

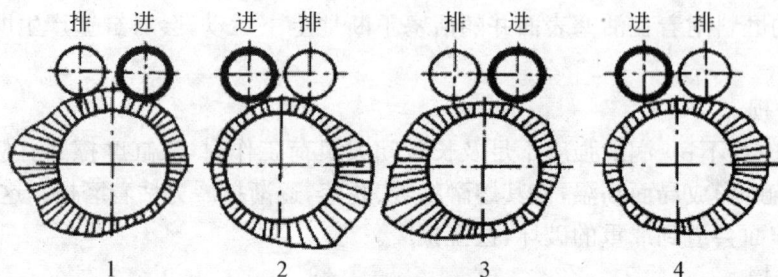

图2-9　汽缸径向磨损

2）汽缸磨损分析

汽缸磨损上大下小、第一道活塞环上止点位置磨损最大的主要原因是：

（1）上止点时，由于活塞运动方向发生改变，其运动速度几乎为零，气环的布油能力最差，润滑能力弱。

（2）上止点附近，气体燃烧压力、温度最高，可燃混合气产生的酸性氧化物生成的矿物酸最多，附着在汽缸壁上影响油膜的形成，腐蚀磨损严重。

（3）进气流对汽缸壁局部冷却以及未雾化的燃油颗粒对局部缸壁上润滑油膜的破坏，强化了局部缸壁的"冷激"效应。

（4）进气中的灰尘在此处缸壁上的附着量较多，加速了磨损。

（5）活塞在此处所受的侧压力大，活塞环的背压最大，也加速了磨损。

但是，曲轴轴向间隙过大、活塞偏缸、汽缸体变形等故障会改变汽缸的磨损规律，使最大磨损出现在汽缸的中部或下部。

图 2-10 汽缸轴向磨损

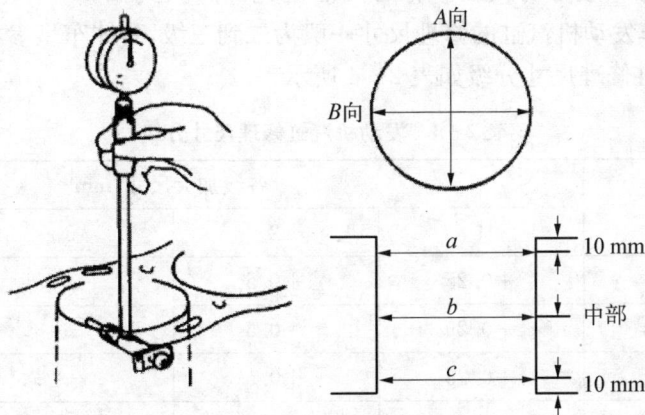

3）汽缸磨损检测

汽缸的磨损程度用最大磨损量、圆度误差和圆柱度误差衡量，一般用量缸表进行测量，检测方向和部位如图 2-11 所示。

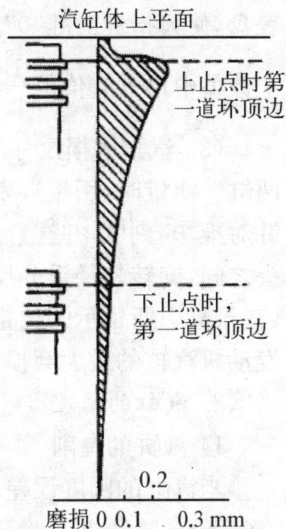

图 2-11 汽缸内径测量部位

（1）汽缸圆度误差的测量。选择合适的测杆，并使其压缩 1~2 mm 以留出测量余量。将测杆伸入汽缸中，微微摆动表杆，使测杆与汽缸中心线垂直，量缸表指示的最小读数即为汽缸的直径。用量缸表在部位 A 向（垂直于曲轴方向）测量，旋转表盘，使大表针对准"0"刻度；然后，将测杆在此横截面上旋转 90°，此时表针所指刻度与"0"刻度之差的 $\frac{1}{2}$ 即为该缸所测截面的圆度误差。在 a、b、c 三个部位进行测量，测出最大值作为该汽缸的圆度误差。

（2）汽缸圆柱度误差的测量。用量缸表在 a 部位 A 向测量并找出正确的直径位置。旋转表盘，使大指针对准"0"刻度。然后依次测量 a、b、c 三个截面和 A、B 两个方向的其他数值，六个数值中最大差值的 $\frac{1}{2}$ 即为该汽缸的圆柱度误差。

（3）汽缸磨损尺寸的测量。一般发动机最大磨损尺寸在前后两缸的上部，应重点测量这两缸。测量时，用量缸表在 a 部位 A 向测量并找出汽缸直径的正确位置。旋转表盘，使大指针对准"0"刻度，并注意观察小指针所处位置。取出量缸表，将测杆放置于外径千分尺的两测头之间，旋转外径千分尺的活动测头，使量缸表的大指针指向"0"，且小指针处于原来的位置（在汽缸中所指示的位置）。此时，外径千分尺的读数即为汽缸磨损后的实际尺寸，按此找出该发动机汽缸的最大磨损尺寸。

3. 汽缸的修理

1）汽缸的镗削

当汽缸的圆度误差、圆柱度误差、最大磨损量超过极限（圆度误差标准一般汽油机不大于 0.05 mm，柴油机不大于 0.063 mm；圆柱度误差标准一般汽油机不大于 0.175 mm，柴油机不大于 0.250 mm）时，可以进行镗削修理。不同的车型应参考该车型技术标准，如桑塔纳轿车其圆度误差不大于 0.04 mm，圆柱度误差不大于 0.08 mm，最大磨损量不大于 0.08 mm，或缸壁上有严重的刮伤、沟槽、麻点时，应进行镗缸修理或更换汽缸体组件。若进行镗缸修理，修理尺寸的确定应以磨损量最大的一个汽缸为准。

汽缸的镗削需按修理尺寸进行，其修理尺寸是在标准尺寸的基础上每加大 0.25 mm 为一级。汽缸的修理尺寸一般分为六级。有的汽油机允许加大到 1.50 mm，柴油机允许加大到 2.00 mm。现代轿车发动机汽缸的修理尺寸一般为二到三级，具体车型参考本车型技术要求。常见车型发动机汽缸修理尺寸分级如表 2-4 所示。

表 2-4　发动机汽缸修理尺寸分级

车　　型	各级加大尺寸/mm			
	1	2	3	4
一汽捷达	+0.25	+0.5	+0.75	+1.00
天津夏利	+0.25	+0.5	—	+1.00
上海桑塔纳	+0.25	+0.5	—	+1.00
广州本田	+0.25	—	—	—

汽缸修理尺寸的级数选择可按如下公式确定：

$$级数 \geqslant (D_{max} - D_0 + X)/\Delta D$$

式中：D_{max}——镗削前汽缸的最大直径（mm）；

D_0——汽缸的标准直径（mm）；

X——汽缸的镗削余量，一般取 0.1~0.2 mm；

ΔD——修理尺寸的级差。

汽缸修复后的圆度误差和圆柱度误差应不大于 0.005 mm，各缸直径之差不得超过 0.005 mm。此外，还必须检查配缸间隙：将活塞倒放入汽缸中，在汽缸壁与活塞之间垂直活塞销方向插入厚 0.03 mm、宽 12~15 mm 的厚薄规;再用弹簧秤检查拉出厚薄规时的拉力,其值应为 9.8~24.5 N;配合间隙应为 0.025~0.045 mm;拉力过小或过大,表明汽缸镗磨过量或不足(配合间隙过大或过小)。也可通过测量汽缸直径与活塞裙部尺寸的差值来确定汽缸与活塞的配合间隙。

2) 汽缸套的镶换

汽缸套磨损超过最大修理尺寸或有裂纹、与座孔配合松旷等,可采用镶套法进行修复,通过更换汽缸套来延长汽缸体的使用寿命。

(1) 干式汽缸套的镶换。先根据汽缸套的外径尺寸,将汽缸镗削至所需尺寸,使其配合有一定过盈量。一般过盈量为 0.03~0.08 mm。再在汽缸套外面涂上机油,放正汽缸套,用压床以 20~50 kN 的力缓慢压入。汽缸套压入后,上平面与汽缸体上平面应平齐。

(2) 湿式汽缸套的镶换。先用拉器将旧汽缸套拉出,并清除汽缸体承孔接合面上的沉积物。再将汽缸套装上水封,在水封部位涂上密封胶,用专用工具将汽缸套压入汽缸体内。湿式汽缸套装配后应高出汽缸体上平面 0.05~0.15 mm,防止漏水。

二、汽缸体变形的检测与修复

1. 汽缸体变形的原因分析

(1) 汽缸体变形主要是由于热应力过大或汽缸体在铸造、加工时留有的残余应力过大,使汽缸体受拉压和弯扭作用造成的。

(2) 发动机在大负荷、高速和润滑不良条件下工作时产生的抱轴也会引起汽缸体变形,与主轴承座孔的同轴度产生误差。

(3) 在发动机修理中各主轴承与主轴颈的径向间隙不均匀,主轴承与座孔贴紧度不足,使汽缸体承受额外力的作用,也会引起汽缸体的变形。

(4) 在拧紧汽缸盖螺栓时,不按规定顺序和规定力矩拧紧,以及在高温时拆卸汽缸盖等,都会造成汽缸体的变形。

(5) 汽缸体上平面螺纹孔周围产生凸起,主要是由于装配时,汽缸盖螺栓拧紧力过大或是在装配时螺纹孔内污物清理不净,使螺栓拧入深度不足,使螺孔承受的工作拉力过大而引起的。

2. 汽缸体平面度的检测

在维修企业中,汽缸体变形主要是通过检查汽缸盖和汽缸体两者接合面的平面度误差来验证。如果平面度误差超过规定要求,应进行磨削加工,但最大磨削量不得超过极限,否则会影响压缩比和其他技术参数。

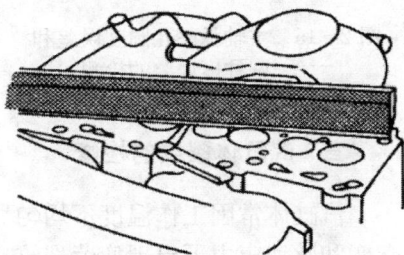

图 2-12　汽缸体平面度检查

汽缸体平面度误差多采用刀口尺和厚薄规检测,如图 2-12 所示。要求 50 mm×50 mm 范围内平面度误差不超过 0.05 mm,整个平面上不超过 0.20 mm。如果不符合要求可通过铲削或磨削加工修理。

3. 汽缸轴线与曲轴轴线垂直度的检测

轴线垂直度检验如图 2-13 所示,当转动手柄带动柱塞与触头并使之转动 180°时,百分表的差值就是汽缸轴线与曲轴主轴承座孔轴线在 70 mm(因柱塞轴线距测量球头的距离为 35 mm)长度范围内的垂直度误差。

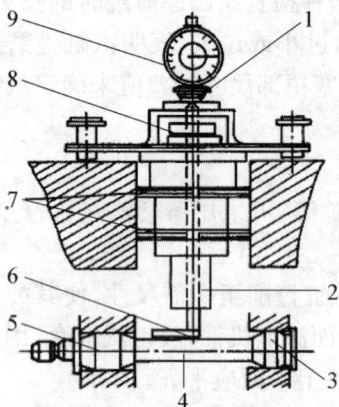

图2-13 汽缸轴线与曲轴轴线
垂直度的检测

1-百分表触头；2-测量杆；3-前定心套；
4-定心轴；5-后定心套；6-测头；
7-汽缸定心套；8-转动手柄；9-百分表

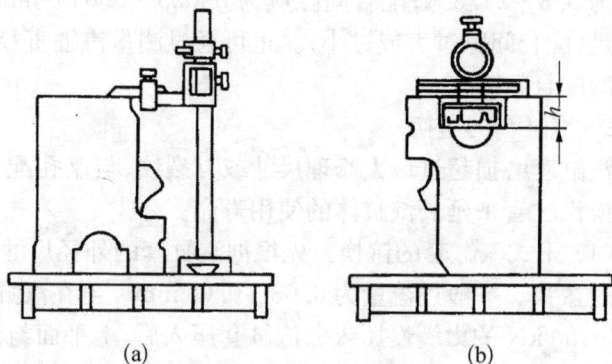

图2-14 汽缸体基准面的检测
(a) 检测上下平面间的高度
(b) 检测上下平面至主轴承座孔盖结合面的距离

4. 汽缸体基准面的检测

检验前应彻底清除平面上的水垢、积炭，清除毛刺，铲平或刮平螺孔周围的轻微凸起；将汽缸体放在检验平板上，用高度游标尺检测汽缸体的高度、平行度误差等，如图2-14所示。

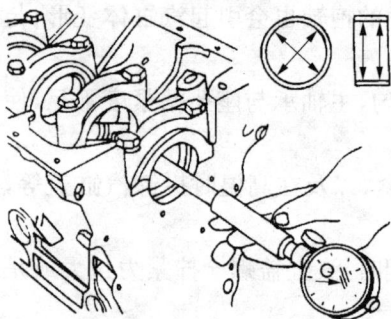

5. 汽缸体主轴承座孔和凸轮轴座孔的检测

装上主轴承盖并按规定力矩拧紧，用内径千分尺沿轴线方向两个截面、圆周方向测量3～5个点，检测座孔圆度误差及圆柱度误差，如图2-15所示。如果圆度误差及圆柱度误差过大，会使滑动轴承配合松旷，轴承与轴颈的间隙增大，曲轴的弯曲应力增大，将大大降低发动机的使用寿命。

凸轮轴座孔的圆度误差及圆柱度误差的检测方法与此类似。具体要求均应符合本车型的技术标准。

图2-15 主轴承座孔圆度误差和
圆柱度误差的检测

三、汽缸体裂纹的检修

汽缸体常因工作温度不均匀导致热应力产生，在结构薄弱环节因刚度不足而产生破裂，在交变和脉动应力下出现疲劳裂纹，或在冬季温度过低时未放冷却液造成冻裂。发动机过热时，突然加注冷却液，或因撞击、冲击、过度拧紧或对中不好等不规范操作，会导致零件变形，并使汽缸体产生裂纹。常见的有曲轴箱的共振裂纹、水套的冰冻裂纹、汽缸套承孔因加工修理和装配而造成的裂纹等。

汽缸体裂纹通常采用水压试验法进行检测。在条件许可时应使用80～90℃的热水进行试验，也可把具有一定压力的自来水直接接入汽缸体进行试验。水压试验要在300～400 kPa的压力下保持5 min，汽缸体与汽缸盖应无渗漏，否则该处有裂纹。在没有水压机的情况下，可往水套内加入自来水，用气泵或打气筒向水套内打气加压，借气体压力检查渗漏部位。

对曲轴箱等应力较大的部位的裂纹应采取焊修,对水套及应力小的部位的裂纹可以采用环氧树脂胶粘结修复。

任务实施

案例:汽缸体承孔加工不良导致发动机大修后严重窜油

故障现象:一台东风车发动机大修后不久就出现了窜油现象,动力性能和经济性能大大下降。故障症状为:发动机起动困难,汽车行驶乏力;机油压力低,低、中、高速运行都有蓝烟,废气排放超标;且燃油和机油损耗增加,机油约 5 天补加一次。打开机油加注口查看,有一定的脉动烟雾冒出;检查曲轴箱通风口,有刺激气味烟雾窜出;查看排气管口,有油湿现象;检查火花塞,积炭明显。

故障排除:以上特征表明发动机窜油现象非常严重,应解体检查。

首先,拆下汽缸盖,发现有个别排气门座有灰白的积炭,进气门有油湿。于是对有问题的气门进行导管与杆的配合间隙检测,发觉其配合间隙大于原厂标准 0.12 mm 以上。于是重新更换气门、气门导管和气门油封。与此同时又重点检查了活塞环,没有发现对口现象,但个别活塞环的漏气弧长所对应的圆心角度偏大(大于 45°);环的端隙为 0.29~0.49 mm、背隙为0~0.35 mm,怀疑活塞环的材质有问题。因此又选用了一副原厂生产、质量可靠的活塞环试配,重新装好发动机。起动试车,烧机油和动力不足现象有明显改善,但尚有蓝烟从排气管排出,即发动机窜烧机油的故障还未排除。

随后,又重新解体发动机,用量缸表测量汽缸体的圆度误差和圆柱度误差,圆度误差为 0.01 mm,圆柱度误差为 0.05 mm,且无拉伤痕迹,符合大修标准。但检查汽缸表面的粗糙度时,发现汽缸局部位置与活塞环无接触痕迹。根据这种情况,估计故障可能是汽缸体承孔与汽缸套外径配合不良造成的。如果汽缸套与承孔配合不是过盈而存在间隙,当发动机高速运转时,在瞬间高温高压作用下,汽缸套会整体局部变形压紧在承孔上,造成较大 S 形变形,使活塞环与汽缸体间产生瞬间密封不良。而用量缸表不能测量出这一变形误差,因为零件表面的实际形状对理想形状的变动量是在受到冲击力时才出现的,而且发生时的变动量为形状误差;当实际圆柱面偏离理论圆柱面时,实际圆柱内各垂直面的直径是相等的,所以用量缸表检测的结果仍符合标准要求。

根据以上分析,用专用工具压出汽缸套,经测量,果然是汽缸体承孔加工不符合技术要求。重新镗磨汽缸体承孔,配换标准的新汽缸套,组装好发动机。试车,发动机窜烧机油现象消失。经过一系列的调试,发动机各工况运行正常。

测试习题

1. 简述如何检测汽缸的圆度和圆柱度。
2. 简述如何检测汽缸体的变形。

任务四　曲柄连杆机构的检测与修复

任务导入

一辆采用 WD615.61 废气涡轮增压发动机的斯太尔重型汽车，由于"烧瓦"故障光磨了曲轴，修复后行驶时间不长，再次发生"烧瓦"故障。反复出现"烧瓦"故障的原因是什么？如何彻底排除故障？

学习目标

1. 能进行活塞连杆和曲轴飞轮的检测。
2. 能进行活塞连杆和曲轴飞轮的维修。

相关知识

一、活塞连杆组的检测与修复

活塞连杆组是发动机传递动力的重要部件，在工作中承受燃烧气体高温、高压作用，并作高速运动，其修理质量和技术状况好坏直接影响发动机的工作性能和使用寿命。

1. 活塞的检修

1）活塞的损伤

活塞处于高温、高压、高速工况下工作，极易造成磨损、刮伤、烧蚀和脱顶。

（1）活塞的磨损主要是活塞环槽的磨损、活塞裙部的磨损和活塞销座孔的磨损，主要是由机械磨损和化学磨损造成的。在工作中由于活塞裙部的导向和活塞环的支撑作用，活塞头部与汽缸壁极少接触，因此活塞头部的磨损很小。

活塞环槽的磨损较大，第一道环槽的磨损最为严重，各环槽由上而下逐渐减轻。其原因是燃烧室高压燃气的作用及活塞高速往复运动，使活塞环对环槽的冲击增大。此外，活塞头部还受到高温高压燃气的作用，使其强度下降，造成第一道环槽的磨损最为严重。环槽的磨损将引起活塞环与环槽侧隙的增大，活塞环的泵油作用增大，使汽缸漏气和窜机油量增多，密封性降低。

活塞裙部的磨损较小，虽然活塞裙部与汽缸壁直接接触，但单位面积压力较小，润滑条件较好，所以磨损较轻。通常只在侧压力较大的一侧发生轻微的磨损和擦伤。

由于工作时活塞受气体压力和往复惯性力的作用，使活塞销座孔产生上、下方向较大的磨损。活塞销座孔的磨损使其与活塞销配合松旷，工作中易出现活塞销异响。

（2）活塞的刮伤主要是由于活塞与汽缸壁的配合间隙过小，润滑条件变差和较大的机械杂质进入摩擦表面而引起的。

（3）活塞烧蚀是发动机长期超负荷工作或爆燃引起的。

（4）活塞脱顶是由于活塞环的开口间隙过小或侧隙过小，使活塞运动时头部与裙部产生断裂所致。

活塞是易损零件，价格比较便宜，在汽车维修中一般不对活塞进行直接修理而是更换新件，但应查明原因排除故障隐患。

2）活塞的检测

活塞外圆面的主要磨损部位是裙部。测量时，用外径千分尺在活塞销平行方向和垂直方向各测量一次，将测得的数值与标准值相减，即为磨损量。如图2-16所示。测量时，检测部位距裙部下缘约 10 mm，并与活塞销轴线呈 90°，要求与公称尺寸的最大偏差为0.04 mm。

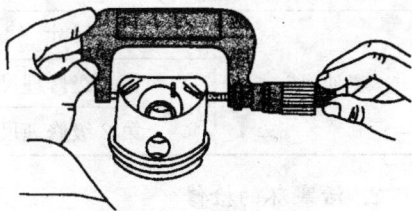

图 2-16　测量活塞尺寸

3）活塞的选配

当汽缸磨损超过允许值或活塞发生烧顶、脱顶和明显擦伤时，必须按修理尺寸镗磨汽缸或换标准直径的汽缸套。活塞的修理尺寸等级是按照汽缸修理尺寸等级确定的。

活塞的修理尺寸：大型汽车发动机一般分为六级，每级加大 0.25 mm；小型汽车发动机分两级或三级。活塞的加大数值一般刻在活塞的顶部，以示识别。如富康轿车装用的 TU32K 发动机的汽缸和活塞尺寸分三级，更换活塞时，顶部刻有"A、B、C"标记的活塞应分别与汽缸体上的"1、2、3"标记的汽缸相配。

活塞选配时应遵循以下原则：

（1）按汽缸修理尺寸选用同一修理尺寸和同一分组尺寸的活塞。

（2）同一台发动机必须选用同一厂牌、质量的活塞。

（3）在选配的成组活塞中，其尺寸差不大于 0.01～0.015 mm，质量差不大于 4～8 g。调整活塞重量时，应车削活塞裙部内壁下部向上至 20 mm 处。

（4）活塞裙部锥形及椭圆应符合原厂规定。一般汽油机活塞裙部的圆柱度误差为 0.10～0.20 mm，膨胀槽开到底的为 0.05～0.075 mm；圆度误差为 0.005～0.015 mm，最大不超过 0.025 mm，膨胀槽开到底的为 0.015～0.03 mm。常见车型活塞裙部的标准尺寸及修理尺寸如表 2-5 所示。

表 2-5　常见车型活塞裙部的标准尺寸及汽缸修理尺寸/mm

车　　型	修理级别	活　　塞	汽　　缸
捷　达	标准尺寸	80.98	81.01
	第 1 级修理尺寸	81.23	81.25
	第 2 级修理尺寸	81.48	81.51
桑塔纳	标准尺寸	79.48	79.51
	第 1 级修理尺寸	79.73	79.76
	第 2 级修理尺寸	79.98	80.01
	第 3 级修理尺寸	80.48	80.51

（续表）

车　型	修理级别	活　塞	汽　缸
富　康	标准尺寸	74.95	75.00
	第1级修理尺寸	75.35	75.40
奥迪 A6	标准尺寸	80.980	80.01
	第1级修理尺寸	81.235	81.26
	第2级修理尺寸	81.485	81.51

2. 活塞环的检修

1）活塞环的耗损

活塞环在工作时，由于受高温作用和润滑条件差的影响，将产生严重的磨损，其磨损部位在环端及外径。随着磨损的加剧，活塞环的弹力逐渐减弱，端隙、侧隙增大，汽缸的密封性变差，出现窜油、漏气现象，使发动机的动力性能和经济性能下降。实际经验表明：活塞环的磨损要比汽缸磨损的速度快得多，一般在发动机两次大修之间更换一次活塞环，以改善发动机的性能。

活塞环除正常的磨损外，还可能产生断裂，其主要原因是活塞环的侧隙、端隙太小或安装不当，发动机在大负荷条件下工作时，工作温度过高，端隙顶死，使其压死在汽缸壁上，活塞环在冲击负荷作用下而产生断裂；如果发动机在维修时更换了活塞环而没有刮去缸肩，容易撞断第一道活塞环。

在发动机的零部件中，活塞环属于低值易耗件，一旦有耗损现象，直接更换新活塞环。

2）活塞环的选配与检验

活塞环更换时，应按照汽缸的修理尺寸选用与汽缸、活塞同一修理尺寸的活塞环。为了确保活塞环与环槽、汽缸的良好配合，在选配时应进行活塞环的弹力检验、漏光度检验、活塞环的端面翘曲检验以及活塞环与环槽的间隙检验。

（1）活塞环弹力的检验。活塞环的弹力是保证汽缸密封性的条件之一。弹力过大，则增加摩擦损失，容易使汽缸壁和活塞环早期磨损；弹力过小，则活塞环在汽缸内就不能起到良好的密封作用，容易使汽缸漏气、窜油。因此，活塞环的弹力必须符合技术性能要求。

活塞环弹力检验是在专用检验仪上进行，车型不同，要求也不一样。随着活塞环制造技术和制造质量的提高，在企业修理中一般不做弹力检验。

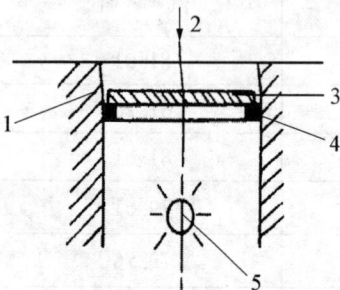

图 2-17　活塞漏光检验
1-汽缸体；2-观察方向；
3-盖板；4-活塞环；5-光源

（2）漏光检验。为了保证活塞环的密封作用，要求活塞环的外表面与汽缸壁贴合良好，避免造成漏气和机油上窜现象。活塞环局部接触面积小，漏光度过大，易造成漏气和机油上窜。对活塞环漏光检验要求是：活塞环开口端左右 30° 范围内不允许漏光，在同一活塞环上漏光不应多于两处，其他部位每处的漏光弧长所对应的圆心角不大于 25°，同一活塞环上漏光弧长所对应的圆心角总和不大于 45°，漏光处的缝隙应不大于 0.03 mm。活塞环漏光检验方法如图 2-17 所示。

（3）活塞环与环槽间隙的检验。活塞环与环槽的间隙包括活塞环的端隙、侧隙和背隙。

① 端隙检验：将活塞环置入已镗好的或磨损最小的汽缸筒内，用塞尺测量活塞环开口处的间隙。检查方法如图2-18所示，先将活塞环平整放入汽缸内（将活塞环放到活塞环与汽缸接触位置的最低处，因为活塞环接触汽缸的底部磨损最小，测量数据的准确性高），用活塞顶将其推平（即活塞环平面应与汽缸轴线垂直），然后用塞尺测量开口处间隙。端隙的大小与汽缸的直径相关，一般每100 mm缸径端隙为：第一道环为0.25～0.45 mm，其余为0.20～0.40 mm。间隙太小可用细锉刀挫环口，使端隙增大；端隙过大则应更换新活塞环。

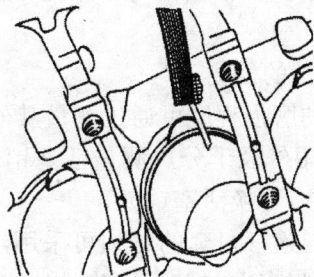

图2-18 活塞环端隙检测 　　图2-19 活塞环侧隙检测

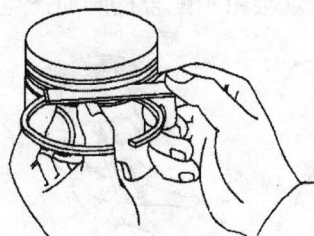

② 侧隙检验：侧隙是指活塞环与活塞环槽上、下平面间的间隙。侧隙太大，会影响活塞环的密封性，侧隙过小，活塞环受热膨胀后有可能卡死在环槽内，造成拉缸事故。检查方法如图2-19所示，检查前应清洗活塞环槽。新活塞环安装时的侧隙为0.02～0.05 mm，极限间隙为0.15 mm，超过极限值则应更换。

③ 背隙检验：背隙指活塞与活塞环装入汽缸后，在活塞环背部与活塞环槽之间的间隙。背隙一般为0.10～0.35 mm，过小会卡死活塞环。活塞环背隙B常以槽深与环宽度之差来表示，可用下述公式计算：

$$B = (D - A - 2T)/2$$

式中：D—汽缸直径(mm)；
　　　A—活塞环槽底直径(mm)；
　　　T—活塞环径向厚度(mm)。

在实际工作中，活塞环侧隙和背隙通常用经验检验法，即活塞环在环槽中滑动自如，无明显松旷为合适。常见车型发动机活塞环间隙如表2-6所示。

表2-6 常见车型发动机活塞环间隙/mm

车　型	第一道气环端隙	第二道气环端隙	第三道油环端隙	侧　隙
桑塔纳	0.30～0.45	0.25～0.40	0.25～0.50	0.02～0.05
捷　达	0.30～0.45	0.30～0.45	0.25～0.50	0.02～0.05
富　康	0.30～0.45	0.30～0.45	0.30～0.45	0.02～0.05
奥迪A6	0.20～0.40	0.20～0.40	0.20～0.40	0.02～0.07
广州本田	0.20～0.35	0.40～0.55	0.20～0.70	0.035～0.060

3. 活塞销的检修

1) 活塞销的磨损

发动机在工作时,活塞销要承受燃烧气体的压力和活塞连杆组的惯性力,该负荷的大小和方向是周期性变化的,对活塞销产生很大的冲击作用。活塞销多用全浮式连接,与活塞销座孔的配合精度很高,常温下有 0.002 5～0.007 5 mm 的过盈量。发动机在正常工作时,活塞销与销座孔、连杆衬套存在微小的间隙,因此活塞销可以在销座孔和连杆衬套内自由转动,使得活塞销的径向磨损比较均匀,磨损程度也较低。

由于活塞销在发动机工作时,承受较大的冲击载荷,当活塞销与销座孔和连杆衬套的间隙超过一定值时,就会由于配合松旷而产生异响。

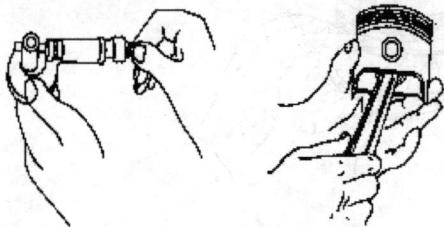

图 2-20　活塞销的检测

2) 活塞销的检测

活塞销的磨损程度可通过测量其外径确定。如图 2-20 所示,用外径千分尺测量活塞销的外径,如果超过标准要求,应更换活塞销。

活塞销与连杆衬套的磨损可采用经验法:握住活塞,将连杆沿竖直方向上下移动,如果感觉到有移动量则应更换活塞和活塞销。也可用内径百分表测量活塞销座孔和连杆衬套的内径,如果超过标准,更换活塞销和连杆衬套。

3) 活塞销的选配

如果活塞销座孔和连杆衬套磨损超限,应进行活塞销的选配。发动机大修时也需要选配活塞销。

活塞销的选配原则是:同一台发动机选同一厂牌、同一修理尺寸、同一分组的活塞销,活塞销表面应无任何锈蚀和斑点,活塞销表面粗糙度小于 $Ra\ 0.2\ \mu m$,圆柱度误差不大于 0.002 5 mm,质量误差在 10 g 范围内。

目前,活塞销与活塞销座孔和连杆衬套的耐磨程度得到很大提高,大大延长了配合副的使用寿命,不再使用铰削、刮削的方法对活塞销座孔和连杆衬套进行修复,而是对活塞销与活塞销座孔和连杆衬套采用分组选配,通常对组件加以涂色标记,以便识别。

4) 活塞销的装配

对于全浮式和半浮式活塞销在装配时应注意区分。

(1) 全浮式活塞销与活塞销座孔的装配。对于汽油机,要求在常温下有微量的过盈配合,一般为 0.002 5～0.007 5 mm。当活塞处于 60℃ 左右时,间隙为 0.005～0.010 mm,活塞销应能在销座孔中转动,但无间隙感。由于间隙太小,难以用工具测量,通常用经验法检验。对于柴油机,常温下为过渡配合,允许有轻微间隙。

因为全浮式活塞销与活塞销座孔在常温下有微量过盈,所以在装配时要将活塞加热再进行装配。先加热活塞至 60～80℃,迅速擦净活塞销座孔,在活塞销表面涂上少量机油后推入活塞的一端座孔;将连杆衬套内表面涂上一层机油,放入活塞销两座孔之间;然后将活塞销推入连杆衬套,直至活塞的另一端座孔,再装上卡簧。

(2) 半浮式活塞销的装配也应在加温条件下使用专用设备安装。如富康 TU 发动机活塞销为半浮式,活塞销与活塞销座孔的配合间隙为 0.01～0.015 mm,活塞销与连杆小头为过盈配合。

在连杆、活塞装配时,将连杆小头加热至230℃,用专用工具压入活塞销。装配中连杆小头在靠向活塞销座孔两边时,活塞销的端面距活塞销座孔外面的距离要一致,活塞销在销孔中应转动灵活。

4. 连杆的检测与修复

1) 连杆的损伤

连杆在工作中,由于承受复杂的交变载荷作用会发生杆身弯曲、扭曲、弯扭并存和双重弯曲,有时也会出现大小头内孔的磨损,螺栓孔的损坏,大小头接触面损伤以及杆身裂纹等。

连杆的弯曲、扭曲、弯扭并存和双重弯曲是由于发动机超负荷和爆燃等原因引起的。连杆发生弯曲以后,对曲柄连杆机构的工作产生很大的影响,使活塞在汽缸中歪斜,造成活塞与汽缸、连杆轴承的磨损。连杆螺栓在工作中,由于受很大的交变载荷作用,易发生变形、裂纹和螺纹滑牙损伤,造成重大机械事故。另外,由于工作中相对运动速度很高,受交变载荷很大,使连杆轴承和连杆衬套发生较大磨损。连杆损伤直接影响发动机的工作性能,因此在发动机修理中应对连杆进行严格的检验和修复。

2) 连杆的检测

连杆变形的检验在连杆检验仪上进行。如图2-21所示,连杆检验仪能检验连杆的弯曲、扭曲和双重弯曲的程度和方位,检验仪上的棱形支承轴能保证连杆大端承孔轴线与检验板相垂直。检验时,首先将连杆大端的轴承盖装好,不装连杆轴承,并按规定力矩将连杆螺栓上紧,同时将心轴装入小端衬套的承孔中。然后将连杆大端套装在支承轴上,通过调整定位螺钉,承轴扩张使连杆固定在检验仪上。测量工具是一个带有V形槽的"三点规"。三点规上的三点构成的平面与V形槽的对称平面垂直,下面两测点的距离为100 mm,上测点与两个下测点连线的距离也是100 mm。

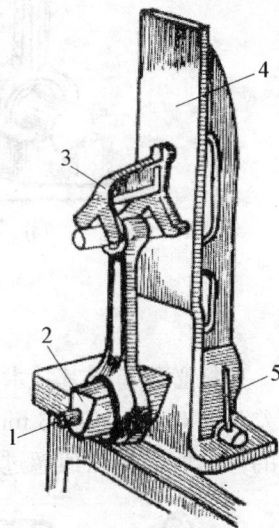

图2-21　连杆的检测
1-调整螺钉;2-棱形支承座;
3-量规;4-检验平板;
5-锁紧支承轴扳杆

进行测量时,将三点规的V形槽靠在心轴上并推向检验平板。如三点规的三个点与检验仪的平板接触,说明连杆不变形。若上点与平板接触,两下测点不与平板接触且与平板的间隙一致,或两下测点与平板接触,而上测点不与平板接触,表明连杆弯曲;可用塞尺测出测点与平板之间的间隙,此间隙即为连杆在100 mm长度上的弯曲度。若只有一个下测点与平板接触,另一个下测点不与平板接触,且间隙为上测点与平板间隙的两倍,这时下测点与平板之间的间隙,即为连杆在100 mm长度上的扭曲值。

在测量连杆变形时会遇到下面两种情况:一是连杆同时存在弯曲和扭曲,表现为一个下测点与平板接触,另一个下测点的间隙不是上测点与平板间隙的两倍。这时下测点与平板的间隙为连杆扭曲值,而上测点与平板的间隙或下测点与平板间隙的一半的差值为连杆弯曲值;二是连杆存在图2-22所示的双重弯曲,检验时先测量出连杆小端端面与平板距离,再将连杆翻转180°后,按同样方法测出此距离。若两次测出的距离不等,说明连杆存在双重弯曲,两次测量数值之差为连杆双重弯曲值。

连杆弯曲、扭曲变形也可采用通用量具进行检验,其检验方法是:在

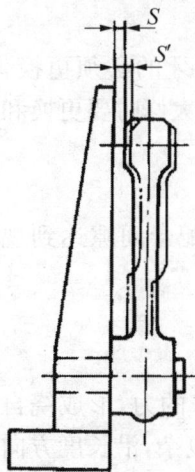

图2-22　连杆双重弯曲的检测

连杆大头和小头内装入标准心轴，放在平板上的 V 形架上，用百分表测量。如图 2-23 所示，通过测量活塞销两端的高度差或距离差，可得出连杆弯曲值、扭曲值。

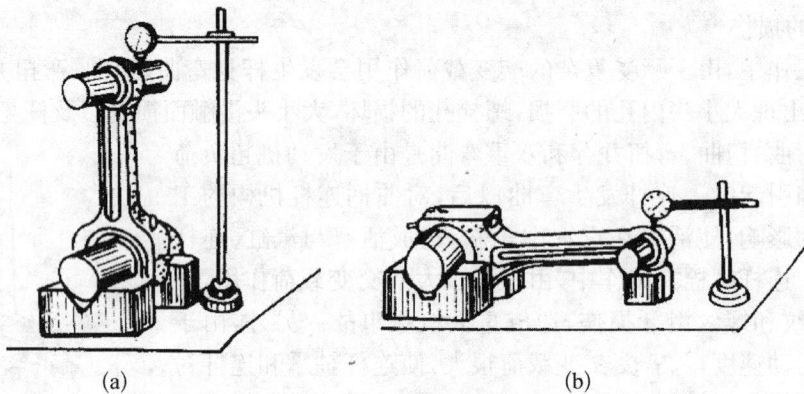

(a)　　　　　　　　　　　　(b)

图 2-23　连杆的弯扭检验

(a) 弯曲检验　(b) 扭曲检验

连杆必须符合其技术要求，即连杆小端轴线与大端轴线应在同一平面，在该平面的平行度误差为 100 mm∶0.03 mm，在该平面法向平面上的平行度误差为 100 mm∶0.06 mm。若连杆的弯曲值和扭曲值超过标准要求应进行校正，若连杆存在裂纹和隐伤应更换。

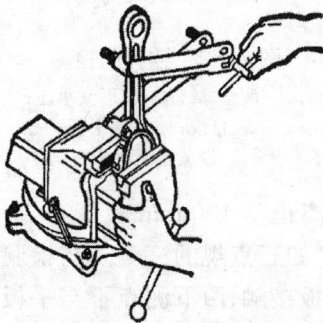

图 2-24　连杆扭曲校正

3) 连杆的修复

经检验发现连杆产生弯曲或扭曲，应使用专用工具校正或更换。当弯曲和扭曲同时存在时，一般先校正扭曲后校正弯曲。

连杆的校正可用弯曲校正器和扭曲校正器进行，如图 2-24 所示。常温下进行连杆的弯扭校正时，卸去负荷后有复原的趋势，因此校正后应进行消除残余应力的处理，即将校正后的连杆加热至 400～500℃，保温 0.5～1 h，以消除残余应力，避免在工作中恢复弯曲状态。变形严重的连杆和双重弯曲的连杆一般要进行更换。

连杆和连杆螺栓、螺母有裂纹、隐伤和滑牙的必须更换，不得继续使用。连杆轴承有烧蚀、明显拉伤等损伤，要重新选配轴承。发动机大修时要更换和重新选配轴承和连杆衬套。

5. 活塞与汽缸体的试配检验

修理后，活塞与汽缸体在装配时要进行试配检验，使汽缸体与活塞的配合间隙达到规定要求。

二、曲轴飞轮组的检测与修复

曲轴飞轮组是发动机的主要组成部分。曲轴承受着活塞经过连杆传来的力，形成绕自身轴线而作用的转矩，并将这转矩输出给汽车的传动系统。曲轴的结构形状复杂，沿长度方向上各处的断面尺寸不一样。曲轴在周期性变化的压力、往复运动的质量惯性力、旋转运动离心力以及这些力矩的作用下，除了轴颈的磨损外，还会发生弯曲变形和扭曲变形，产生裂纹和折断等。因此，在维修过程中，应对曲轴损伤部位、形状、程度进行细致全面的检查。

1. 曲轴的检测与修复

1）曲轴的耗损

曲轴的耗损形式主要有曲轴轴颈的磨损、曲轴的弯曲和扭曲变形、曲轴的断裂及其他损伤等。

（1）轴颈的磨损。曲轴主轴颈和连杆轴颈的磨损是不均匀的，但磨损部位有一定的规律性。通常各主轴颈的最大磨损靠近连杆轴颈一侧，而连杆轴颈的最大磨损部位在主轴颈一侧，如图 2-25 所示。另外，曲轴轴颈沿轴向形成锥形磨损。

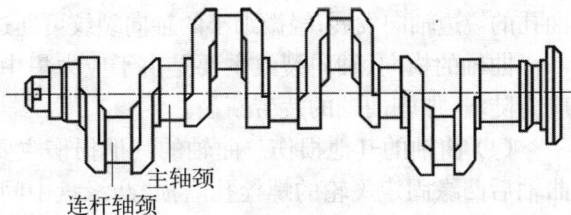

图 2-25　曲轴的磨损规律

连杆轴颈的径向不均匀磨损是由于发动机工作时，作用在连杆轴颈上的力沿圆周方向分布不均匀造成的。由于工作时，连杆轴颈承受着由连杆传来的周期性变化的气体压力、活塞连杆组往复运动的惯性力以及连杆大头端回转运动的离心力作用，这些力的合力作用在连杆轴颈内侧，方向始终沿曲柄半径向外，使连杆大头始终压紧在连杆轴颈内侧，从而导致连杆轴颈的内侧磨损最大。

连杆轴颈轴向也呈不均匀磨损。由于通向连杆轴颈的油道是倾斜的，曲轴旋转时，在离心力的作用下，与油流相背的一侧的轴承间隙形成涡流，使机械杂质积存在连杆轴颈的这一端，因而加速了这一端轴颈的磨损，使连杆轴颈轴向磨损成锥形。此外连杆弯曲、连杆大头不对称结构等因素，造成轴颈受力不均匀，使轴颈沿轴向呈不均匀磨损。

主轴颈径向的不均匀磨损，主要是受连杆、连杆轴颈及曲柄臂离心力的影响，使靠近连杆轴颈一侧的轴颈与轴承间发生的相对磨损较大。如图 2-25 所示，五个主轴颈中，第二、四道主轴颈由于两边都有连杆轴颈，受力较均匀，磨损也较均匀，而其余三道轴颈的磨损是靠近连杆轴颈的一侧磨损较为严重。

实践证明，在直列式发动机中，连杆轴颈磨损比主轴颈严重，这主要是由于连杆轴颈的负荷较大、润滑条件较差等原因造成的；在 V 形发动机中，主轴颈的磨损比连杆轴颈严重。

在发动机的运转过程中，主轴颈的不均匀磨损将造成较为严重的后果。各轴颈不同方向的磨损导致主轴颈同轴度的破坏，这往往也是某些曲轴断裂的原因。曲轴轴颈表面除磨损外还可能出现擦伤和烧伤。擦伤主要是机油不清洁，其中较大的机械杂质在轴颈表面划成沟痕。烧伤是由于烧瓦引起的，烧瓦后，轴颈表面会出现严重的擦伤划痕，轴颈表面烧灼变成蓝色。

（2）弯曲与扭曲变形。若曲轴主轴颈的同轴度误差大于 0.15 mm 称为曲轴弯曲；若连杆轴颈分配角误差大于 0.5°称为曲轴扭曲。

曲轴的弯曲变形是由于使用不当和维修、装配不当造成的，如发动机在爆燃和超负荷等条件下工作、个别汽缸不工作或工作不均衡、各道主轴承松紧度不一致、主轴承承孔同轴度偏差增大等都会造成曲轴承载后的弯曲变形。曲轴的弯曲变形将加剧活塞连杆组磨损、汽缸磨损及曲轴和轴承的磨损，严重时会使曲轴疲劳断裂。

曲轴扭曲变形主要是烧瓦和个别活塞卡缸（胀缸）造成的。当个别汽缸配合间隙过小或活塞热膨胀过大时，活塞运动阻力将增大，曲轴运转不均匀，发展到活塞卡缸未及时发现或卡缸后处理不当,便会导致曲轴的扭曲。此外,拖带挂车时起步过猛、紧急制动以及超速、超载等都会引起曲轴的扭曲变形及其他耗损。曲轴产生扭曲变形后,将使连杆轴颈分配角发生改变,影响发动机的配气定时和点火正时。

(3)曲轴的断裂。曲轴的裂纹多发生在曲柄与轴颈之间的过渡圆角及油孔处。前者是横向裂纹,危害极大,严重时造成曲轴断裂;曲轴出现横向裂纹必须更换。后者多为轴向裂纹,沿斜置油孔的锐边轴向发展;轻微细小的轴向裂纹可通过磨轴予以消除,轴向裂纹较大时应更换曲轴。

曲轴的横向、轴向裂纹主要是由于应力集中引起的,曲轴变形和修磨不慎也会使过渡区的应力陡增,加剧曲轴的疲劳断裂。

(4)曲轴的其他损伤。曲轴的其他损伤主要有:轴颈表面的烧蚀、曲轴前后油封的磨损、曲轴后凸缘固定飞轮的螺栓孔磨损、凸缘盘中间支撑孔磨损,以及皮带轮轴颈和凸缘圆跳动误差过大等。

2)曲轴的检验与校正

曲轴的检验主要包括裂纹检验、变形检验和磨损检验。

(1)曲轴裂纹的检验。一般采用磁力探伤和浸油敲击法进行检验。浸油敲击法要将曲轴置于煤油中浸一会,取出后擦净表面撒上白粉末,然后分段用小锤敲击,如果有明显的油迹出现,则该表面处有裂纹。

曲轴若有横向裂纹则应报废。轴向裂纹经光磨后可用放大镜检查,其技术要求是:各轴颈上的轴向裂纹未延至两端圆角处或油孔边缘时允许使用,否则更换。

(2)曲轴变形的检验。曲轴的变形包括弯曲变形和扭曲变形。

① 曲轴弯曲的检验应以两端主轴颈的公共轴线为基准,检查中间主轴颈的径向圆跳动误差,如图 2-26 所示。检验时,将曲轴两端主轴颈分别放置在检验平板的 V 形架上,将百分表测头抵在中间主轴颈上,慢慢转动曲轴一周,百分表指针所示的最大摆差即为中间主轴颈的径向圆跳动误差,其值的一半即为曲轴轴线的弯曲量。

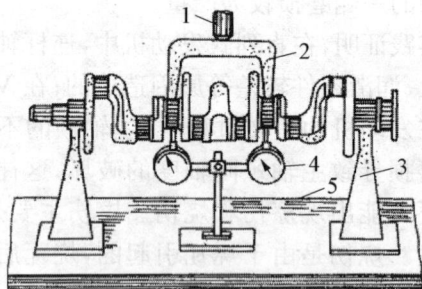

图 2-26　曲轴弯曲的检验
1-检验平板;2-V 形架;3-连杆轴颈;
4-百分表;5-磁座及支架

图 2-27　曲轴的冷压校正
1-压力机头;2-校正压具;3-V 形支架;
4-百分表;5-检验平板

如果曲轴的径向圆跳动低于 0.15 mm,可结合磨削主轴颈进行修正。若曲轴的径向圆跳动大于 0.15 mm,可采用图 2-27 所示的方式在压床上进行校正。

② 曲轴扭曲变形的检验可在曲轴磨床上进行,也可将曲轴置于 V 形架上,把两端同平面内的连杆轴颈转到水平位置,用百分表测量这同一方位上两个连杆轴颈的高度差 ΔA。扭转变形转角 θ 可用下述公示计算:

$$\theta = 360\Delta A/2\pi R = 57\Delta A/R$$

式中:R——曲轴半径(mm);

ΔA——高度差(mm)。

若扭转变形转角大于 0.5°,可进行表面加热校正或敲击校正。

(3)曲轴磨损的检验。首先检查轴颈表面有无磨痕、划痕,然后用外径千分尺测量曲轴各轴颈的直径,计算圆度误差和圆柱度误差。在同一轴颈的同一横截面内的圆周上进行多点测量,最大直径与最小直径差值的一半就是该轴颈的圆度误差。在同一轴颈的全长范围内,轴向移动千分尺,测量其不同截面的最大直径与最小直径,差值的一半就是该轴颈的圆柱度误差。一般每道轴颈取两个截面,如图 2-28 所示。轿车发动机曲轴主轴颈、连杆轴颈的圆度误差和圆柱度误差不得大于 0.025 mm,否则,应按修理尺寸对轴颈磨削修理。

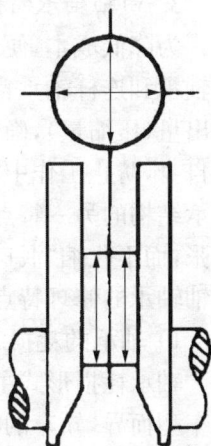

图 2-28 曲轴的磨损检验

曲轴主轴颈、连杆轴颈的修理尺寸应根据曲轴轴颈磨损程度和磨削余量来选择:

$$修理尺寸 = 最大磨损直径 - 加工余量(一般取 0.1~0.2 mm)$$

曲轴的修理尺寸已标准化,一般车型采用六级修理尺寸,目前轿车采用三级修理尺寸,各级修理尺寸在标准直径的基础上逐级减小 0.25 mm。曲轴的修理尺寸按最大磨损直径逐级选取,连杆轴颈与主轴颈应分别磨成同一级修理尺寸。发动机曲轴修理尺寸可参见各车维修手册。

2. 曲轴轴向间隙的检测与调整

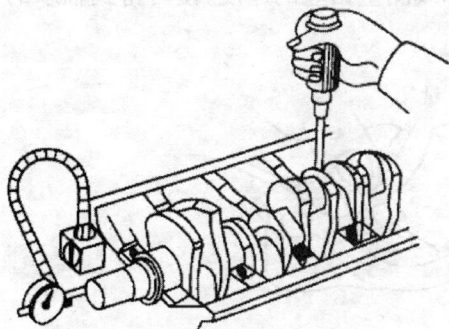

图 2-29 测量曲轴轴向间隙

曲轴轴向间隙可按图 2-29 所示方法,利用百分表进行检测。检测时,安装主轴承盖并按规定顺序拧紧;将磁座百分表固定在机体一端,百分表测杆垂直接触曲轴前(后)端面并进行一定的预压缩,撬动曲轴使其从前(后)极限位置移动到后(前)极限位置,百分表大指针的摆动量即为曲轴的轴向间隙。轴向间隙不当可通过改变止推垫片或翻边轴承的厚度来调整,常见车型发动机曲轴的轴向间隙和主轴承的径向间隙如表 2-7 所示。

表 2-7 轿车发动机曲轴的轴向间隙和主轴承的径向间隙

车 型	轴向间隙/mm	径向间隙/mm
桑塔纳	新轴 0.07~0.17,极限 0.25	新轴 0.03~0.08,极限 0.17
捷 达	新轴 0.07~0.17,极限 0.25	新轴 0.03~0.08,极限 0.17
富 康	新轴 0.07~0.27	新轴 0.025~0.055
宝 来	新轴 0.07~0.23,极限 0.30	新轴 0.02~0.04,极限 0.15
奥迪 A4	新轴 0.07~0.23,极限 0.30	新轴 0.02~0.04,极限 0.15

3. 曲轴轴承的检测与修复

为降低成本，便于大批量生产，并适应高速、重载、高自锁性能的要求，现代汽车发动机的主轴承和连杆轴承普遍采用薄型多层合金（3～5 层）的滑动轴承。轴承在结构设计上预留了高出量（压缩量），确保轴承与承孔的配合过盈，使轴承钢背与承孔产生足够的摩擦力而锁死轴承自身，防止工作中因轴承转动堵死油道而"烧瓦"。因此，轴承承孔剖分面处不允许加垫片。轴承结构的另一特点是轴承上预留了一定的自由弹开量（扩张量），确保轴承压缩后均匀地向外张，而不收缩"泯口"，从而防止从"泯口"处"烧瓦"。直接选配、不刮"瓦"、不加垫是现代汽车曲轴轴承的修理特点。

1）轴承的耗损

轴承耗损形式主要有磨损、合金疲劳剥落、轴承疲劳收缩及粘着咬死等。轴承的径向间隙因车型而异，轿车的极限值一般为 0.15 mm，载货汽车可达到 0.20 mm。轴承的径向间隙过大使主油道机油压力降低，破坏轴承的正常润滑；在冲击载荷作用下疲劳应力剧增，导致轴承粘着咬死，发动机丧失工作能力。因此，行车中应注意油压变化，听查异响，发现异响应立即停车检修。

二级维护时，必须检查轴承间隙；轴承间隙超过极限值时，应更换轴承。若因曲轴异常磨损造成上述故障，应进行修磨或校正曲轴。发动机总成修理时应更换全部轴承。

2）轴承径向间隙的检测

可用外径千分尺和内径百分表测量曲轴轴颈的外径和轴承的内径，这两个尺寸的差值即为轴承的径向间隙。也可在轴承与曲轴之间放置测量间隙规，并按规定力矩拧紧轴承盖，然后再松开轴承盖，取下间隙规（或铅片），对间隙规进行比对，或测量铅丝的厚度，便可得到轴承的径向间隙，如图 2-30 所示。

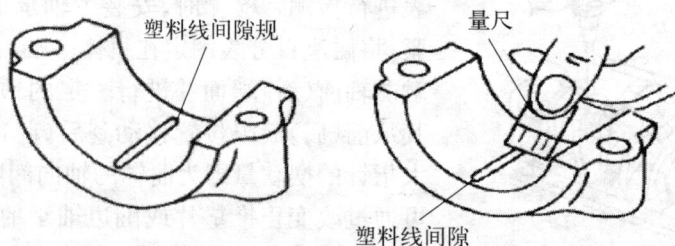

图 2-30　轴承径向间隙的检测

曲轴的径向间隙应符合各车发动机维修手册的要求，如捷达系列发动机主轴承径向间隙为 0.03～0.08 mm，连杆轴承径向间隙为 0.03～0.06 mm；若间隙不符合要求，应重新选配轴承。

3）轴承的选配

轴承的选配包括选择合适内径的轴承以及检验轴承的高出量、自由弹开量、横向定位装配标记——凸唇、轴承钢背表面质量等内容。捷达轿车发动机主轴承结构如图 2-31 所示。

（1）轴承内径的选择。根据曲轴轴颈的直径和规定的轴承径向间隙选择合适内径的轴承。根据选配的需要，现代发动机曲轴轴承直径已制造成一个尺寸系列，可根据曲轴的加工等级选择相同等级的轴承。

（2）轴承钢背质量的检验。轴承钢背光滑无损耗，横向定位凸唇完好，能够确保钢背与座

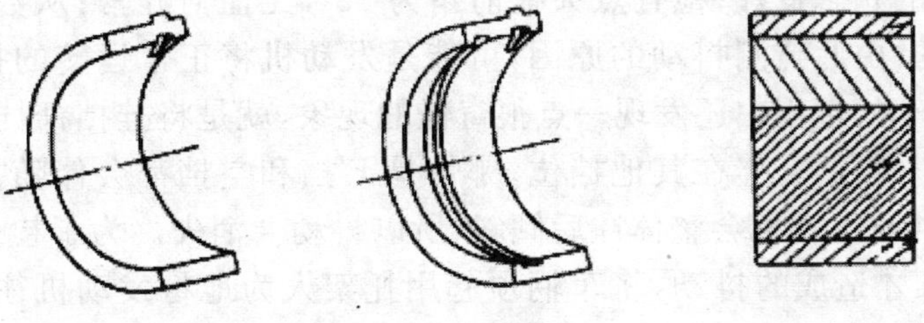

图 2-31　捷达轿车发动机主轴承

(a) 主轴承下片　(b) 主轴承上片　(c) 轴承结构

孔贴合良好。

(3) 轴承弹开量的检验。轴承高出量过小,装配后过盈不足,自锁能力弱,在工作中易产生转动而"烧瓦"。高出量过大,装配后轴承局部可能翘曲,在冲击载荷的作用下,会产生疲劳剥落,加速轴承疲劳而"烧瓦";还可能造成承孔穴蚀,破坏轴承的自锁性能。

4. 飞轮的检测与修复

(1) 齿圈更换。飞轮齿圈断齿或齿端磨损严重,与起动机啮合困难时,应更换齿圈(分开式)或飞轮(整体式)。更换时先将齿圈加热到 350~400℃,然后压入到飞轮。

(2) 飞轮工作面的修理。飞轮工作面严重烧焦或磨损沟槽深度大于 0.50 mm 时,应进行修整。修整后工作表面的平面度误差应小于 0.10 mm,飞轮厚度减薄量应小于 1 mm,后端面的端面圆跳动误差应小于 0.15 mm。

(3) 曲轴飞轮组件的动平衡试验。组件的不平衡量应不大于原厂规定,轿车一般不大于 30 g·cm,货车和客车一般不大于 70 g·cm。组件的不平衡量过大会造成曲轴早期断裂、飞轮壳早期裂纹等,因此曲轴飞轮组零件修理组装后,应进行动平衡试验。

任务实施

案例 1:雷克萨斯 GS300 发动机怠速抖动,加速无力

故障现象:一辆雷克萨斯 GS300 轿车,原车搭载的 3GR-FE 发动机,经过改装换装了日本进口的 3GR-FSE 缸内直喷发动机,且由原来的 3.0 L 镗缸到了 3.5 L 的排量,在安装之后出现发动机怠速抖动且加速无力的症状。

故障诊断:在车辆起动等待水温正常后,挡位在 P 挡,用手触摸在转向盘上能感觉到明显的抖动,而且坐在座椅上都能感觉到抖动。怀疑可能存在的原因:节气门脏污;混合气不对;点火提前角不对;火花塞;线路故障;悬挂问题。

首先清洗节气门并重新做匹配后,故障依旧。检查火花塞,将 6 个火花塞拆下,发现有少许的积炭,将其全部更换后无好转。接着查看数据流,检查空气流量数值为 3.35 g/s,与一般的 3.5 L 非缸内直喷发动机的进气量差不多,发动机转速为 630 r/min,正常;高压燃油压力在怠速时为 4 MPa,正常;单缸喷油量在 0.077 mL,以及喷油的角度为 300°,正常;说明其燃油系统的控制和工作良好。查看短期燃油修正,1 列和 2 列的反馈值都在正负 5% 之内,说明其混合气的状态良好;检查点火提前角为 13°,无任何异常;从数据上分析,发动机的控制都是良好的,由此猜测抖动的原因,可能是发动机将正常运转的抖动传递到了车身以及转向盘,在试车的过程中还发现一点很奇怪的现象,就是将挂挡杆挂入 D 挡时,转向盘以及车身的抖动消失,但是挂在其他挡位,哪怕是 P 挡和空挡都会伴随抖动的现象。忽然联想到在挂入 D 挡时发动机会整体往后倾斜,所以抖动会消失。为了检查是不是发动机的抖动传递到了车架才造成的抖动,将车辆顶起用托架人为地将发动机往上托一定的高度,目的是分离发动机和车架,发现抖动现象消失,确定是发动机的抖动传递到了车架引起抖动的。接着重点检查发动机与车架的连接点,检查底盘,发现没有任何磕碰的地方;将发动机的支架拆下,检查发现没有任何松旷的痕迹,连接也到位;怀疑可能是其表面的定位销导致,造成发动机支架座与发动机支架存在一定的间隙。于是将其定位销用砂轮机打磨掉,使用同样的办法将右边的发动机支架也处理了一下,处理之后以为故障会消失,但是故障依旧。再次用托架顶起发动机油底壳,抖动再次消失。说明其问题点还是没有找到,发动机前面的左右支架都检查过了,接着重点检查变速器的支架,发现其缓冲胶有点裂纹。检查螺丝,发现紧固到位,为了判断缓冲橡胶垫是否损坏严重,于是将变速器支架拆下,发现橡胶裂纹不是特别严重,另外发现此支架有一定的安装反向,其背面写着 V6 和 V8 的字样,查询维修手册,发现安装反了。重新安装后,发动机怠速抖动消失,转向盘和车身都不抖了。原来,如果其支架安装错误的话,因为其本身位置的关系,会人为地将发动机总成往前推,使其破坏了平衡,导致车辆在 P 挡以及空挡下怠速抖动。

接着诊断发动机加速无力的现象,为了确认是发动机本身的问题还是变速器的问题,做了 D 挡失速试验。等待热车后,挂入 D 挡,同时将制动踏动和加速踏板踩到底,保持 3～5 s,读取发动机的最高转速,只有 2 000 r/min,正常情况下,发动机的 D 挡失速转速应该在 2 500 r/min左右。转速过低的可能原因有两个:发动机功率输出不足,或是定子单向离合器工作异常。

变速器可以正常换挡且没有任何冲击,所以可以确定是发动机本身原因引起的动力不足。根据之前读取的发动机数据,其混合气的控制是没有问题的,且从数据上也看不出任何异常。接着检查油压,将加速踏板大脚瞬间踩到底,可以看到高压燃油压力传感器达到 12 MPa,说明高压燃油系统的控制和部件是没有问题的。因此怀疑是低压燃油压力不足导致的动力不足,于是决定先检查低压燃油压力。因为系统没有低压燃油压力传感器,所以无法从数据上直接读取,但是想到一个办法,直接将高压泵的控制溢流阀插头拔下,让高压泵无法正常工作,此时就可以把高压泵直接看成是直通的燃油管路,接着起动车辆,读取发动机的高压燃油压力传感器的数据为 400 kPa 左右,通过此实验可以判断低压燃油控制及燃油泵没有任何异常。接着检查三元催化器,在行驶时,瞬间将油门踩到底,发动机转速可以立刻上升至 6 000～7 000 r/min,没有任何迟滞的现象,发动机也没有在急加速的过程中出现抖动和爆震的现象。查看三元催化器的前后温度,没有明显的偏差过大情况,所以判定三元催化器没有任何的堵塞现象。因为发动机进行了重新组装,怀疑是气门正时没有对准确,但是一般情况气门正时有错误,会有明显的症状,例如热车怠速持续偏高,严重时还会引起发动机故障灯点亮。为了验证是否是正时错误,拆下气门饰盖罩,重新检查气门正时,没有任何异常。接着测量缸压,发现了异常,发现 6 个汽缸的缸压都偏低,都在 800 kPa左右,最高的一个接近 900 kPa。而正常情况下,标准压力为 1 400 kPa,最低为 1 000 kPa。

于是将发动机全部拆散后测量活塞与汽缸的间隙,发现间隙偏大从而造成漏气,引起密封不严,造成发动机行驶无力的现象。

案例2:曲轴轴向止推垫片磨损过甚导致发动机异响

故障现象:奥拓微型汽车在行驶过程中发动机下部发出一种有节奏的连续异响,声响沉重,听起来是"刚刚"的金属撞击声,严重时机身抖动。

故障排除:试车发现,此故障异响的发响部位在发动机的下部,发动机急加速或急减速时异响明显,并且不随发动机的温度变化而变化,似乎是曲轴轴承处有异响。一般情况下,后边的轴承发响声音发闷钝重,而前边的轴承声响则偏向于清脆。

曲轴轴承异响的主要原因有:主轴承径向间隙过大、轴承螺栓松动、曲轴弯曲变形、主轴承烧损、主轴承松动或断裂、轴向止推垫片磨损过甚、润滑不良等。轴向止推垫片磨损过甚,轴向间隙过大而使曲轴轴向窜动发出的异响是一种无节奏的异响;其他原因造成的主轴承异响,在发动机冷起动后温度较低时异响最为明显。在异响发生时,故障缸的汽缸盖部位有与异响相吻合的震动感。如果对发动机进行单缸断火异响无明显变化,而把相邻两缸同时断火时异响消失或减弱,表明是两缸之间的主轴承发出异响。

拆下曲轴,发现轴向止推垫片磨损过甚。更换一新的轴向止推垫片,复装试车,故障彻底排除。

案例3:曲轴轴承选配失误导致发动机机油压力过低,并产生异响

故障现象:一辆装用东风康明斯6BT发动机的散装水泥车,由于发动机高温时立即加水,汽缸体骤冷后水道从前到后出现一道大裂缝。更换了汽缸体、主轴承、连杆轴承、活塞环,修复后起动发动机,冷态时机油压力达到4 kPa以上,热态时机油压力报警灯点亮(<0.6 kPa),怠速时能听到轻微的金属敲击声。

故障排除:经检查,机油限压阀完好,机油压力报警器正常。更换机油泵后试车,机油报警灯仍点亮,于是怀疑是轴承间隙过大造成机油泄漏。随后对发动机进行解体,重点检查轴承间隙。检查结果表明,轴承间隙竟达到了0.30 mm。测量曲轴轴颈和轴承,曲轴轴颈居然是光磨过一级(-0.25 mm)的尺寸,而轴承却是标准尺寸。

询问车主得知,大修时确实光磨了曲轴,并更换了轴承。由于更换的是标准轴承,其与光磨过的曲轴配合,间隙远远超差,是正常配合间隙(连杆轴承间隙为0.038~0.116 mm,主轴承间隙为0.04~0.119 mm)的几倍,导致从轴颈与轴承间泄出的机油是正常量的几十倍。大量机油漏失,导致压力异常,并且出现轴承响声。

更换一组同级修理尺寸(0.25 mm)的曲轴轴承,装复后试机,机油压力报警灯不再闪亮,故障排除。

案例4:曲轴光磨后轴颈表面处理不当导致"烧瓦"

故障现象:一辆采用WD615.61废气涡轮增压发动机的斯太尔重型汽车,由于"烧瓦"故障光磨了曲轴,修复后行驶时间不长,再次发生"烧瓦"故障。

故障排除:拆检发动机,发现曲轴轴颈磨损严重。经过仔细检查,发现上一次曲轴光磨后,没有对曲轴轴颈表面进行软氮化热处理,造成曲轴在短时间内磨损加剧,导致再一次

"烧瓦"。

　　将该曲轴按第二级修理尺寸(0.5 mm)光磨,并对曲轴轴颈表面进行软氮化热处,选配同等级的曲轴轴承和连杆轴承。发动机装配完毕后,加上斯太尔专用柴油机油,至今已行驶2万多公里,发动机运转正常,再也没有出现"烧瓦"现象。

测试习题

一、选择题

1. 活塞的最大磨损部位是(　　)。
A. 活塞环槽　　　　　　B. 活塞销座孔　　　　　　C. 活塞裙部

2. 发动机大修时,活塞销应选用(　　)。
A. 加大一级活塞销　　　B. 与活塞同级别的活塞销　C. 标准活塞销

3. 活塞销与座孔试配合格的要求是(　　)。
A. 以手掌之力能把活塞销推入销座孔的1/4,接触面积达75%以上
B. 以手掌之力能把活塞销推入销座孔的1/2~2/3,接触面积达75%以上
C. 以手掌之力能把活塞销全部推入销座孔,接触面积达75%以上

4. 活塞环漏光度检验时,同一活塞环上漏光弧长所对应的圆心角总和不得超过(　　)。
A. 25°　　　　　　　　B. 45°　　　　　　　　C. 90°

5. 造成连杆弯、扭变形的主要原因是(　　)。
A. 曲轴弯曲　　　　　　B. 装配不当　　　　　　C. 发动机超负荷和爆燃

6. 连杆轴颈的最大磨损通常发生在(　　)。
A. 靠近主轴颈一侧　　　B. 远离主轴颈一侧　　　C. 与油道孔相垂直的方向

7. 曲轴裂纹危害最大的是(　　)。
A. 油孔附近的轴向裂纹　　B. 曲柄臂与轴颈过渡区的横向裂纹
C. 前二者都不是的其他部位裂纹

8. 主轴颈中心线是确定和检验曲柄半径的基准。所以磨削曲轴轴颈时,应当首先磨削(　　)。
A. 主轴颈　　　　　　　B. 连杆抽颈　　　　　　C. 无论哪个轴颈先磨都可以

9. 为了保证镗削后连杆轴承孔轴心线与连杆衬套孔轴心线的平行度,应当以(　　)。
A. 连杆小头孔为定位基准　　　　B. 连杆大端孔为定位基准
C. 加工后的连杆小端衬套孔和与其配合的活塞销为定位基准

10. 发动机的有效转矩与曲轴角速度的乘积称之为(　　)。
A. 指示功率　　　　　　B. 有效功率　　　　　C. 最大转矩　　D. 最大功率

11. 发动机在某一转速发出的功率与同一转速下所可能发出的最大功率之比称之为(　　)。
A. 发动机工况　　　　　B. 有效功率　　　　　C. 工作效率　　D. 发动机负荷

二、判断题

1. 粗镗应用低转速,精镗应用高转速,且第一刀和最后一刀的吃刀量都应该小些。(　　)
2. 活塞销的磨损将引起漏气和烧机油。(　　)

3. 为了保证活塞销两座孔铰削的同轴度,应选用长刃铰刀,使一刀能同时铰削两座孔。

（　　）

4. 直接选配活塞销时,不必对活塞销座孔进行铰削或镗削,只要选用与活塞相同颜色的活塞销装配即可。

（　　）

5. 活塞环边隙过小会造成拉缸事故。　　　　　　　　　　　　　　　　　（　　）

6. 连杆螺栓裂纹、丝扣滑牙,可以通过焊修后重新加工出螺纹使用。　　　　（　　）

7. 连杆如有弯、扭应首先校正弯曲、再校正扭曲。　　　　　　　　　　　（　　）

8. 曲轴主轴颈承受的负荷比连杆轴颈大,所以磨损要比连杆轴颈严重。　　（　　）

9. 曲轴扭转变形往往是个别缸卡缸造成的。　　　　　　　　　　　　　　（　　）

10. 为了保证轴承与座孔的紧密贴合,增加散热效果,轴承装入座孔后上下两片的每端均应高出轴承座平面 0.03~0.05 mm。

（　　）

任务五　配气机构的检测与修复

任务导入

一辆奥迪 A4 轿车,行使 25 万 km 后,发动机动力不足,油耗过大。经检查,配气正时标记错误。重新安装并调整正时皮带后,故障排除。与配气机构有关的故障如何诊断? 配气机构主要部件如何进行检修呢?

学习目标

1. 能进行气门组件的检测和维修。

2. 能进行气门传动组件的检测和维修。

3. 能进行正时传动机构的检测和安装。

相关知识

配气机构是进、排气管道的控制装置,它按照汽缸的工作顺序和工作过程的要求,及时开闭进、排气门,向汽缸提供可燃混合气(汽油机)或新鲜空气(柴油机),并及时排出废气。同时,当进排气门关闭时,配合机构可以保证汽缸密封。

一、气门组件的检测与修复

1. 气门的检修

气门常见的耗损形式是气门杆部及尾端的磨损、气门工作锥面磨损与烧蚀、气门的弯曲变形等。目前气门几乎不修,气门失效一律更换。

(1) 当气门杆磨损量轿车大于 0.05 mm、载货汽车大于 0.10 mm 或出现明显的台阶形磨损时,应更换新气门。

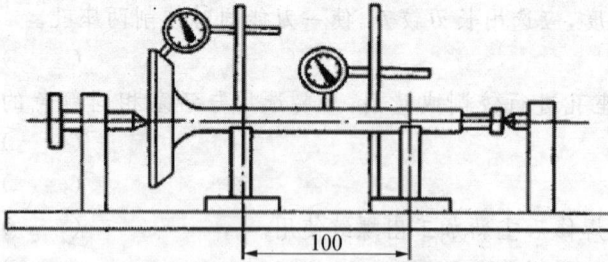

图 2-32 检查气门杆的直线度误差

(2) 当气门杆的直线度误差大于 0.05 mm 时应更换气门。气门的直线度检查如图 2-32 所示。

(3) 当气门尾端的磨损大于 0.5 mm 时,应更换新气门。

(4) 当气门头圆柱面的厚度小于 0.8 mm 时,应更换新气门。

2. 气门座的修理

气门座的失效形式主要是磨料磨损、冲击载荷造成的硬化层脱落及高温燃气造成的腐蚀和烧蚀等。气门座磨损后使得密封带变宽,气门与气门座关闭不严,汽缸密封性降低。气门座工作面磨损变宽超过 1.4 mm,工作面有裂纹、松动、烧蚀或磨损严重时,应进行铰削与修磨。

铰削气门座时,应根据气门头部直径及斜面角度选用不同规格的铰刀。常用的气门铰刀一般为 15°、30°、45°和 75°四种规格,如图 2-33 所示。每种铰刀有直径不同的铰刀数只,以适应不同直径尺寸的气门头部需要。并且有粗、精铰刀之分,粗铰刀在刃口上有锯齿状缺口。

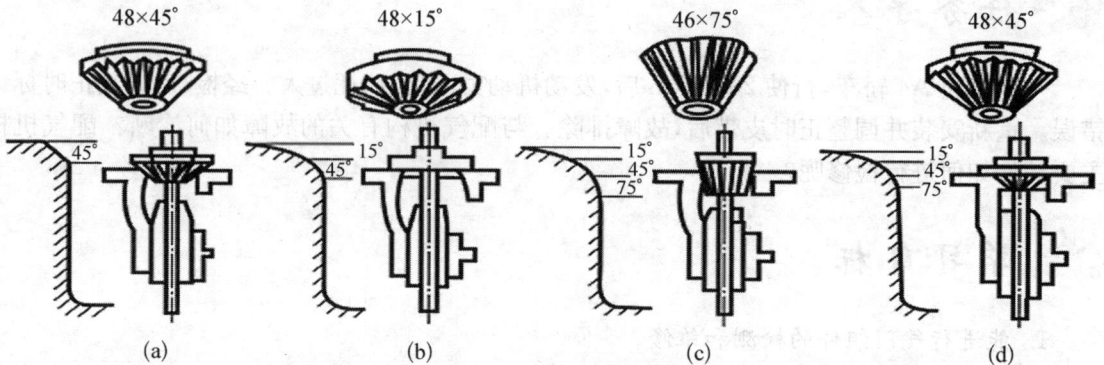

图 2-33 常用的气门铰刀

15°铰刀用来铰削气门座上平面角,以使气门头部下沉量符合 0.50～1.00 mm 的要求,并使气门工作斜面下移。铰后的切削面与水平面夹角为 15°、30°或 45°,铰磨气门工作面的铰刀,根据气门工作角度选用一种。75°铰刀用来扩大气门座孔内径,使气门座工作斜面上移,其切削面与气门座轴线夹角为 15°。

气门座的铰削通常手工进行,作业方法如下:

(1) 根据气门导管内径选择铰刀,导杆以能轻易插入气门导管内、无旷动量为宜。

(2) 把砂布垫在铰刀下,磨去座口硬化层,以防止铰刀打滑,延长铰刀使用寿命。

(3) 用与气门锥角相同的粗铰刀铰削工作锥面,直到凹陷、斑点全部去除并形成 2.5 mm 以上的完整锥面为止。铰削时两手用力要均衡,并保持顺时针方向转动,如图 2-34 所示。

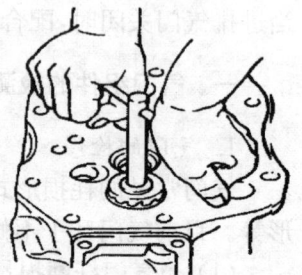

图 2-34 铰削气门座

(4) 气门座和气门的选配。一般是新气门座用旧气门,接触面宽度一般为:进气门 1~2 mm,排气门 1.5~2.5 mm。用相配的气门进行涂色试配,查看印迹。接触面应在气门座锥面的中下部,宽度为 1.0~1.4 mm。当接触面偏上时,用 15°锥角的铰刀铰上口;当接触面偏下时,用 75°锥角的铰刀铰下口,如图2-35所示。

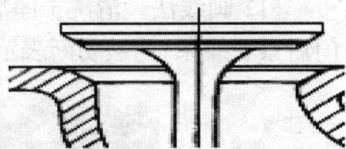

图 2-35 气门座工作面宽度

(5) 最后,用与工作面角度相同的细刃铰刀进行精铰,然后进行磨修,以达到表面粗糙度的要求。

3. 气门与气门座的配合要求

气门与气门座配合良好是决定配气机构正常工作的重要因素,它直接影响到汽缸的密封性。气门与气门座的配合要求如下:

(1) 气门与气门座工作锥面角度应一致。

(2) 气门与气门座的密封带位置在中部靠里。过于靠外强度降低,过于靠里会造成密封不良。

(3) 气门与气门座的密封带宽度应符合原设计规定,一般为 1.2~2.5 mm,并且排气门的密封带宽度小于进气门,柴油机的密封带宽度大于汽油机。密封带过小,将使气门磨损加剧,形成凹陷;密封带宽度过大,影响密封性,并导致气门烧蚀。

(4) 气门工作锥面与杆部的同轴度及气门座与导管的同轴度误差应不大于 0.05 mm。

(5) 气门杆与导杆的配合间隙应符合原厂规定。

4. 气门的研磨

气门的研磨可用手工操作或气门研磨机进行。

图 2-36 气门研磨
1-橡皮捻子;2、5-气门座;3、4-气门;6-旋具

(1) 手工研磨。首先,用汽油清洗气门、气门座和气门导管,将气门按顺序排列或在气门头部打上记号,以免错乱;其次,在气门工作锥面上涂薄薄一层研磨沙,同时在气门杆上涂以稀机油,插入气门导管内;最后,利用旋具或橡皮捻子,将气门作往复和旋转运动,与气门座进行研磨,如图2-36所示。注意旋转角度不宜太大,并及时地提起和转动气门、变换气门与座的位置,确保研磨均匀。手工研磨不应过分用力,也不要提起气门在气门座上用力拍击,否则会将气门工作面磨宽或磨成凹槽。

当气门工作面与气门座工作面磨出一条较完整且无斑痕的接触环带时,将粗研磨膏洗去,换用细的研磨膏继续研磨。当工作面出现一条整齐的灰色环带时,再洗去细研磨膏,涂上润滑油,继续研磨几分钟即可。

(2) 机动研磨。首先清洗汽缸盖,涂上一层研磨膏;其次将气门杆部涂以机油并装入气门导管内,调整各转轴,对正气门座孔;最后连接好研磨装置,调整气门升程,进行研磨。一般研磨 10~15 min 即可。研磨后的工作面是一条光泽更好的圆环。

5. 气门的密封性检验

气门与气门座修理后,通常要进行密封性检验。检验方法如下:

(1) 画线法。清洗干净后用铅笔沿径向均匀画线一圈,如图 2-37 所示,略压紧并转动气门后察看线条;均被切断表示密封性良好,否则应重新研磨。

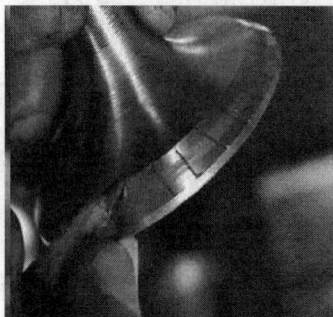

图 2-37 画线法

图 2-38 涂颜料法

(2) 拍击法。将气门与相配合的气门座轻轻的拍击几下,察看接触环带的光亮情况。

(3) 涂红丹法。在气门工作面上涂抹一层轴承蓝或红丹,如图 2-38 所示,然后用橡皮镊子吸住气门,旋转 1/4 圈再将气门提起;若颜料布满气门工作面一周而无间断,且十分整齐,即表示密封性良好。

(4) 渗漏法。可用煤油或汽油倒在装好气门的燃烧室里,5 min 内检视气门与气门座接触处是否有渗漏现象;如无渗漏即为合格。

(5) 气压试验法。气门与气门座密封性试验器由气压表、空气容筒及橡皮球等组成。先将空气容筒紧密贴在气门头部周围,再压缩橡胶球,使空气容筒内有一定压力(68.6 kPa 左右)。如果在 0.5 min 内气压表的读数不下降,则表示密封性良好。

6. 气门导管的检修

发动机在工作时,气门杆在气门导管中滑动,气门导管起导向作用,使气门杆上的热量经气门导管传给汽缸盖,因而其工作温度高、润滑条件差、容易积碳。气门杆与导管磨损后使配合间隙增大,引起散热不良,气门温度过高,且气门在导管中易摆动冲击,使气门座磨损不均匀造成漏气、漏油、气门头烧蚀,导致气门不密封和偏磨。所以应检查气门杆与气门导管的配合间隙,确定气门导管是否磨损过大。

1) 气门杆与导管配合间隙的检查

通常在拆卸清洗后进行气门杆与导管配合间隙的检查。检查方法如图 2-39 所示,将气门杆提起到气门导管端面一定高度 L(通常取 L 等于气门长度的一半),用百分表的测头抵在气门头部的边缘,左右摆动气门,百分表摆差的一半即为气门杆与导管的配合间隙。如广州本田、奥迪 A4 轿车发动机气门杆与导管间隙磨损极限不得超过 0.80 mm。当配合间隙超过规定时应进行修配。

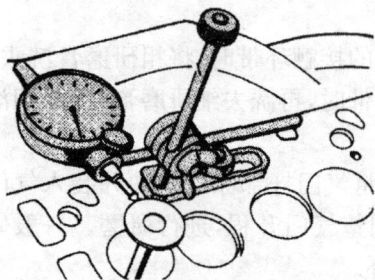

图 2-39 气门杆与导管配合间隙的检查

2) 气门导管的镶入与铰配

(1) 气门导管的选择与镶入。选用新气门导管时,要注意其内径与气门杆的尺寸应一致,外径与承孔的配合要有一定的过盈。选用时,可用新旧导管对比的方法确定过盈量的大小,只要新选的导管比旧导管直径大 0.01～0.02 mm 即为合适。

　　镶换新气门导管时,先用铳头冲出旧的气门导管,在选定的新气门导管外部涂一薄层润滑油,将其用铳头冲入或压入导管承孔内。镶入后的导管上端面距汽缸盖平面的距离应符合要求。

　　(2) 气门杆与导管的铰配。气门导管镶入后,与气门杆的配合间隙要符合要求。若间隙过小,可用气门导管铰刀进行铰削。铰削时,应根据气门杆直径大小选择和调整好铰刀,进给量不能过大,铰刀保持平、直、正,边铰削边试配,直到达到规定的配合间隙。将气门杆和导管擦净,在气门杆上涂一薄层机油,将气门放入气门导管上下拉动数次后,气门在自重下能徐徐下落,表示气门杆与气门导管的配合间隙适当。

　　7. 气门弹簧的检验

　　气门弹簧长期使用会出现断裂、歪斜、弹力减弱等耗损。气门弹簧的歪斜将影响气门关闭时的对中性,使气门关闭不严,容易烧蚀密封带、烧蚀气门,同时还会破坏气门旋转机构的正常工作。

　　气门弹簧的裂纹应认真仔细检验。气门弹簧表面应光洁,无裂纹、无折叠和缺陷。弹簧弹力的减小值不大于原厂规定 10%,自由长度不小于标准长度的 10%,如图 2-40 所示。气门弹簧的轴线与端面应垂直,垂直度误差不大于 2°。

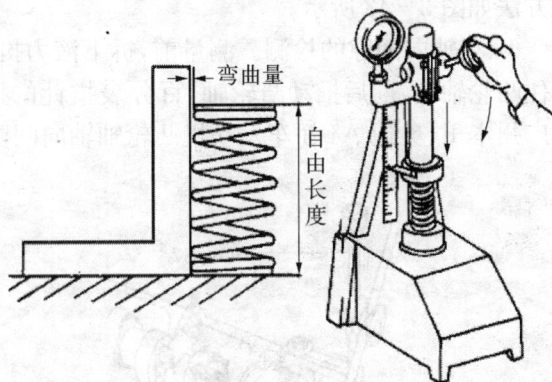

图 2-40　测量弹簧负荷长度和弯曲量

　　气门弹簧如果出现裂纹、缺陷、自由长度超限、变形超限和弹力明显降低,必须更换气门弹簧,不允许修复,也不能再继续使用。

　　8. 弹簧座和气门锁块的检修

　　弹簧座的检修主要是检查气门弹簧座表面是否光洁,是否有裂纹、夹层、夹杂、折叠、凹陷、擦痕、锈蚀等缺陷,若有应更换。气门锁块的检修主要是检视其外径和卡口是否有磨损、剪切和划痕,锁止效果是否良好。损伤的气门锁块必须成对更换。

二、气门传动组件的检测与修复

　　气门传动组的大部分零件失效后需更换新件。如凸轮轴、气门挺柱、液压挺柱、气门推杆、摇臂轴和摇臂、链条和正时齿轮等。当液力挺柱与承孔的配合间隙大于 0.10 mm、磨损过度或有泄漏时应更换新件;气门推杆直线度大于 0.30 mm、杆身有锈蚀和裂纹,磨损大于 0.03 mm 应更换新件。

　　1. 凸轮轴的检修

　　(1) 凸轮磨损检修。如图 2-41 所示,凸轮最大升程减小值大于 0.40 mm 或凸轮表面累积磨损超过 0.80 mm 时,应更换凸轮轴,否则可修磨凸轮(反靠磨法)。

　　(2) 凸轮轴轴颈磨损的检修。凸轮轴轴颈的磨损大于 0.015 mm 或轴颈与轴承间隙超过 0.08 mm,应更换凸轮轴或按修理尺寸法修复,检测方法如图 2-42 所示。

图 2-41 凸轮磨损检测　　图 2-42 凸轮轴轴颈磨损检测方法　　图 2-43 凸轮轴颈向间隙的检测

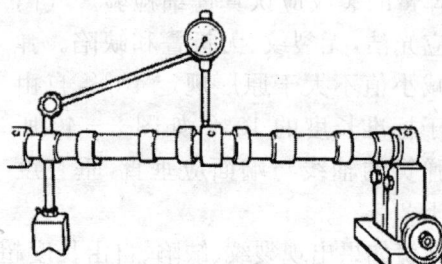

（3）凸轮轴间隙的检测分为径向和轴向间隙的检测。

① 径向间隙的检测：分别测轴承内孔、凸轮轴轴颈的尺寸，二者之差就是径向间隙，检测方法如图 2-43 所示。

② 轴向间隙的检测。测量前，拆下液力挺杆并安装好 1 号和 5 号轴承盖。用百分表头抵住凸轮轴端，前后推动凸轮轴，百分表指针的摆动量即为凸轮轴轴向间隙，如图 2-44 所示。广州本田、奥迪 A4 轿车发动机凸轮轴轴向间隙磨损极限不得超过 0.20 mm。

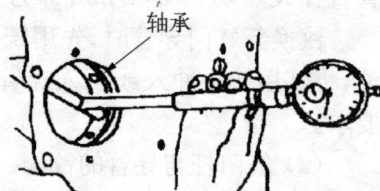

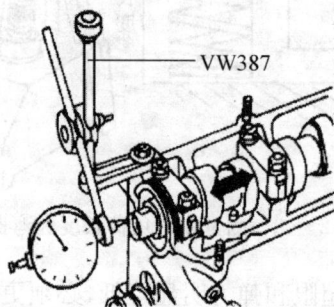

图 2-44 凸轮轴轴向间隙的检测　　　　图 2-45 凸轮轴弯曲的检测

（4）凸轮轴弯曲的检查。检查凸轮轴弯曲变形可用其两端轴颈外圈或两端的中心孔作为基准，测量中间一道轴颈的径向圆跳动量，检测方法如图 2-45 所示。凸轮轴颈向圆跳动量一般为 0.01～0.03 mm，允许极限一般为 0.05～0.10 mm。

2. 气门挺杆的检修

气门挺杆底部出现疲劳剥落、擦伤划痕等应更换，如图 2-46 所示，图（a）为正常状态，其余均为磨损状态，应更换。如果气门挺杆底部出现环形光环，说明磨损不均匀，应及时更换新挺杆。气门挺杆与承孔的配合间隙一般为 0.03～0.10 mm。

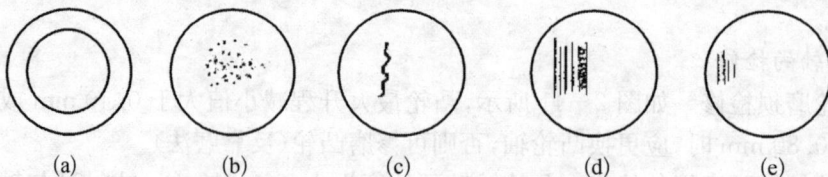

(a)　　　　(b)　　　　(c)　　　　(d)　　　　(e)

图 2-46 气门挺柱与凸轮接触面的磨损

液力挺杆必须整套更换,不能进行调整或维修。在起动时液力挺杆出现轻微噪声或异响属于正常情况。若冷却液温度达到80℃,将发动机转速提高到2500 r/min并运转2 min,如果液力挺杆处还有较大的噪声或异响,则应按照以下步骤检查:

(1) 拆卸气门罩盖。

(2) 按照顺时针方向转动曲轴,直到待检查的液力挺杆对应的凸轮朝上为止。

(3) 测量液力挺杆与承孔之间的间隙,如图2-47所示。如果间隙大于0.2 mm,则应更换液力挺杆。

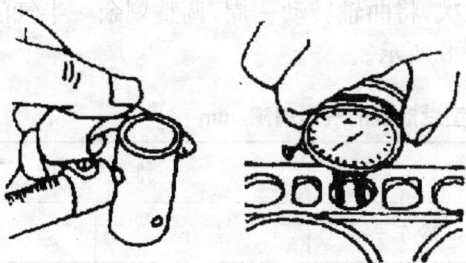

图2-47 配合间隙的检测　　　　图2-48 测量摇臂与摇臂轴配合间隙

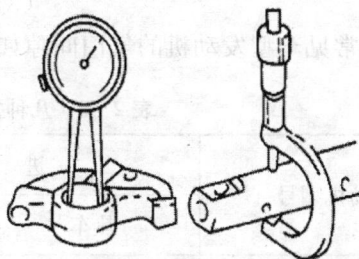

3. 摇臂、摇臂轴的检修

首先观察工作面,应无缺口、沟槽、划损等缺陷,有则修磨或更换;其次检查摇臂和摇臂轴之间的磨损,如图2-48所示,如果测得的间隙超过0.15 mm,必须更换;一般摇臂轴直线度100 mm:0.03 mm,超限应修复或更换;摇臂头磨损超过0.5 mm应修复或更换摇臂。

三、气门间隙的检查与调整

气门间隙是指气门完全关闭时,气门杆尾部与摇臂或挺杆之间的间隙。气门间隙一般有三种形式:凸轮与摇臂之间的间隙、凸轮与补偿盘之间的间隙及摇臂与气门之间的间隙,依次如图2-49三个图所示。不同机型气门间隙不同,气门间隙一般为:冷机,进气门0.20～0.25 mm,排气门0.20～0.25 mm(间隙大小因车型而异)。

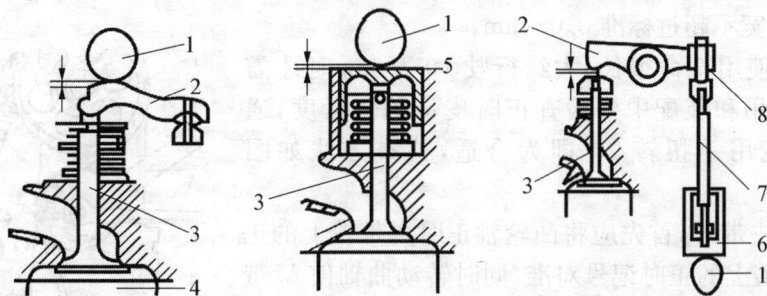

图2-49 气门间隙

1-凸轮;2-摇臂;3-气门;4-汽缸;5-补偿盘;6-推杆;7-挺柱;8-调整螺钉

气门间隙调整方法有两种,即逐缸调整法和两次调整法。两种方法首先要找到一缸压缩

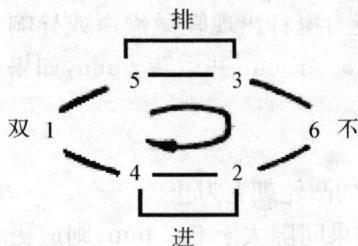

排

5　　3

双 1　　　　　6 不

4　　2

进

图 2-50　一缸做功开始时
可调气门的判别

上止点,然后按照发动机的发火顺序逐缸调整。目前大都采用两次调整法即"双排不进"法。其中"双"是指汽缸的进排气门间隙均可调,"排"是指排气门可调,"不"是指进排气门均不可调,"进"是指进气门均可调,如图 2-50 所示。"双排不进"法的调整过程如下:

(1)首先,明确发动机的发火顺序,将气门分成两组。

(2)第一次,将一缸活塞转到压缩上止点,按"双排不进"调整其一半气门的间隙。

(3)第二次,将曲轴转动一周,调整剩余一半气门的间隙。

几种常见车型发动机的气门间隙如表 2-8 所示。

表 2-8　几种常见车型发动机的气门间隙/mm

发动机型号	进 气 门		排 气 门	
	热车	冷车	热车	冷车
上海桑塔纳	0.25 ± 0.05	0.20 ± 0.05	0.45 ± 0.05	0.40 ± 0.05
一汽捷达	0.20～0.30	0.15～0.25	0.40～0.50	0.35～0.45
富　康		0.20		0.40
一汽奥迪 100	0.20～0.30	0.15～0.25	0.40～0.50	0.35～0.45
丰田 M 系列	0.28	0.25	0.35	0.30
解放 CA6102		0.20～0.30		0.20～0.30
东风 EQ6100-1		0.20～0.25		0.20～0.25

四、正时传动机构的检查与安装

曲轴正时齿轮和凸轮轴正时齿轮齿面应光洁、无划痕、无毛刺。啮合间隙正常为 0.04～0.2 mm,最大不超过 0.3 mm,圆周上各齿啮合间隙差小于 0.1 mm。齿轮内孔磨损不超过 0.05 mm,键槽宽不超过标准 0.08 mm。

正时皮带使用寿命很长,大约行驶 10 万 km 时才需要更换。在使用和装配中要检查正时皮带的张紧度,通常正时皮带能用手扭转 90°即为合适,检查方法如图 2-51 所示。

安装正时皮带时,首先应将凸轮轴正时皮带轮上的正时记号与汽缸盖上的正时记号对准,同时转动曲轴使 V 带轮上的记号与正时同步带护罩上的记号对正,如图 2-52所示。若拆卸皮带时已将曲轴按旋转方向转至一缸压缩上止点位置,可直接安装正时皮带;更换正时皮带时,新、旧正时皮带必须完全相同。

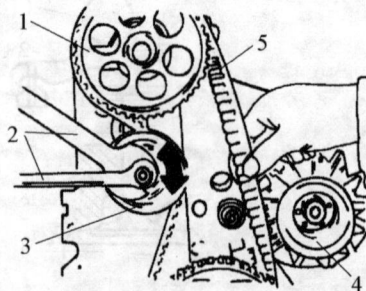

图 2-51　正时皮带的检查

1-凸轮轴正时齿轮;2-扳手;3-张紧轮;
4-发电机;5-正时皮带

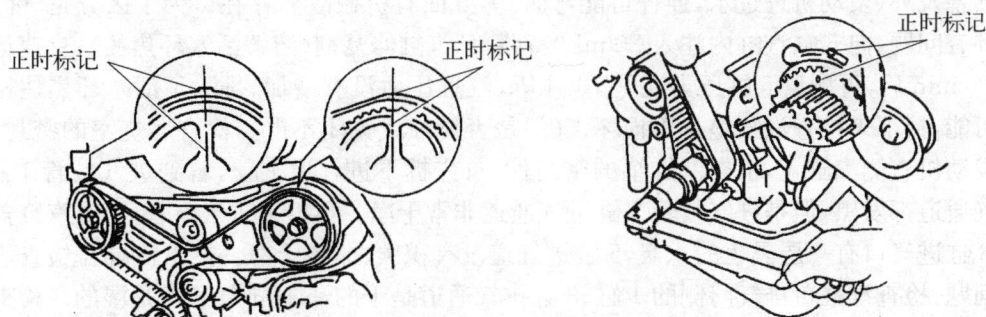

图 2-52　发动机正时皮带的安装

任务实施

案例 1：2000 款红旗 CA7202E3 发动机排放污染物超标的分析与检修

车型及配置： 一辆 2000 年 12 月 15 日生产的红旗世纪星轿车，车型编号：CA7202E3 型，发动机型号：日产 VG20E 型，发动机排量：2.0 L，变速器型号：016 型 5 速手动变速器。

故障现象： 客户反映车辆情况，平时发动机不烧机油，行车也没有什么异常的情况，就是发动机尾气检测不达标，验车上了 3 次线，环保这一关也没过。在一家修理厂免拆清洗过喷油器、清洗进气道和三元催化器，更换过火花塞，最后一次换了三元催化器、尾节消声器，上线验车还是不过，说是发动机尾气中的碳氢和过量空气系数超标，没有办法只好到维修站来检查治理。

故障诊断： 维修技师检查车辆，发动机故障灯不亮，用诊断仪选择 VG20 发动机系统，查询控制单元故障码，无故障码存储。维修技师连接汽车排气分析仪(5G)对车辆尾气进行检测，分析检测结果，怠速时的 CO 合格、HC 超标，高怠速时的 CO 不合格、HC 超标，过量空气系数(λ)也不合格，在 5 项检测指标中有 4 项超标。

根据监测结果的分析，发动机排放的 HC 和过量空气系数严重超标，利用功率平衡试验和尾气分析仪的读数，可以判断出每个汽缸的工作状况。如果每个汽缸 CO 和 CO_2 的读数都下降，HC 和 O_2 的读数都上升，且上升和下降的量都一样，表明各缸的燃烧都正常。如果只有一个缸的变化很小，而其他缸都一样，则表明这个缸点火或燃烧不正常。用功率平衡试验(断缸)的方法检查，断 5 缸时尾气分析仪 HC 读数为 860×10^{-6}，断其他缸 HC 读数达到 $1\,850 \times 10^{-6}$，尾气分析仪检测到的 HC 数据只有 5 缸的变化很小，而其他缸的 HC 值变化很大且都一样，说明 5 缸燃烧不正常，点火、喷油或汽缸压力有问题存在。

检查发动机高压点火系统，检查高压线及护套无漏电情况，并且有较强的蓝色高压火；拆下 6 个火花塞检查电极间隙正常，无积炭和烧蚀情况，其他缸火花塞燃烧的很好，只有 5 缸火花塞中央电极磁芯发黑，说明 5 缸燃烧较差，更换一组原装日产(NGK5ES)火花塞。起动发动机，监测尾气排放数据，HC 和过量空气系数没有明显的改变，说明发动机 5 缸的燃烧还是不正常。检测发动机汽缸压力，用汽缸压力表测量发动机 1 缸、2 缸、3 缸、4 缸、6 缸，汽缸压力一致，都在 800 kPa 以上，5 缸压力为 740 kPa，比其他汽缸缸压偏低，说明发动机 5 缸汽缸垫、气门或活塞及环(发动机进过水,连杆可能弯曲)等方面有机械故障存在。为了区分是气门还是活塞环有问题,向 5 缸汽缸内注入 20 mL"特路普"汽缸修复剂(溶解活塞环焦住),怠速运转发动机 20 min 后,再测量 5 缸压力还是 700 kPa,汽缸压力没有增加,排除了活塞环焦住密封不良的可能,接下来检查汽缸垫是否损坏、气门是否烧蚀或关闭不严。检查燃烧室的密封情况,拆解发动机右侧汽缸盖,检查汽缸垫的密封性,首先拆下进气道上盖,看到进气歧管 1 缸和 3 缸进气通道都发黑,但是进气歧管 5 缸进气通道非常干净。再拆下进气歧管,检查汽缸盖上的 1 缸、3 缸进气口有一层黑色的积炭,5 缸进气道没有积碳、非常干净。拆下汽缸盖检查汽缸垫没有问题,检查汽缸盖排气门侧的 1 缸、3 缸排气通道是干的,5 缸排气通道是湿的。检查汽缸套和活塞,3 个汽缸套都没有严重磨损或拉伤现象,检查活塞顶部的积炭,5 缸活塞顶部的积炭是潮湿的,1 缸和 3 缸是干积炭。转动曲轴 3 个缸活塞顶部都可以达到汽缸上止点最高位置,汽缸压力低与连杆弯曲、汽缸套磨损没有关系。再检查燃烧室,1 缸和 3 缸燃烧室内有一层干积炭,5 缸燃烧室内的积炭是潮湿的,而且进气门附近有两处没有积炭。分析以上检查到的现象,应是发动机汽缸压缩时,混合气从进气门返回,把进气道冲刷得非常干净,在进气门关闭不严时,发动机 5 缸燃烧不正常,所以燃烧室内的积炭是潮湿的。检查 5 缸气门密封情况,转动凸轮轴使 5 缸进、排两个气门都在关闭位置,倒上汽油检查气门是否关闭不严,2 min 后进气门侧 5 缸进气口有汽油流出,证实了进气门的确关闭不严。

分解汽缸盖检查液压挺杆,拆下摇臂轴和液压挺杆,取出气门油封检查无磨损或损坏,取出进气门检查,气门头有积炭,但气门口无烧蚀情况,气门杆与气门导管无异常磨损或卡滞现象,气门弹簧自由长度在正常范围,检查结果进气门关闭不严与气门本身无关。分析液压挺柱卡滞会使气门关闭不严,拆下液压挺杆,检查发现 5 缸进气门液压挺杆在最大位置,取出 5 缸液压挺杆与其他挺柱比较,比其他的液压挺杆长 1.5 mm,正常的液压挺杆按下时是有弹性,5 缸进气门挺杆按不下去,说明液压挺杆存在卡滞。

分析液压挺杆结构,挺杆内部运用液力来达到间隙调节的作用。液力挺杆主要由柱塞、单向阀和单向阀弹簧等组成,利用单向阀的作用储存或释放机油,通过改变挺杆体腔内的机油压力就可以改变液力挺杆的工作长度,从而起到自动调整气门间隙的作用。

为了保证气门关闭严密,在气门杆端与气门驱动件(摇臂、挺杆或凸轮)之间留有适当的间隙。气门间隙在热车时比较小,在冷车时比较大,这是因为发动机运行时,气门杆因温度升高而膨胀伸长,导致间隙缩小。若气门间隙调整不当就会使发动机运行不正常,过大会影响气门的开启量,气门升程减少引起进气不足,排气不彻底;过小会引起气门关闭不严引起漏气,造成动力下降。挺杆单向阀卡滞在关闭位置使油液无法溢出,而油液具有的不可压缩性,挺杆像一个整体一样推动着气门,使气门在弹簧的作用下无法关闭、密封不严。

分解有故障的液压挺杆后,发现单向阀黏住无法泄压,液压挺柱只能伸长、不能收缩停留在最大位置,致使进气门关闭不严,5 缸汽缸压力低于其他缸。

故障排除: 更换一个进气门液压挺杆,组装气门机构后检漏,5 缸进气门不再渗漏。安装汽缸盖、进气歧管、喷油器及燃油导轨,装复完毕后试车,发动机运转平稳、加速良好,排气管尾部喷水,说明发动机混合气可以正常燃烧了。

用尾气分析仪检测,在"点燃式发动机汽车排放污染物双怠速法检测报告"中 5 项数据全部达标,上线检测发动机尾气排放判定的结论是全部通过,一次验车通过,拿到了绿卡,红旗CA7202E3 轿车尾气超标故障彻底排除。

故障总结：该车排放污染物超标是发动机液压挺杆卡滞引起的气门关闭不严，汽缸压力不足，使5缸燃油没有充分燃烧，导致尾气中HC和过量空气系数超标、验车时通不过。汽车排放污染物超标，说明车辆上是存在故障的，除了油品的影响因素外，大多数原因是发动机的问题，也可以这样说，汽车排放污染物超标最主要的因素还是发动机有故障。

维修人员在维修车辆时，对故障车辆做完必要的常规检查之后，使用尾气分析仪，分析车辆排放气体可以很快发现故障，缩小检修范围，使我们在最短的时间内发现问题的关键原因。尾气分析仪上检测过程的HC、CO、CO_2、O_2、NO_x读数的变化非常关键，能够帮助维修人员分析、发现故障点，当发动机各系统出现故障时，尾气中某种排放污染物必然偏离正常值，通过检测发动机不同工况下，尾气中不同气体成分的含量，可判断发动机有故障存在或故障所在的部位。治理的方法仁者见仁、智者见智，有的修理厂是用治标的方法，治标的一般不修车，只注重机外处理，更换三元催化器或者加临时的三元催化器，该车更换了三元催化器尾气排放污染物没有得到控制，说明三元催化器没有问题或者发动机有故障存在。有的修理厂用治本的方法，就是用汽车诊断分析系统、示波器和汽车尾气分析仪等检测诊断设备，检查分析发动机故障的根本原因，按照维修程序彻底排除发动机各个系统存在的故障隐患，把车辆从亚健康或生病的状态恢复到健康状态，保证汽车尾气排放污染物在合格（限值）范围内，让我们的蓝天更蓝。

案例2：传动链链节不符合标准导致发动机加速不良，油耗增大

故障现象：捷达王轿车发动机加速不良（发闷），油耗增大。

故障排除：用AutoBoss电脑检测仪提取故障码，显示故障码为00515——霍尔传感器G40断路或对正极短路。霍尔传感器产生的信号可识别发动机起动时的第1次点火，这一信号中断后，发动机电控单元不能正确区别出第1缸和第4缸，此时发动机将失去爆燃控制而进入应急功能，从而使发动机功率降低、油耗增高，使汽车加速不良。产生此故障码的可能原因有：霍尔传感器G40与电控单元J220之间的信号连接线有断路或对正极短路，霍尔传感器G40损坏，霍尔传感器隔板上的窗口位置错位。

拔下G40插头，用万用表测量3个端子的电压。端子1有5V电压，端子2有9～12V电压，端子3为0V（搭铁），均属正常。此后，又先后换上一个新的霍尔传感器和电控单元试车，仍然显示上述故障。根据故障代码的含义，故障应在电控系统上，但也不排除有故障码而电控系统无故障的特殊情况。

车主反映，该车发动机以前曾因正时标记错位顶过气门，此故障是在换过汽缸盖后出现的。随后检查正时，正时标记无误。拆下气门室盖，仔细检查两凸轮轴之间的传动链（该发动机的排气凸轮由曲轴通过齿形带驱动，进气凸轮轴由排气凸轮轴通过传动链驱动，并由一个液压的免维护张紧器对传动链进行正确的张紧）链节数为15个，而标准的传动链数为16个。换上标准的传动链，故障彻底排除。

案例3：配气正时标记错位导致发动机加速不良，油耗增大

故障现象：捷达王轿车发动机加速不良，油耗增大。

故障排除：用AutoBoss电脑检测仪提取故障码，显示故障码为00515——霍尔传感器G40断路或对正极短路。拔下G40插头测量3个端子的电压，均无异常。换一个新的G40（换G40时，仔细检查霍尔传感器隔板与进气凸轮轴的定位，完全正确）后试车，仍旧显示故障代

码 00515。

根据维修经验,判断为配气机构有故障。仔细询问车主,该车没有顶过气门,也没有动过汽缸盖。打开正时室罩盖,把曲轴上的正时带轮转到第 1 缸上止点的对应位置,看到凸轮轴的正时标记正好跟汽缸盖上的标记错开两个齿的距离。

重新装配正时皮带,并调整好张紧度。试车,故障排除。

案例 4:正时带轮定位键断裂导致发动机加速不良,油耗增大

故障现象:捷达王轿车正时带轮定位键断裂,发动机加速不良,油耗增大。

故障排除:用 AutoBoss 电脑检测仪检测无故障码。路试,故障确实存在。检查点火系和燃油系统,正常,随即把检查重点放在配气机构上。

拆下气门室罩盖,准备检查排气凸轮轴与正时带轮的连接部分,以及气门与气门座的密封情况。当拆下排气凸轮轴正时带轮后,发现正时带轮上的定位键已断裂,致使凸轮轴上的正时带轮与凸轮轴颈向产生相对位移,这就造成发动机配气相位滞后。

拆卸正时带轮,更换定位键,重新装配正时带轮和正时皮带,并调整好皮带张紧度。试车,故障排除。

测试习题

一、判断题

1. 燃烧室及气门座附近的裂纹可用粘结法修复。　　　　　　　　　　　（　　）

2. 为了保证活塞销两座孔铰削的同轴度,应选用长刃铰刀,使一刀能同时铰削两座孔。
　　　　　　　　　　　　　　　　　　　　　　　　　　　　（　　）

3. 直接选配活塞销时,不必对活塞销座孔进行铰削或镗削,只要选用与活塞相同颜色的活塞销装配即可。　　　　　　　　　　　　　　　　　　　（　　）

4. 当飞轮上的点火正时记号与飞轮壳上的正时记号刻线对准时,第一缸活塞无疑正好处于压缩行程上止点位置。　　　　　　　　　　　　　　　　　（　　）

二、简答题

1. 配气机构的作用及组成是什么?
2. 气门间隙过大或过小有何危害?

任务六　发动机的装配与磨合

任务导入

一辆金杯面包车发动机进行了大修,在进行热磨合时,发动机连杆脱落将汽缸体打裂,分解发动机后发现是由于连杆螺栓折断而造成的。检查其他连杆螺栓,发现连杆螺栓拧紧力矩过大。大修发动机时如何进行组装?应注意哪些事项?

学习目标

1. 掌握发动机装配的要求。
2. 了解发动机磨合的意义。
3. 能进行发动机的冷磨合和热磨合。

相关知识

发动机各零部件检修符合技术要求之后,可按发动机装配工艺过程和装配技术要求装配发动机。发动机装配质量的好坏,直接影响发动机的修理质量,因此发动机装配必须符合装配技术要求,以保证发动机的可靠性和形成适应工作条件的配合表面。大修装配后的发动机必须进行磨合和试验,最后进行发动机修竣验收,以发动机的工作性能和检验修理质量为主。

一、发动机的装配

1. 发动机的装配要求

(1) 准备装配的零部件都要经过检验或试验,必须保证其质量合格。

(2) 装配前要认真清洗零件,特别是汽缸体润滑油路,需彻底清洗,而后要用压缩空气吹干。

(3) 准备好全部螺栓和螺母。对于所用汽缸垫及其全部衬垫、开口销、自锁螺母等,在大修时应全部换新。

(4) 各活塞连杆组,各轴承与轴承盖,进、排气门等应对好位置和记号,不得错乱安装。

(5) 发动机上重要的螺栓和螺母,如连杆螺栓、主轴承盖螺栓、汽缸盖螺栓必须按规定力矩分次拧紧。汽缸盖螺母的拧紧,必须从中央起,按顺序彼此交叉,逐渐向外,分次进行,最后一次的拧紧力矩应符合技术要求。

(6) 关键部位的重要间隙必须符合标准规定。如活塞与汽缸壁的间隙,轴与轴承的间隙,曲轴、凸轮轴的轴向间隙,气门间隙等。

(7) 各相对运动零件的工作表面,装合时应涂以清洁的润滑油,以保证零件开始运动时的润滑,如轴承与轴颈、活塞与汽缸壁间的润滑。

(8) 保证各密封部位的密封性,不得有漏水、漏油和漏气现象。

2. 发动机的装配顺序

发动机的装配必须严格按照工艺规程的技术要求进行。为提高工作效率、保证装配质量和减轻劳动强度,在装配发动机时尽可能采用专用工具和机械化设施,从而达到保证装配质量,降低修理成本,以及延长发动机使用寿命的目的。发动机的装配工艺顺序与发动机结构有关。下面以桑塔纳轿车为例说明发动机的装配顺序。

发动机的总装包括组合件装配与总成装配两部分,以汽缸体为装配基础,由内向外装配。

1) 曲轴的安装

(1) 将检验合格的汽缸体倒置于工作台架上。

(2) 装配正时齿轮与止推垫片(注意方位)。正时齿轮与轴颈为过渡配合、键连接。

（3）安装曲轴。

① 主轴承表面涂以润滑油，按规定技术要求进行装配曲轴。

② 装上曲轴后，按顺序装好主轴承盖，旋上主轴承盖螺栓，按二、四与一、三、五的顺序，顺时针拧紧各主轴盖螺栓（力矩 65 N·m）。

注意：每紧固一道轴承应转动曲轴，有阻滞现象要找出原因，加以排除。

③ 装配前、后曲轴密封法兰。用专用工具将曲轴前、后油封压入前、后法兰上（若不用专用工具，不能保证油封垂直压入）。油封刃口向内并涂以润滑油（防止损坏刃口），密封衬垫应涂以密封胶，并确保各密封端面清洁、平整。在曲轴两端装上导套，可防止损伤油封刃口。装好前、后密封法兰，旋紧螺栓，M8 的拧紧力矩为 20 N·m，M10 的拧紧力矩为 10 N·m。

④ 安装曲轴后端滚针轴承。滚针轴承印有标记的一面朝外，用专用工具压入。压入后应低于曲轴后端面 1.5 mm。

⑤ 安装飞轮。装上飞轮后，其紧固螺栓上应涂防松胶，按对角线分 2 到 3 次旋紧，拧紧力矩为 75 N·m。

注意：飞轮齿轮上的标记"O"必须与 1 缸连杆轴颈在同一方向上。

2）活塞连杆组的安装

（1）活塞连杆组的安装。

① 安装活塞销。将活塞用水加热至 60～80℃，把涂有润滑油的活塞销推入销孔，用尖嘴钳装上活塞销挡圈，使挡圈的开口与活塞销孔上的缺口错开一个角度。

② 检查活塞连杆安装的正确性，即活塞顶与曲轴轴线的平行度。将其装在检验芯棒上，用直尺和塞尺在检验平板上检验（平板垂直于芯棒），超过使用极限 0.005 mm 则重新装配。

③ 检查偏缸。侧置汽缸体，将未装活塞环的活塞连杆组装入相应汽缸，按规定力矩拧紧连杆螺母。先检查连杆小端两侧与活塞销座孔端面之间的距离（一般不小于 1 mm），若小于 1 mm 则表明汽缸中心线产生偏移。再转动曲轴，检查活塞在上、下止点和中间位置时的汽缸间隙，若间隙差大于 0.10 mm 则表明活塞偏缸，应查明原因并予以校正。

④ 安装活塞环。活塞环标记有"TOP"的一面朝上，用活塞环钳将其按顺序装入活塞环槽中，开口位置错开 120°。注意：第一道气环的开口朝向次承压面 45°方向。

（2）活塞连杆组与曲轴的装配。

① 在活塞裙部或汽缸壁上涂以润滑油（包括活塞环与槽），按缸号标记及方向标记将各活塞连杆组装入汽缸内，装毕后应再次检查装配标记是否正确。

② 连杆轴承与连杆螺栓的装配。在连杆上装好连杆轴承，连杆轴承上的定位凸起应与相应的凹槽对正。

注意：不同型号的发动机，其连杆螺栓亦不相同，不可随意使用。有重复使用标记的螺栓一经拆卸则不得再用。

③ 连杆与曲轴连杆轴颈的装配。将连杆、连杆轴承盖与连杆轴颈装合，旋上连杆螺母，在螺纹表面和支承接触表面涂以润滑油，按规定力矩拧紧（30 N·m 及 180°）。每装一道连杆轴承即转动曲轴，应转动灵活无阻滞感。并检查连杆大端与曲轴的间隙，使用极限为 0.37 mm。若间隙过大，应查明原因予以排除。

3）中间轴的安装

将中间轴涂以润滑油，从前向后装在汽缸体上。用专用工具将油封垂直压入中间轴密封法兰中(油封刃口应润滑),将法兰与垫圈装到汽缸体上,旋紧螺栓。用百分表检查中间轴轴向间隙(使用极限为 0.25 mm),可改变垫圈的厚度及数量进行调整。调整旋紧螺栓,拧紧力矩为 25 N·m,然后装上半圆键、惰轮、垫圈,旋紧螺栓拧紧力矩为 80 N·m。

4) 气门组的安装

(1) 压装气门导管油封。气门在杆端装以塑料套(保护油封,必须使用),将导管油封涂好润滑油装入专用工具内,小心地推入导管。

(2) 装配气门组件。依次装上气门、气门弹簧下座、弹簧、弹簧上座。用专用工具压下气门弹簧上座,装入气门锁片。取下专用工具后,用木锤敲击各气门杆头部,使锁片与气门杆上的锁槽严密配合。

(3) 安装推杆。机械式推杆的安装:推杆缺口朝向进气歧管一方,涂上润滑油放入已做出标记的对应的推杆孔内,不得错装。液压推杆的安装:装前涂以润滑油,并检查进排气门杆头与汽缸盖上端面的距离。

注意:机械式或液压推杆与推杆孔配合间隙必须符合技术标准(标准值为 0.03～0.07 mm,使用极限为 0.12 mm),与凸轮接触部位出现明显磨损凹陷必须更换。液压推杆不可分解,必须整套更换,放置时工作面必须朝下,以免机油流失。

(4) 安装凸轮轴:

① 检查各轴承盖装配位置及标记(不可错装),并涂以润滑油。

② 使 1 缸凸轮朝上(不得压迫气门杆),装上凸轮轴。先装上第二、第五道轴承盖并以 20 N·m 力矩对角线交替拧紧轴承盖紧固螺栓,再装第一、第三道轴承盖,最后装上第四道轴承盖,并交替拧紧(拧紧力矩为 20 N·m)。

③ 安装凸轮轴油封。油封刃口向内,涂以润滑油,使用导套及压具将油封压入,但油封不得压入过量(易堵塞回油孔),稍低于汽缸盖表面即可。

④ 安装半圆键和凸轮轴正时齿轮,再装上垫圈和轴头螺栓(拧紧力矩为 80 N·m)。

5) 汽缸盖的安装

先安装汽缸垫,标记"OPEN"的一面朝上,再转动曲轴使各缸活塞均不在上止点位置(以防与气门相碰),利用导向工具(装在汽缸体螺纹孔中)装上汽缸盖、旋上汽缸盖螺栓。按拧紧顺序分四次拧紧:依次为 40 N·m、60 N·m、75 N·m、旋转 90°。

6) 正时齿形皮带轮的安装

安装曲轴正时齿轮、正时齿形带,并检查齿形带松紧度是否符合标准。

7) 气门间隙的检查

装配液压推杆的发动机不需调整气门间隙,但应检查并确定其液压作用所能补偿气门产生的间隙。检查方法是:起动发动机直至风扇运转,提高转速至 2 500 r/min,并保持 2 min;若液压推杆仍有噪声,则不正常,应查明原因予以排除。可拆下气门室罩盖,旋转曲轴使待查凸轮朝上,用楔形木棒压下液压推杆时,在气门开启前存在的间隙若大于 0.10 mm,则表明液压推杆已损坏不能使用,应更换新件。

注意:装上新液压推杆后,30 min 内不得起动发动机,因为液压推杆内的润滑油在弹簧作用下经泄油间隙流出需要一定的时间,过早起动会使气门与活塞碰撞损坏。

8) 气门室罩的安装

在汽缸盖上装上导油板,在衬垫上涂以密封胶,将气门室罩盖和加强板一同装上,旋紧罩盖紧固螺栓(拧紧力矩为 10 N·m)。

9) 安装齿形皮带罩,并调整发动机皮带

(1) 将衬条涂上密封胶后与齿形皮带上、下罩装在发动机上,旋紧固定螺栓和螺母(拧紧力矩 10 N·m)。装上曲轴皮带轮,旋紧皮带盘固定螺栓(拧紧力矩为 20 N·m),装上三角皮带。

(2) 旋松发电机支架及吊耳的固定螺栓,旋松调整螺母固定螺栓,转动调整螺母使三角皮带张紧,螺母拧紧力矩为:新皮带 8 N·m,旧皮带 4 N·m。用拇指压下皮带检查最大挠度,新皮带为 2 mm,旧皮带为 5 mm。若合适则旋紧调整螺母固定螺栓(拧紧力矩为 35 N·m)及发电机支架和吊耳固定螺栓(拧紧力矩为 20 N·m)。

10) 机油泵与分电器的安装

(1) 安装机油泵。在汽缸体上装机油泵主动轴上支承套,将组装好的机油泵装上,使机油泵主动轴下支承定位套进入汽缸体,旋紧固定螺栓(拧紧力矩为 20 N·m)。使机油泵主动轴端的扁舌与曲轴轴线保持平行位置。

(2) 转动曲轴,由飞轮观察孔见到飞轮标记"O"与飞轮观察孔上的箭头对准,这时 1 缸活塞位于压缩上止点。使分电器分火头上的标记与分电器壳上的标记对准后,把分电器装在汽缸体上,同时使分电器轴下端凹槽与机油泵端的扁舌对正。这时装上压板,旋紧固定螺栓(拧紧力矩为 25 N·m)。安装火花塞,拧紧力矩为 25 N·m。

(3) 再次转动曲轴两圈,复查飞轮标记与观察孔处标记是否对正,以确定分电器安装位置是否正确无误。

11) 油底壳的安装及加注新机油

(1) 安装油底壳。清洗油底壳和汽缸体的结合表面,装上新衬垫(不要进行粘接),对称均匀旋紧油底壳固定螺栓(拧紧力矩为 30 N·m)。

(2) 加注新机油。规定使用 API-SE 或 SE 级优质多标号机油 SAE15W40。

12) 进、排气歧管的安装

换装新衬垫,旋紧进气歧管固定螺栓(拧紧力矩为 25 N·m),装上 O 形密封圈、密封垫,旋紧进气歧管固定螺栓(拧紧力矩为 10 N·m),旋紧排气歧管固定螺栓(拧紧力矩为 30 N·m)。

13) 离合器的安装

(1) 从动盘的安装。将从动盘装在飞轮上,并以定心棒定位(便于从动盘与变速器第一轴装合时对中)。从动盘减震弹簧突出的一面朝外。然后安装压板组件。按规定顺序旋紧固定螺栓(拧紧力矩为 25 N·m)。

(2) 压入分离叉轴衬套,用专用工具将分离叉轴衬套压入壳体(另一衬套压在分离叉套座孔内)。再安装分离叉轴及导向套,旋紧固定螺栓(拧紧力矩为 15 N·m)。装毕检查分离叉轴,应转动灵活,不能有左右移动。

(3) 将分离轴承用专用工具压入轴承座中,并对分离轴承进行润滑。涂上二硫化钼锂基润滑脂(制造厂要求使用白色 ET-NV·ADS12600005 号润滑脂),不得多涂,以免污染从动盘。再装上支撑弹簧、支撑夹板和回位弹簧。防尘套装在分离叉轴左端,保持尺寸 18 cm,再装上挡圈。

(4) 装好分离杠杆,使其位置在回位弹簧起作用的条件下距离合器钢索固定螺母架的距离为 200±5 mm,再旋紧螺栓(拧紧力矩为 25 N·m)。

14）发电机的安装

（1）旋紧发电机支架固定螺栓（拧紧力矩为 30 N·m）及发电机固定螺栓（拧紧力矩为 20 N·m）。

（2）检查发电机皮带挠度。在发电机皮带盘和曲轴皮带盘之间，用拇指以 98 N 的力按下皮带时，其挠度应是 8~12 mm（新皮带为 5~7 mm）。

注意：装皮带时，应用木棒在发电机前盖处用力撬动，不允许在后盖处撬动，以防因后盖变形而压坏元件。

15）电器及其他附件的安装

安装机油滤清器、水泵、曲轴箱通风装置、汽油泵、空气滤清器、起动机、供油系统、润滑、冷却系统等外部附件以及导管、传感器和散热器等。

上述介绍的发动机装配工艺顺序是常见车型的基本装配过程。对于不同车型的发动机，应根据其结构特点确定其合理的装配顺序。

二、发动机的磨合

大修发动机组装后必须进行磨合，以改善零件摩擦表面几何形状和表面物理力学性能。总成磨合是修理工艺过程的一个重要工序，是总成从修理装配状态转入工作状态的过渡，磨合质量对总成修理质量和大修间隔里程有着重要的影响。因此，大修的发动机未经磨合不允许投入正常使用。

1. 发动机磨合的意义

总成修理的发动机使用的零件有新有旧，零件的技术状况相差较大，修理工艺装备和企业生产技术水平又存在着很大的差异。有些大修后的发动机在磨合期中就出现拉缸、烧瓦等严重故障。因此，总成大修的发动机进行科学的磨合非常重要。

1）形成适应工作条件的配合性质

（1）扩大配合表面的实际接触面积。新零件和经过修理的零件，由于表面微观粗糙和各种误差，装配后配合副的实际接触面积较小，微观接触面在高应力、高摩擦的热作用下容易产生塑性变形和粘着磨损，引起咬粘等破坏性故障。因此，使新零件在特定的磨合规范下运动，粗糙表面的微观凸点镶嵌并产生微观机械切削现象，使实际接触面积不断扩大，在短期内形成适应正常工作条件的配合表面。

（2）形成适应工作条件的表面粗糙度。零件加工的表面粗糙度与工作条件的要求相差甚远。在磨合中才能形成适应工作条件的表面粗糙度。

（3）改善配合性质。由于磨合磨损形成了适应工作条件的实际接触面积和表面粗糙度以及配合间隙，不但显著地提高了零件综合抗磨损性能，也减少了其摩擦阻力与摩擦热，故障率降低，提高了大修发动机的可靠性与耐久性。

2）改善配合副的润滑性能

磨合使配合间隙增大到适应正常工作条件的配合间隙，改善了润滑油的泵送性能，增大了配合副润滑油流量，不但改善了配合副的润滑效能，也有利于保持正常的工作温度和配合表面的清洁。

3）提高发动机的可靠性与耐久性

金属在低于或接近于疲劳极限下，磨合一定的时间，实现"次负荷锻炼"，可以明显提高金属零件的抗磨合能力,从而提高机械的可靠性与耐久性。

发动机全部磨合过程由微观几何形状磨合期、宏观几何形状磨合期和适应载荷表面准备期三个时期组成。微观几何形状磨合期内(第一时期),微观粗糙表面的粗糙度逐渐下降,表面金属被强化,硬度提高,形成适应摩擦状态下的工作表面质量。宏观几何形状磨合期内(第二时期),零件表面形位误差部分得以消除,磨损量逐渐减小,机械损失减弱。适应载荷表面准备期内(第三时期),零件磨损和发动机动力性、经济性逐渐稳定,故障率降低,可靠性提高。

2. 发动机的磨合

发动机的磨合分冷磨合和热磨合两种。冷磨合是用其他动力带动发动机运转,进行磨合的过程。热磨合是以发动机本身产生的动力进行磨合的过程。冷磨合和热磨合的目的是为了降低发动机在修理、装配中各零件摩擦表面的表面粗糙度值,以获得更良好的配合性能。

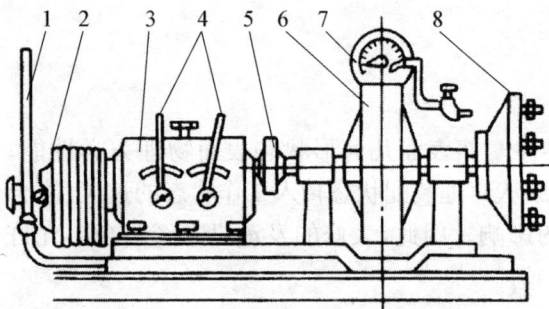

图 2-53 发动机冷磨、热试、测功联合装置

1-离合器手把;2-摩擦离合器;3-变速器;4-变速手把;5-反向离合器;6-水力制动鼓;7-称力机构;8-凸缘盘

1) 发动机的冷磨合

冷磨合是对汽缸活塞环、曲轴轴承等主要配合表面的磨合。发动机不装火花塞或喷油器(柴油机),一般在专用设备上进行,图 2-53 是一种冷磨、热试与测功的联合装置。

(1) 发动机冷磨合规范:发动机冷磨合通常用 L-AN32 全损耗系统用油或车用机油加 15% 的煤油作润滑油,供给应充足。若起始转速过高,摩擦副发热,将加剧磨损;若起始转速过低,润滑油供应不足,同样也会增加磨损量。冷磨合的起始转速确定之后,一般可按表 2-9 的磨合规范进行冷磨合。

表 2-9 发动机磨合规范

发动机额定转速/(r/min)	磨合转速/(r/min)	时间/min	总时间/h	发动机额定转速/(r/min)	磨合转速/(r/min)	时间/min	总时间/h
≤3 200	500~600	30~45	≥2	>3 200	700	60	≤4
	600~800	30~45			900	60	
	800~1 000	30~45			1 100	60	
	1 000~1 200	30~45			1 200	60	

(2) 发动机冷磨合注意事项:注意观察机油表压力及各运动机件工作是否正常,发现异常现象时立即停止,排除故障后继续磨合;发动机温度达 90℃ 时,及时用风扇冷却;冷磨结束后,将发动机分解检查,注意汽缸是否有刮伤。检查滑动轴承的工作面及配合情况,若发现故障应及时排除;放尽润滑油,并彻底清洗油道和机油盘。将全部零件清洗检查后,按技术要求重新装复。

2) 发动机的热磨合

发动机经冷磨合后重新安装在如图 2-53 所示的磨合台架上,利用本身产生的动力进行热磨合。热磨合分为无负荷热磨合和有负荷热磨合两个阶段。

（1）发动机的无负荷热磨合。这一阶段的目的除进一步磨合外，还要对发动机的油、电路进行必要的检查和调整，排除故障。无负荷热磨合规范：发动机转速为 600～1 000 r/min，时间为 1 h。磨合时发动机正常出水温度为 75～95℃，润滑油温度为正常。合理调整点火提前角。发动机应无漏油、漏水、漏气和漏电现象。

（2）发动机的有负荷热磨合。发动机经过冷磨合和无负荷热磨合后，还必须进行有负荷热磨合，即通过加载装置，使发动机输出功率负荷运转，进一步改善摩擦副工作表面的微观不平度，检验新修发动机的功率恢复情况。有负荷热磨合分一般磨合和完全磨合两种。一般磨合的时间较短，经磨合的发动机只能进行个别点的测试，如最大功率点、最大扭矩点及最低耗油率点的转速测量；完全磨合的发动机可进行外特性曲线的试验。对大修的发动机，要求进行一般的磨合就可以了。

一般有负荷热磨合的时间不少于 3 h，如配合较紧时，可适当延长时间。在有负荷热磨合过程中，还应注意检查和调整。观察仪表指示数值，应符合原厂规定；发动机在各种工况下运转平稳、无异响。若发现故障，立即停机排除。

发动机热磨合结束之后，还必须拆检主要机件：检查汽缸压力（或真空度）应符合原厂规定；抽出活塞连杆组，检查汽缸有无拉伤和偏磨；检查活塞裙部的接触面是否磨合正常。活塞环的外表面与汽缸的磨合痕迹应不小于外表面面积的 90%。环的开口间隙不大于装配间隙的 25%；检查主轴承和连杆轴承的磨合情况；拆除凸轮轴，检查轴承、凸轮及挺杆等各摩擦副的配合情况。经过检查，若发现不正常的现象，应进行排除，必要时重新磨合。

三、发动机总成修理竣工的技术要求

发动机总成修理竣工的一般技术要求为：

（1）装备齐全，按规定完成发动机磨合，无漏油、漏水、漏气、漏电现象。

（2）加注的润滑油量、牌号以及黏度符合原厂规定。

（3）无异响，急加速时无突爆声，消声器无放炮声，工作中无异响。

（4）润滑油压力和冷却液温度正常。

（5）最大功率和最大转矩不低于原厂规定。

（6）发动机排放限值符合国标规定。

（7）汽缸压力应符合原设计值；各汽缸压力差，汽油机不大于 5%，柴油机不大于 6%。

大修竣工的发动机除装备齐全有效之外，还必须进行性能检测。要求能正常起动，低、中、高速转速均匀、稳定，水温正常，加速性能好，无断火、回火、放炮等现象。

汽车发动机大修竣工的技术要求可参考 GB 3799 - 2004。

任务实施

案例 1：漏装机油限压阀导致发动机高速运转时故障灯点亮

故障现象：一辆装配 3.0 L 发动机的本田雅阁轿车，发动机汽缸体在撞车事故中损坏，更换新汽缸体后，试车时发现发动机转速超过 3 000 r/min 时故障报警灯点亮。

故障排除： 用本田车专用检测仪 PGM 进行故障检测，输出故障码为"22"，含义为"VTEC 压力开关电路或 VTEC 电磁阀电路故障"，VTEC 系统全称为"可变气门正时和升程电子控制系统"，是本田的专有技术。根据维修手册中的发动机电路图及故障码的提示，检查 VTEC 压力开关、VTEC 控制电磁阀及其连接电路，均正常。因发动机机油压力报警灯未报警，所以主油道机油压力符合标准。经细心观察后发现，该车在冷车起动后约 5 min 内，发动机加速及转速超过 3 000 r/min 时，故障报警灯不会点亮；而发动机温度升高后，只要转速超过 2 500～3 000 r/min，故障报警灯就会点亮。

经过分析认为，发动机冷车时的机油压力比热车时高，而该车在撞车之前没有此故障，因而可能是热车时汽缸盖的机油压力不足。仔细检查更换下来的旧汽缸体，发现汽缸体内通向汽缸盖油道的一个限压阀未拆下来。也就是说，在更换的新汽缸体上没有安装此阀，所以造成汽缸盖油道内的机油泄漏。将该限压阀装到新汽缸体上，VTEC 系统故障排除。

案例总结： 在更换新汽缸体时，人为地漏装了汽缸体通向汽缸盖油道的机油限压阀，造成汽缸盖油道泄压，机油压力降低，使 VTEC 系统不能正常工作。

案例 2：平衡轴相位装配错误导致发动机噪声，且动力不足

故障现象： 一辆本田雅阁轿车，发动机型号为 F23A3。该车在 10 万 km 维护时更换了正时皮带，此后便出现发动机噪声及动力不足的故障现象。

故障排除： 该故障在更换正时皮带后发生，因此有可能是正时皮带或平衡轴皮带安装记号失准造成的，需重新检查正时皮带与平衡轴皮带的安装记号。正时皮带安装过紧也会出现异响，响声为"呜呜"声，可打开发动机舱盖查听，此噪声在怠速与加速时明显，且这种原因产生的异响不会影响发动机的行驶加速性，噪声特征也有明显区别。

拆卸正时皮带室罩盖，检查曲轴皮带盘、凸轮轴皮带轮、前后平衡轴皮带轮的相对位置记号及皮带的张力，结果发现后平衡轴的装配相差 5 个齿。询问维修员得知，在更换皮带的同时更换过平衡轴油封，拆装过后平衡轴的皮带轮座，在装复座内齿轮时未对记号。汽缸体后平衡轴记号位置插销在装配平衡轴皮带时也未插入校对，只对正了后平衡轴外皮带轮原拆卸时对正的记号。由于后平衡轴与曲轴的相对运转相位失准，平衡轴非但不起减振作用，反而增大了振动量。

按正确方法装配正时平衡皮带，依次进行如下操作：凸轮轴皮带轮记号"UP"在上方，前后方向记号与汽缸盖平面对齐，曲轴的皮带轮键槽销向上对正记号，前平衡轴上的缺口记号向上，对正汽缸体上的记号，拆下汽缸体后部平衡轴位置固定插销螺栓，后平衡轴转到能插入插销位置，将插销插入，按记号装复后平衡轴座的内、外齿轮，安装正时皮带与平衡轴皮带，复查各记号的准确性，皮带调整轮螺母旋松约半圈，逆时针转动曲轴 3 个齿，两皮带的张紧轮在各自的张紧弹簧的弹力下自动调整皮带张力。按规定扭矩紧固张紧轮固定螺栓，顺时针转动曲轴几圈，再检查各记号的准确性，并检查皮带张力是否在标准值范围内。

按正确标记装配好后，起动发动机，再细心查听，发动机噪声消除。经行驶试车，发动机运转声音轻快，加速性能良好。

案例总结： 此故障是由于维修员未按装配规范作业造成的。更换正时皮带与平衡轴皮带时，只注重正时皮带记号的对正及皮带张力的检查，对平衡轴装配相位记号不是十分留意，造成平衡轴相位装配错误。平衡轴与曲轴相对位置错位后，平衡轴不但不能减小曲轴的振动，反

而会增大曲轴的振动,发动机中、高速运转时,振动的增大更为明显。汽车中、高速行驶或在急加速大负荷工况时,发动机产生过强的振动,爆震传感器接受强振动信号并传输给发动机控制单元,控制单元推迟点火时间,从而造成发动机输出功率下降,行驶加速不良。

案例 3:汽缸盖和同步带安装过程不当导致气门折断

故障现象:一辆 2002 年出厂的捷达 GTX 轿车,装备 EA113 型 5 气门发动机。对该车发动机进行解体检修,装配完毕后试车,起动过程中听到"啪啪"的响声,起动后响声更加明显,且发动机有抖动现象,随后立即熄火。

故障排除:将发动机重新解体进行检查,发现第 3 缸的一个进气门从头部完全折断,折断的零件对活塞头部和汽缸盖燃烧室造成了严重的撞击损伤,第 3 缸活塞及整个汽缸盖报废。所幸试车时发现异常后及时停机,汽缸未受到损害,否则极有可能发生"捣缸"事故,从而使整个发动机报废。

在装配发动机时,操作人员已注意到对准曲轴带轮、凸轮轴带轮上的正时标记,为什么还会出现这样的事故呢?

EA113 型发动机的每个汽缸有 5 个气门,即 3 个进气门和 2 个排气门。进气门直径为 27 mm,外侧气门对汽缸轴线倾斜 21.5°,内侧气门倾斜 15°;排气门直径为 30 mm,倾斜角为 20°。EA113 型发动机的压缩比为 9.3,由于压缩比大,燃烧室汽缸盖部分设计得较浅,当气门升程最大,活塞又处于上止点位置时,活塞和气门存在运动干涉,即活塞会撞击气门。但是,这种现象在正确装配的发动机上并不会出现,因为设计保证了当任何一缸的活塞处于上止点时,该缸的所有气门要么处于关闭状态,要么虽然打开但其升程较小,不至于使气门碰到活塞。这一结构特点使得发动机汽缸盖、同步带的装配稍有失误就会导致气门折断。

通常,有两种情况会导致气门折断,一种情况是安装汽缸盖、正时带时带轮的配气正时记号未对准,这时只要发动机一起动,气门就会被活塞撞断。装配发动机时,曲轴带轮和凸轮轴带轮上的正时标记必须与护罩上的正时记号对准,这是最基本的要求。正时标记未对准就起动发动机,是很低级的错误,一般不会出现。另外,出现这种情况时,由于配气相位失准,发动机通常不能被起动,即无法进入怠速状态,只要点火钥匙一松,发动机就会熄火。另一种情况是装配时正时标记是对准的,但在装汽缸盖或同步带的过程中,由于操作失误,使某一缸的气门被活塞撞断,而当时又没有发觉,此时一旦起动试车,高速往复运动的活塞撞击折断的气门,就会在活塞头部和汽缸盖燃烧室表面造成严重的撞击伤痕,同时出现异响。由于通常只有一个汽缸的气门被撞断,故发动机能成功起动。但因被撞断气门的那个汽缸不工作,发动机会出现运转不稳、抖动的现象。本例故障就属于这种情况。

在装配发动机时,一定要按维修手册的要求进行操作。因此,在更换和修复相关零部件后,按下述方法进行了 EA113 型发动机汽缸盖和同步带的安装:

(1)安装汽缸盖。清洁汽缸盖和汽缸体表面;顺时针旋转曲轴,使第 1 缸活塞处于上止点位置,然后反向旋转曲轴约 45°CA(CA 为曲轴转角,下同);装上汽缸垫,放上汽缸盖,按规定顺序和力矩拧紧汽缸盖螺栓。安装汽缸盖时,必须将曲轴自 1 缸活塞上止点位置反向摇转(从发动机前端往后看为逆时针方向)约 45°CA,这一点非常重要,其目的是使所有汽缸的活塞都不处于上止点位置。该发动机的点火顺序为 1-3-4-2,点火间隔为 180°CA。当 1 缸活塞在上止点时,4 缸活塞也处于上止点位置,而 2 缸、3 缸活塞是在下止点位置,曲轴只要回转约

45°CA,无论汽缸盖上的凸轮轴在什么位置,所有气门都不会碰到活塞。否则,就有可能在汽缸盖放到汽缸体上时,压断气门。

（2）安装同步带。同步带由曲轴上的同步带轮驱动,通过凸轮轴上的同步带轮带动凸轮轴旋转,同时也绕过一个小带轮驱动水泵工作。接着汽缸盖的安装,使曲轴处于 1 缸活塞上止点前约 45°CA 的位置,旋转凸轮轴,将凸轮轴正时带轮上的正时记号与同步带上护罩的正时标记对齐;将同步带挂装到曲轴带轮上,安装同步带下护罩、曲轴多楔带轮;缓慢地顺时针旋转曲轴,使多楔带轮上的正时记号与同步带下护罩的正时记号对齐,将同步带的另一端挂装到凸轮轴的同步带轮上,装好张紧轮,旋动张紧轮上的偏心螺栓,按规定要求张紧同步带。与汽缸盖的安装相同,装配同步带时,曲轴也必须处于上止点前约 45°CA 的位置,此时无论怎样转动凸轮轴,气门都不会碰到活塞。当凸轮轴同步带轮上的正时标记对正后,在随后的操作中不要轻易改变。容易出问题的是最后一步,首先必须顺时针将同步带张紧轮上的偏心调整螺栓拧到尽头,完全释放张紧轮,再将张紧轮安装到汽缸体上,尽量减小张紧轮对同步带的压力,即使如此,这个压力仍会使张紧轮的安装相当困难,易使曲轴或凸轮轴产生难以控制的转动,从而使气门折断(本例事故中气门就是在这个环节折断的)。因此,在安装同步带张紧轮过程中,一定要保证正时标记已对准的凸轮轴不能随意转动,而且曲轴的转动应控制在上止点位置 ±90°CA 的范围内。

按正确规范装配完毕,试车,故障排除。

➡ 项目三

发动机异响的诊断与排除

📖 项目描述

发动机在运转过程中不可避免地会产生噪声。技术状况良好的发动机,在运转过程中能听到均匀的排气声和轻微的噪声。在发动机的运转过程中出现的间歇或连续的金属敲击声、连续的摩擦声等不正常的响声称为发动机异响。发动机的异响多为润滑不良、零件磨损使配合松旷、调整或紧固不当所致,往往是故障现象的前兆。对于有异响的发动机,应根据异响的特点分析产生的原因,找出异响部位,予以排除。

发动机异响分类及异响部位如图 3-1 所示。

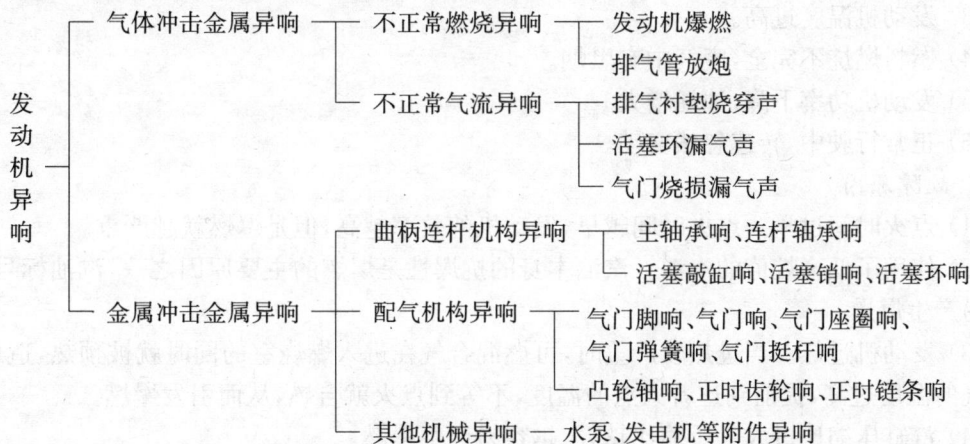

图 3-1　发动机异响

任务一　发动机爆燃的诊断与排除

🔊 任务导入

一辆行驶里程为 10 万 km、配备 1.8 T 发动机和自动变速器的帕萨特 B5 轿车,发动机在二、三挡加速时有"咯啦咯啦"异响声,声音已经持续了约半个月的时间,且时有时无,直到最近几天声音变得明显起来。经试车发现在二、三挡时加速听见发动机传出"咯啦咯啦"声,听声音确实像发动机的爆燃声,但发动机的动力并没有受到什么影响,原地加速发动机声音一切正常。请问故障原因是什么？如何排除？

学习目标

1. 了解点火时刻和发动机温度对发动机燃烧的影响。
2. 掌握发动机爆燃的主要原因。
3. 掌握发动机异响的诊断方法。

相关知识

一、发动机爆燃简述

1. 故障现象

发动机运行时，有"哒哒"的金属敲击汽缸体的声音。发动机各部件温度急剧上升，油耗增大，发动机和车身能感到震动。具体特征如下：

(1) 发动机内发生不规则的"哐哐""咔咔""当当"的金属敲击声。

(2) 发动机震颤。

(3) 发动机温度过高。

(4) 燃料燃烧不完全，废气中有黑烟。

(5) 发动机功率下降，油耗增大。

(6) 正常行驶中，转速忽然变动。

2. 故障原因

(1) 点火时间过早。点火时间越早，发动机的效率越高，但是爆燃就越严重。

(2) 使用了低辛烷值的汽油。汽油本身的抗爆性是爆燃的主要原因之一，汽油标号越低，越容易产生爆燃。

(3) 发动机过热。当过热较严重时，可燃混合气在进入燃烧室的同时就被预热，造成局部混合气的温度过高，提前到达着火点的温度，不等到点火就自燃，从而引发爆燃。

(4) 汽缸压缩比过大。压缩比越大，越容易产生爆燃。

(5) 汽油中含有杂质和水分。

(6) 混合气过浓，燃烧不充分产生积炭。

(7) 长时间低速大负荷运行。

(8) 废气再循阀工作不正常。

3. 故障排除

(1) 检查燃油辛烷值是否符合规定。

(2) 检查混合气配比及相关元件是否正常。

(3) 检查点火正时。

(4) 检查发动机是否过热、冷却系统工作是否正常。

(5) 检查汽缸压缩压力。

(6) 检查爆燃传感器及元件安装。

（7）最后检查其他可能导致爆燃的部位。

4. 爆燃的危害

当正常燃烧和爆燃两个方向相反的燃烧压力波相遇时，会产生剧烈的气体震动，并发出特有的金属撞击声，所以爆燃又称为"爆震"。轻微的爆燃无法被人的感官所察觉，称之为"无感爆燃"；能感觉得到引擎爆燃所产生的噪声和震动的称为"有感爆燃"，这时爆燃情况已经比较严重了。有感爆燃持续一段时间后，将使活塞、汽缸盖、气门、活塞环等产生严重损坏。

爆燃在汽缸内突然产生爆炸波，向四面冲击，使发动机的活塞、连杆、曲轴等发生强烈的震动，并伴有金属撞击声。爆燃使发动机动力下降、油耗增加；长时间严重爆燃将导致发动机汽缸及零件的剧烈磨损，使用寿命缩短，如损坏汽缸衬垫、连杆轴承及活塞等，甚至迅速报废发动机。发动机在运转过程中，不允许有爆燃现象出现。

二、发动机异响的诊断技巧

1. 确定应诊异响

若声响仅在怠速时存在，转速提高后即消失，且在使用中又无明显变化的，即属于危害不大的异响，可暂时不作处理，待适当时机再修理。

若声响在发动机急加速或急减速时出现，并在发动机中、高转速运转时存在，同时伴随机体振抖，一般属于不可保留的异响，应立即查明原因并予以排除。

2. 诊断应诊异响

（1）怠速或低速时有异响。用单缸断火法检查异响是否与缸位有关。若异响与缸位无关，则应检查异响与发动机工作循环的关系，以确定故障异响出自哪一机构。

逐渐提高发动机转速试验，听异响有无变化。此外，还应注意温度的影响。查明异响与发动机的负荷、工作循环、转速、温度之间的关系，从而明确被诊异响的特征。

（2）怠速正常而转速提高后有异响。首先提高发动机转速直至异响出现，维持该转速运转，使异响存在，继而查明异响与缸位的关系；如缸位关系不明显，则应查明异响及振动在发动机上的分布区域，以查明发响部位；若逐渐提高发动机转速并无异响出现，可结合单缸断火进行急加速或急减速试验。同时应观察机油压力、机油加注油口、排气管等处的变化，用以辅助诊断此类异响。

（3）行驶中有异响。行驶中出现异响时，可踩下离合器踏板，并做急加速试验。若仍有异响，说明是发动机异响；若异响消失，说明是离合器或变速器异响。

3. 发动机异响诊断的注意事项

异响诊断前应注意以下问题：

（1）检查发动机点火系统、燃料系统、润滑系统、工作温度及外部连接情况。

（2）了解发动机的使用和保修情况。

（3）抓住低温时机。

（4）正确利用转速诊断。

三、注意区分几种易混淆的异响

在发动机综合异响诊断过程中，必须对异响的音调、最佳诊断转速、断火试验、最明显的振动部位、工作温度、机油压力及消耗量等方面进行全面观察，并进行综合分析，才能做出正确的结论。注意区分以下几组异响：气门响与气门挺杆响、活塞敲缸响与活塞销响、连杆轴承响与曲轴轴承响,以及发动机内部异响与外部附件异响。

任务实施

案例：燃烧室积炭严重导致发动机爆燃

故障现象：一辆行驶里程为 10 万 km、配备 1.8 T 发动机和自动变速器的帕萨特 B5 轿车,发动机在二、三挡加速时有"咯啦咯啦"异响声,声音已经持续了约半个月的时间,且时有时无,直到最近几天声音变得明显起来。经试车发现,在二、三挡加速时听见发动机传出"咯啦咯啦"声,听声音很像发动机的爆燃声,但发动机的动力并没有受到什么影响,原地加速发动机声音一切正常。

故障排除：排除链条、链条张紧器故障后,确认是发动机出现爆燃。该车爆燃可能的原因有以下几种:

(1) 燃油辛烷值过低导致爆燃。此车的发动机应使用 93 号以上无铅汽油,最好使用 95 号以上无铅汽油,否则就会产生爆燃。

(2) 活塞顶部及燃烧室积炭导致实际压缩比过大而产生爆燃。

(3) 涡轮增压系统异常调节。当涡轮增压系统在不该增压的时候对发动机进行了增压,则会导致汽缸内压力过高,而发动机控制单元对点火系统又没有进行相应的延迟点火的调节,就会导致在加速过程中出现爆燃。

(4) 点火时间过早产生爆燃。由于此发动机采用微机闭环控制下的独立点火系统,因此发动机微机调节错误导致点火过早产生爆燃的可能性不大。

使用 V. A. G1552 读取数据流,当车辆在 3 挡以 40 km/h 缓慢加速时,看到第 3 区的理论增压压力为 101 kPa,而第 4 区实际的增压压力值已经达到了 127 kPa,此时听到发动机"咯啦咯啦"响,显然发动机增压压力过大导致爆燃,而导致发动机增压压力过大原因可能是空气再循环阀没有开启。

拆解发动机后发现,连接进气歧管与空气再循环电磁阀的真空管由于发动机排放出的热量的烘烤已经变得很脆,看着还是一根整管,拿手一捏马上就断成几截。更换这根真空管后再次试车,在 3 挡以 40 km/h 并缓慢加速时,V. A. G1552 显示第 4 区实际的增压压力值已经降到了 110 kPa,爆燃声音也消失了;但再加速时还是会出现一些很轻的"咯啦咯啦"声,此时实际增压压力值也正常,没有超过 110 kPa。

根据维修经验判断,可能是缸内压力比较高,使得发动机一直处于过热状态,从而在燃烧室和活塞顶部产生积炭,导致汽缸的实际压缩比高于理论压缩比;同时由于积炭而产生炽热点,有早燃和爆燃的可能。于是用发动机积炭清洗设备对进气道、气门和汽缸内部的积炭进行了清洗,然后试车,故障排除。

拓展提升

一、爆燃传感器的结构和工作原理

爆燃传感器是发动机电子控制系统中必不可少的重要元件,其功用是检测发动机有无爆燃现象,并将信号输入发动机 ECU。常见的爆燃传感器有两种,一种是磁致伸缩式爆燃传感器,另一种是压电式爆燃传感器。

如图 3-2 所示,磁致伸缩式爆燃传感器的组成有永久磁铁、靠永久磁铁激磁的强磁性铁芯以及铁芯周围的线圈。当发动机汽缸体出现振动时,爆燃传感器在 7 kHz 左右处与发动机产生共振,强磁性材料铁芯的磁导率发生变化,致使永久磁铁穿过铁芯的磁通密度也变化,从而在铁芯周围的绕组中产生感应电动势,并将这一电信号输入 ECU。

图 3-2　磁致伸缩式爆燃传感器

如图 3-3 所示,压电式爆燃传感器利用结晶或陶瓷多晶体的压电效应而工作,也有的利用掺杂硅的压电电阻效应而工作。该传感器的外壳内装有压电元件、配重块及导线等。当发动机汽缸体出现振动且振动传递到传感器外壳上时,外壳与配重块之间产生相对运动,夹在这两者之间的压电元件所受的压力发生变化,从而产生电压。ECU 检测出该电压,并根据其值的大小判断爆燃强度。

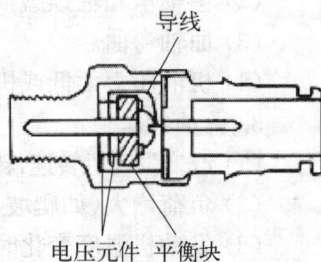

图 3-3　压电式爆燃传感器

二、爆燃传感器检测

(1) 爆燃传感器电阻检测。点火开关置于"OFF"位置,拔开爆燃传感器导线接头,用万用表 Ω 挡检测爆燃传感器的接线端子与外壳间的电阻,应为∞(不导通);若为 0 Ω(导通)则须更换爆燃传感器。

对于磁致伸缩式爆燃传感器,还可应用万用表 Ω 挡检测线圈的电阻,其阻值应符合规定值(具体数据见具体车型维修手册),否则应更换。

(2) 爆燃传感器输出信号检测。拔开爆燃传感器的连接插头,在发动机怠速时用万用表电压挡检查爆燃传感器的接线端子与搭铁间的电压,应有脉冲电压输出。如没有,应更换爆燃传感器。

任务二　曲柄连杆机构异响的诊断与排除

任务导入

一辆捷达轿车汽车在行驶中,在发动机下部发出有节奏的连续异响,声响沉重,听起来是"刚刚"的金属撞击声,严重时机身抖动。请问如何排除故障现象?

学习目标

掌握曲轴主轴承异响、连杆轴承异响、活塞敲缸异响、活塞销异响的故障原因。

相关知识

一、曲轴主轴承异响

1. 故障现象

发动机稳定运转时声响不明显,急加速或负荷较大时,发出较沉重、有力、有节奏的"铛铛"声,严重时机体振抖。

2. 故障原因

此故障发生的原因主要有以下几种:

(1) 主轴承盖固定螺栓松动,主轴承减磨合金烧毁或脱落。

(2) 主轴承和轴颈磨损过甚、轴向止推装置磨损过甚,造成径向和轴向间隙过大。

(3) 曲轴弯曲。

(4) 机油压力太低或机油变质。

3. 异响特征

(1) 改变发动机转速,转速增高,响声增大,中速向高速过渡时响声明显,急加速时更加明显。

(2) 负荷增大(如爬坡、载重)时,响声加大加重,负荷变化时响声较明显。

(3) 发动机温度变化时,异响变化不明显。

(4) 单缸断油(断火)时,响声不变(末道主轴承响,响声减弱),相邻两缸均断油(断火)时,响声明显减弱。

(5) 发动机跳火1次,发响2次,即每工作循环响2次。

(6) 润滑不良时,响声加重,一般有明显的油压降低现象。

(7) 反复抖动节气门,从加机油口(或曲轴箱通风管口)处听诊,可听到明显的沉重有力的金属敲击声。用听诊器触在油底壳或曲轴箱与曲轴轴线齐平的位置上听诊,响声最强的部位即为发出异响的主轴承。

(8) 伴随现象。主轴承异响往往会伴随有油压降低现象,严重时发动机振抖,尤其是在高速或大负荷时。

4. 故障诊断

(1) 发动机以低速运转,用手抖加速踏板,如有明显的沉重发闷响声,并随发动机的转速升高而增大,同时感到发动机振动,可断定为主轴承响。

(2) 如响声随转速升高而增大,抖动节气门时在加速的瞬间响声较明显,一般是主轴承松旷造成的。

(3) 如在怠速或低速时响声较明显,高速时杂乱,可能是曲轴弯曲。

(4) 如在高速时有较大振动,油压显著降低,一般是主轴承松旷严重、烧损或减磨合金脱落。

(5) 若怀疑是曲轴轴向窜动发响时,可以踏下离合器踏板,若响声减弱或消失,同时曲轴皮带轮向前窜动,则为曲轴轴向间隙过大而发响。

二、连杆轴承异响

1. 故障现象

发动机怠速运转时无异响或响声较小,急加速时有明显的较重且短促的"嘡嘡嘡"连续的敲击声。

2. 故障原因

此故障发生的原因主要有以下几种:

(1) 连杆轴承或轴颈磨损,使配合间隙过大或配合不良。

(2) 油压过低或机油变质,或连杆轴承油道堵塞,致使润滑不良。

(3) 连杆轴承盖的螺栓松动或折断。

(4) 连杆轴承尺寸不符,引起转动或断裂。

(5) 连杆轴承减摩合金层脱落或烧毁。

3. 异响特征

(1) 改变发动机转速,怠速时声响较小,中速时较为明显,稍微加大节气门有连续的敲击声,急加速时敲击声随之增加,高速时因其他杂音干扰而不明显。

(2) 负荷增大,响声加剧。

(3) 发动机温度变化时,响声通常不变,但有时也受润滑油温度的影响。

(4) 单缸断油(断火),响声明显减弱或消失,但复火时又能立即出现,即响声上缸。但当连杆轴承松旷过甚时,单缸断火声响无明显变化。

(5) 点火1次,发响2次,即每个工作循环响2次。

(6) 连杆轴承响声在油底壳侧面较大。如用听诊器触在机体上听诊,响声不十分清晰,但在加机油口处或曲轴箱通风管口处直接察听,可清楚听到连杆轴承敲击声。

(7) 伴随现象。连杆轴承响伴随有油压明显降低现象,严重时机体振抖,这有别于活塞销响和活塞敲缸。可用手将螺丝刀或听诊器抵住汽缸体下部或油底壳处,当触试相应的故障缸位时有明显的振动感。

4. 故障诊断

连杆轴承响比主轴承响清脆、缓和、短促,诊断时使发动机怠速运转,然后逐渐由怠速、低速、中速、高速加大节气门进行试验,同时结合单缸断油(断火)法,并在曲轴箱通风口处听诊,响声随转速的升高而增大,抖动节气门时,在加油的瞬间异响突出。响声严重时,在任何转速下均可听到清晰、明显的敲击声。

三、活塞敲缸异响

活塞敲缸指活塞上下运动时在汽缸内摆动或窜动,其头部或裙部与汽缸壁、汽缸盖碰撞发出的响声。通常专指活塞与汽缸壁间隙较大,活塞上下运动时撞击汽缸壁发出的响声。

1. 故障现象

发动机怠速或低速运转时,在汽缸的上部发出清晰而明显的有节奏的"嗒嗒嗒"的连续不断的金属敲击声,严重时响声沉重,即为"嘡嘡嘡"声响。

2. 故障原因

此故障发生的原因主要有以下几种:

（1）活塞与汽缸壁配合间隙过大。

（2）活塞裙部腐蚀，或汽缸磨损过大。

（3）活塞装配不当。

（4）油压过低，汽缸壁润滑不良。

3. 异响特征

（1）怠速或低速时比较清晰，中速以上运转时，异响减弱或消失。

（2）负荷加大，响声加大。

（3）一般冷车时响声明显，热车后响声减弱或消失，即冷敲缸；严重时冷热均敲缸，并伴有振抖。

（4）将发动机置于异响明显的转速下，进行单缸断油（断火）试验，响声明显减弱或消失。

（5）曲轴转1圈，发响1次，且有节奏性，转速提高响声加快。

（6）润滑不良响声加重。

（7）将听诊器或听诊杆触在机体上部两侧进行听诊，若响声较强并稍有振动，再结合断油（断火）试验，即可判断出异响汽缸。

（8）伴随现象。排气管排蓝烟、缸压降低等。用手将螺丝刀或听诊器抵紧汽缸两侧上部触试，有明显的振动感。

4. 故障诊断

活塞冷敲缸也可采用加注机油法确诊，即从火花塞孔加入少量机油，在发动机刚起动时响声减弱或消失，但不久响声又恢复。

发动机敲缸包括冷态敲缸、热态敲缸和冷热态均敲缸。发动机冷态不响，热车后怠速发响，并伴有机体轻微抖动，且温度越高，响声越大，即为热态敲缸。热态敲缸要及时排除，否则转化成拉缸事故。

热态敲缸的故障原因为连杆轴颈与主轴颈不平行、连杆弯曲、连杆衬套轴向偏斜等原因造成的活塞偏缸，活塞配合间隙过小、椭圆度过小或反椭圆、活塞变形等造成的活塞过紧，活塞环端隙、背隙过小造成的活塞环卡滞等。

冷热均敲缸的故障原因为活塞销与连杆衬套或与连杆小头装配过紧，连杆轴承装配过紧，活塞裙部圆柱度过大等。冷敲缸或热敲缸较为严重时也会导致冷热均敲缸。

四、活塞销异响

1. 故障现象

发动机工作中，可以从汽缸的上部听到"咯咯咯"的金属敲击声，这种异响与敲缸声有类似之处，所不同的是在发动机转速突然变化时，响声更明显更清脆。

2. 故障原因

此故障发生的原因主要有以下几种：

（1）活塞销与销孔、连杆衬套磨损严重，配合间隙过大。

（2）活塞销卡环松旷、脱落。

（3）润滑不良。

（4）活塞销断裂。

3. 异响特征

（1）转速变化时，响声也随之周期性变化，加速时声响更大，在发动机转速稍高于怠速时比较明显,比轴承响清脆。抖动节气门,从怠速向低速加速时,响声能随转速的变化而变化,且在转速升高的瞬间,发出清脆、连续而有节奏的响声。

(2) 温度上升,响声没有减弱,甚至更明显。有时冷车响声小,热车响声大。

(3) 单缸断油(断火)时,响声减弱或消失。复火时响声会明显出现 1 响或连续 2 响。严重时在响声较大的转速下进行断油(断火)试验,往往响声不消失且变得杂乱。

(4) 用螺丝刀或听诊器抵触在发动机上侧部或汽缸盖上察听,同时变换转速,在汽缸壁上部听诊比在下部明显。若响声不明显,可略将点火正时提前,响声会较之前明显,特点是上下双响,声音较脆。

4. 故障诊断

(1) 在怠速、低速和从怠速向低速抖动节气门时,发出响亮、尖脆而有节奏的"咯咯咯"金属敲击声,略将点火时间提前,声响加剧,在同样转速下比活塞敲缸响连续而尖锐。

(2) 如果异响声音不太大,则一般只在发动机起动时发出声响,待发动机温度正常后,异响会自然消失。

(3) 活塞销响声较大时应予以检修,严重时必须更换活塞销,以防活塞销折断或衬套严重破裂,引起拉缸甚至捣缸事故。

五、飞轮松旷异响

1. 故障现象

飞轮松旷时常发出"哐当哐当"或"嘎嘎"的响声,发动机转速突然变化时响声比较大,时而响声又很小,响声没有一定的规律。

2. 故障原因

飞轮紧固螺母在工作中因振动松动或安装飞轮时螺母没有拧紧,会导致飞轮松旷异响。

3. 故障排除

在发动机停机状态下用手扳动飞轮,如有间隙松动的感觉,说明飞轮松旷,应及时按规定扭矩紧固。

🚗 任务实施

案例 1：2013 款奥迪 Q5 发动机异响

故障现象： 发动机异响,怠速时响声不太明显,但稍微加点速,发动机出现了"咔咔"声,比较清脆。

故障诊断： 与车主沟通,前一天晚上行车途中将车停在路边吃饭,饭后驾车出发,上路就出现了发动机异响。

维修技师首先检查发动机,发现机油不缺,也没有漏油痕迹。连上大众诊断仪 VAS6160 诊断电控系统无故障码,并且仪表无任何报警提示。

为了进一步确认发动机响声究竟来自何处,起动发动机,稍带点油门,仔细听发动机运转时发出的咔咔机械声,从其前部可以听到发动机后部发出的声音,将车用举升机升起,在发动机下部靠近变速器连接部分能听到咔咔响声,感觉是发动机与变速器之间发出的声音,经过变速器检视孔检查,发动机的飞轮与变速器的从动轮连接螺栓并没有松动,将车落下继续听,发动机靠后的上部能听到咔咔响声,感觉从上部汽缸盖内传出比较有节奏咔咔撞击异响声,这时维修技师提出来,认为是凸轮轴上的随动滚珠摇臂脱落了,但经过仔细听,不像凸轮轴摇臂脱落,如此声音节奏会有点零乱,并且声响也不会这么大,经过技师现场仔细辨听后,感觉像活塞在撞击汽缸盖的声音,在急速时撞击声不太明显,稍带一点轻微的声音,只要轻带点油门马上就能听到从汽缸盖处传来有节奏的撞击声,技师觉得需要拆检发动机汽缸盖。拆下汽缸盖后发现四缸活塞边缘处正好与其对应的汽缸盖边缘相撞留下的痕迹。活塞顶上的箭头记号与数字都在汽缸盖内侧平面上经过撞击都留下了痕迹。

为什么活塞会撞击汽缸盖呢?技师认为一定是连杆瓦出问题了,如连杆瓦松动或瓦片磨损,导致连杆瓦与曲轴间隙超差,当连杆经过旋转到达活塞上止点,由于运动件的惯性,活塞要撞击汽缸盖。检查到这里,需要打开发动机油底壳,检查连杆瓦间隙。拆下油底壳全是金属粉末,看到这情景,技师认为连杆瓦甚至曲轴也许要报废。为了进一步明确,将发动机从车上拆下,然后将其装在发动机翻转台架上,拆下四缸连杆下瓦座,瓦座内已没有瓦片了,附在曲轴上的瓦片也残缺不全。拆检其余缸的连杆瓦都正常。经检查四缸连杆瓦座螺栓没有松动,四缸连杆瓦座及曲轴连杆颈已经超出正常磨损,曲轴连杆润滑油孔没有堵塞。

故障总结:发动机出现机械异响,要根据发动机机械结构组成及工作原理来辨听,当然根据声音准确判断出异响方位确实,容易误判,这不是一天的工夫,需要认真学习和不断总结。

案例2:飞轮与曲轴的连接螺栓松动导致发动机出现沉重的异响

故障现象:一辆行驶3 000 km的解放CA1091型汽车,发动机出现沉重的异响声,飞轮壳处响声明显。

故障排除:进行断火试验响声无变化,踏下离合器踏板响声也无变化,但踩下油门踏板加大负荷,响声随之增大。根据故障现象,按经验法初步判断为主轴承异响。用摇柄在油底壳外部听诊,判断为第7道或第6道主轴承异响。拆下油底壳,卸下第7道主轴承,主轴承和曲轴未发现异常;卸下第6道主轴承,也未发现问题。

解放CA1091型汽车发动机常见异响的经验判断法已非常成熟,这种现象本应该是主轴承异响,位置也应在最后两道轴承上,然而按经验检查的结果却没有发现故障点。于是,运用排除法来分析故障点。首先,扩大故障点排查范围,找出与曲轴有相同运动和与曲轴有连接的所有部位,包括连杆轴承、主轴轴承、曲轴正时齿轮、飞轮与曲轴连接部位、离合器、变速器第一轴,而后逐个进行分析排除。

第一步,将已确定的非故障部位首先排除。主轴轴承在拆检时已确定是正常的,因而可排除其可能性。

第二步,根据故障特征,排除明显不具备该故障特征的部位。若是连杆轴承、曲轴正时齿轮响,响声不会这样沉重,并且连杆轴承响在断火时会有变化,因而可以排除其可能性;若是离合器、变速器第一轴响,改变其工况响声会有变化,而该车踏下离合器踏板时响声无变化,因而也可以排除其可能性。

第三步,对没有充分理由可以排除的部位进行可能性分析。现在只有飞轮与曲轴连接部响这一点没有充分理由可以排除,因而具体分析其可能性。假定飞轮与曲轴连接的6个螺栓松动,转动起来会发出响声;同时由于飞轮质量较大,发出的响声应当是沉重的,与故障现象吻合。另外,如果飞轮与曲轴的连接螺栓松动,当改变油门踏板行程,曲轴突然加减速时,由于飞轮不能与其同步,所以发出的声响有变化。油门越大响声越大,是因为转速越快振动越大,响声就越大,这一点与主轴轴承异响的特点类似,易造成诊断失误。断火试验响声无变化,是因为响声不是发生在各轴承上。

经上述分析,判断应当是飞轮与曲轴的连接螺栓松动。拆检结果,实际情况与分析一致。将 6 个飞轮螺栓按规定力矩拧紧,异响故障排除。

故障总结:经验法判断故障是"按图索骥",用典型故障具有的特征与实际故障现象进行对照,符合条件即可确定故障。由于现代汽车技术更新较快,故障判断的经验不容易掌握,且有些经验不够系统,因而用经验法判断故障会受到一定限制。排除法判断故障是对与故障有关联的所有要素进行全面系统的分析排查,并借助经验法排除不可能的要素,无法排除的即做为假设故障,分析其可能性,最后确定故障。排除法借助经验但不完全依赖经验,因而具有较大的发展和应用空间。

拓展提升

一、曲柄连杆机构的组成

曲柄连杆机构由汽缸体与曲轴箱组、活塞连杆组和曲轴飞轮组三大部分组成,其功用是把燃气作用在活塞顶上的力转化为曲轴的转矩,并向外输出机械能。如图 3-4 所示,汽缸体与曲轴箱组主要包括汽缸体、曲轴箱、汽缸盖、汽缸套、汽缸衬垫和油底壳等,活塞连杆组主要包括活塞、活塞环、活塞销和连杆等,曲轴飞轮组主要包括曲轴、飞轮和扭转减振器等。

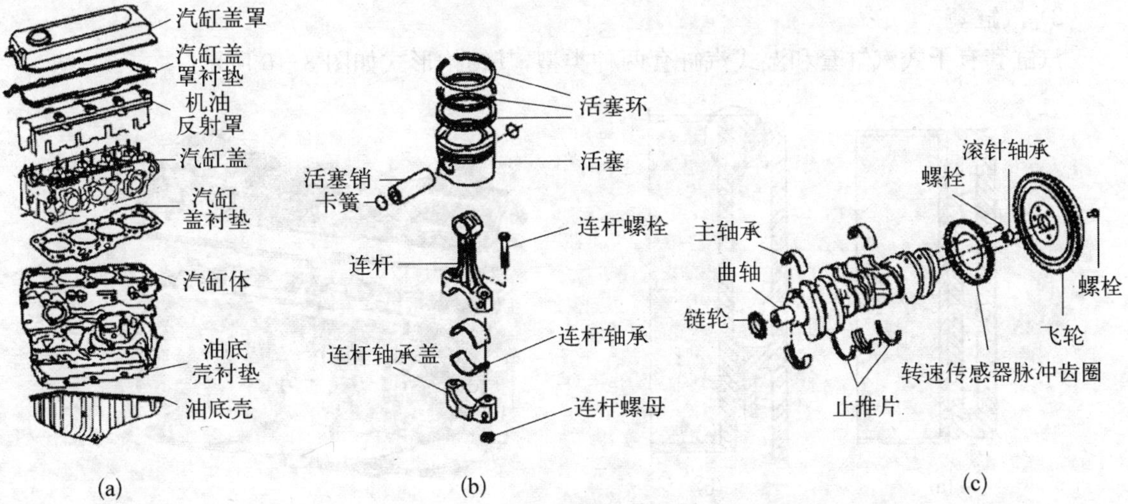

图 3-4 发动机曲柄连杆机构
(a) 汽缸体与曲轴箱组 (b) 活塞连杆组 (c) 曲轴飞轮组

1. 汽缸体与曲轴箱组
1) 汽缸体
发动机的汽缸体和曲轴箱常铸成一体,称为汽缸体-曲轴箱,简称汽缸体。汽缸体上半部有若干个圆柱形空腔即汽缸,汽缸在高温、高压下工作,并且活塞在其中做高速往复运动。汽缸体的分类方法有很多种。

(1) 按汽缸体与油底壳安装平面位置不同分为一般式、龙门式和隧道式,如图 3-5 所示。一般式汽缸体的油底壳安装平面和曲轴旋转中心在同一高度,机体高度小、重量轻、结构紧凑,便于加工拆卸,但刚度和强度较差。龙门式汽缸体的油底壳安装平面低于曲轴的旋转中心,强度和刚度较好,但工艺性差,结构笨重,加工困难。隧道式汽缸体上的曲轴主轴承孔为整体式,结构紧凑,刚度和强度较好,但加工困难、工艺性差、曲轴拆卸不方便。

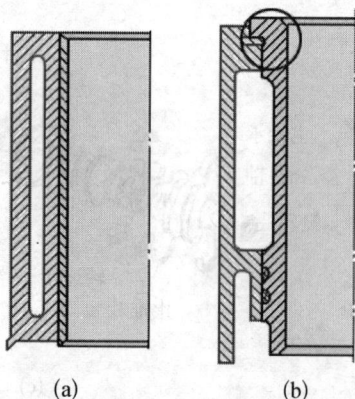

图 3-5 汽缸体分类
(a) 一般式 (b) 龙门式 (c) 隧道式

(2) 根据冷却方式的不同,汽缸体可分为水冷式和风冷式两类。

(3) 根据汽缸体的排列方式分为直列式、V 型和对置式。直列式汽缸体结构简单、加工容易,但发动机长度和高度较大。V 型汽缸体缩短了机体的长度和高度,增加了刚度,减轻了发动机的重量,但形状复杂,加工困难。对置式汽缸体高度小,总体布置方便。

2) 汽缸套

汽缸套有干式汽缸套和湿式汽缸套两种类型,其结构形式如图 3-6 所示。

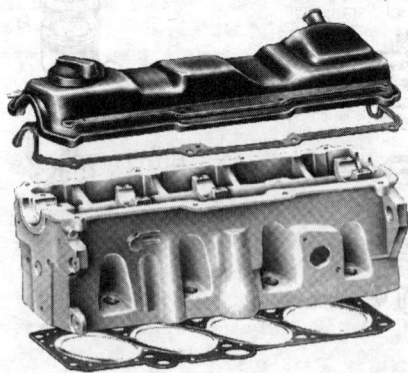

图 3-6 干式汽缸套和湿式汽缸套
(a) 干式汽缸套 (b) 湿式汽缸套

图 3-7 汽缸盖与汽缸衬垫结构

干式汽缸套外壁不直接与冷却液接触,壁厚在 1～3 mm;其强度和刚度都较好,但加工复杂,拆装不便,散热不良。湿式汽缸套外壁直接与冷却液接触,壁厚 5～9 mm;其散热良好、冷却均匀、加工容易,但强度和刚度不如干式汽缸套,易漏水。

3) 汽缸盖与汽缸衬垫

汽缸盖与汽缸衬垫的结构如图 3-7 所示。

(1) 汽缸盖。用于密封汽缸上部,并与活塞顶部和汽缸壁一起形成燃烧室。汽缸盖内部有与汽缸体相通的冷却液套,设置有进、排气门座及气门导管孔和进、排气通道,还设置有燃烧室、火花塞座孔(汽油机)或喷油器座孔及用以安装凸轮轴的轴承孔等。

安装汽缸盖时,必须按规定顺序拧紧汽缸盖螺栓,通常按由中央对称地向四周扩展的顺序分几次进行,最后一次要用扭力扳手按厂家规定的拧紧力矩拧紧。铝合金汽缸盖必须在发动机冷态下最后拧紧,铸铁汽缸盖必须在发动机热态下最后拧紧。

(2) 汽缸垫。用于密封燃烧室、水套和油道,有金属-石棉汽缸垫、实心金属片汽缸垫和加强型无石棉汽缸垫等类型。

2. 活塞连杆组

1) 活塞

活塞用于承受气体压力,并通过活塞销和连杆驱动曲轴旋转。活塞在高温、高压、高速条件下工作,散热条件差,顶部工作温度高达 $600\sim700$ K,且分布不均匀;线速度达到 10 m/s,承受很大的惯性力;活塞顶部最高可承受 $3\sim5$ MPa(汽油机)的压力。

活塞采用铝合金和灰铸铁制造,铝合金活塞因其质量小、导热性好而得到广泛应用。如图 3-8 所示,活塞基本结构分活塞顶、头部和裙部三部分。

活塞顶 头部 裙部

图 3-8 活塞基本结构

活塞顶是燃烧室的组成部分,主要承受气体压力。活塞头部是第一道活塞槽与活塞销孔之间的部分,用于安装活塞环,并与活塞环一起密封汽缸,防止可燃混合气漏到曲轴箱内,同时将顶部吸收的热量通过活塞环传给汽缸壁。活塞裙部是从油环槽下端面起至活塞最下端的部分(包括销座孔),对活塞在汽缸内的往复运动起导向作用,并承受侧压力,防止破坏油膜。

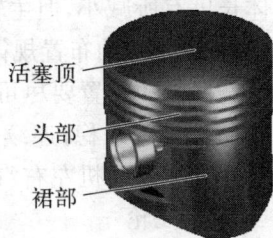

气环

油环

图 3-9 气环和油环

2) 活塞环

活塞环是具有弹性的开口环,分为气环和油环,如图 3-9 所示。活塞环在高温、高压、高速、极难润滑的环境下工作,平均寿命约 6 万 km。

3) 活塞销

活塞销用于连接活塞和连杆小头,并把活塞承受的气体压力传递给连杆。活塞销的内孔形状有圆柱形、两段截锥形以及两段截锥与一段圆柱的组合形。按活塞销与连杆小头的连接方式不同分为全浮式活塞销和半浮式活塞销。

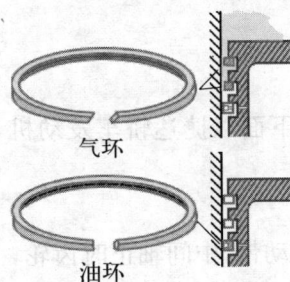

4) 连杆

连杆用于连接活塞与曲轴,并把活塞承受的气体压力传给曲轴,使活塞的往复运动变成曲轴的旋转运动。

3. 曲轴飞轮组

1) 曲轴

曲轴把活塞连杆组传来的气体压力转变为扭矩对外输出,以及驱动发动机的配气机构及其他各种辅助装置,其结构如图 3-10 所示。

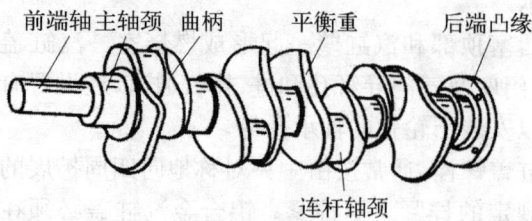

图 3-10　曲轴结构

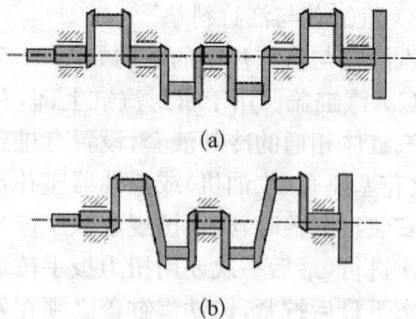

图 3-11　曲轴的支承方式
(a) 全支承曲轴　(b) 非全支承曲轴

2) 曲轴的支承方式

在相邻的两个曲拐之间都设置一个主轴颈的曲轴称为全支承曲轴,否则称为非全支承曲轴,如图 3-11 所示。全支承曲轴能够提高曲轴的刚度和弯曲强度,减轻主轴承的载荷,但曲轴的加工表面增多,主轴承数增多,使机体加长;非全支承曲轴缩短了曲轴的长度,使发动机总体长度有所减小,但主轴承载荷较大。

3) 曲拐的布置规律

曲拐的布置要尽可能对称、均匀,使发动机工作平衡性好;各缸的作功间隔要尽量均衡,使发动机运转平稳;连续作功的两缸相隔尽量远些,最好是在发动机的前半部和后半部交替进行。V 型发动机左右汽缸尽量交替作功。

4) 飞轮

飞轮将在作功行程中输入曲轴的功能的一部分贮存起来,用在其他行程中克服阻力,带动曲柄连杆机构越过上、下止点,保证曲轴的旋转角度和输出转矩尽可能均匀,并使发动机有可能克服短时间的超载荷,同时将发动机的动力传给传动系统。

二、曲柄连杆机构的分解与装配

1. 曲柄连杆机构的分解

首先从车上拆下发动机,再拆下其外部附件,然后对其进行分解,下面以捷达轿车发动机为例详细介绍整个分解过程。

1) 发动机前端零件、附件的拆卸

依次拆下传动带和带轮,同步传动带上、下防护罩,张紧轮,同步传动带,中间轴正时齿轮,曲轴正时齿轮和同步传动带后防护罩。

2) 汽缸盖的解体

依次拆下加油口盖、气门室罩盖及压条、气门室罩盖密封垫(安装时需更换)、挡油罩和半圆形旋塞(安装时更换);然后拆下凸轮轴正时齿轮紧固螺栓,取下正时齿轮及连接键,拆下凸轮轴轴承盖的紧固螺母,取下轴承盖(进行编号),取下凸轮轴;然后取出液压挺杆,用专用工具压下气门弹簧,取下气门锁块,取出气门弹簧座及气门内、外弹簧,取出气门及气门油封;最后,按规定顺序拧松汽缸盖紧固螺栓(通常由两边向中间交叉进行),并取下汽缸盖总成。

3) 汽缸体曲轴总成的解体

如图 3-12 所示,先拆下全部主轴承螺栓(由两端向中间进行),取下各道主轴承盖;再拆下中间轴油封凸缘螺栓后,取下中间轴的油封凸缘和中间轴,如需要更换油封则拆下油封;然后拆下曲轴前油封凸缘螺栓,取下前油封法兰,如需要更换油封,则拆下油封;最后,依次拆下滚针轴承,取下止推垫片,抬(吊)起曲轴,并取下所有轴承。

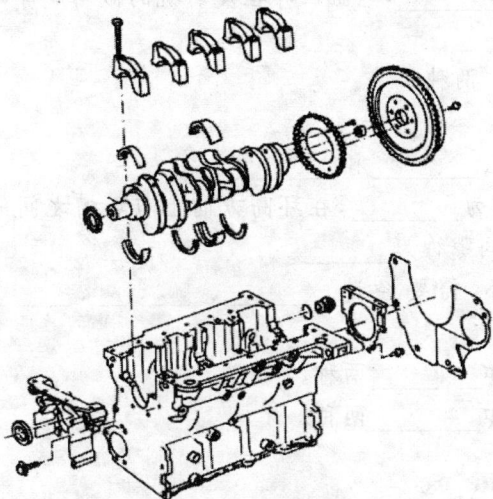

图 3 - 12　汽缸体曲轴总成分解　　　　图 3 - 13　专用工具止动爪 VW558 的使用

4) 活塞连杆总成的解体

先拆下连杆螺母,取下连杆螺栓和连杆大端盖,再从汽缸中取出活塞连杆总成,用活塞环卡钳拆下气环、油环,然后拆下活塞销卡环,取出活塞销,最后取下活塞,并拆下连杆小端衬套。

5) 飞轮离合器总成的解体

先拧下飞轮固定螺栓,将飞轮和摩擦片一起拆下,再用旋具将卡环撬下,拆下分离盘,并用止动爪 VW558 锁定,松开螺栓,卸下压盘和防护板,如图 3 - 13 所示,然后松开中间隔板固定螺栓,取下中间板,并拆下螺栓,取下后油封凸缘,取下密封垫,最后在油封不同部位轻击,直到油封脱落,卸下油封。

2. 曲柄连杆机构的装配

安装前应对零部件进行检查,并检查配合尺寸,按与解体顺序相反的顺序组装曲柄连杆机构。在安装中应注意各紧固件的紧固顺序,凡有力矩要求的螺栓,均应按规定值紧固。

发动机前端 V 型传动带张紧度按下述方法检查与调整:用拇指下压 V 型带,检查 V 型带的最大挠度。新 V 型传动带约 2 mm;旧 V 型传动带约 5 mm。若张紧度不合适,可松开紧固发电机及张紧板的所有螺钉,用扭矩扳手旋转螺母,张紧 V 型带调整张紧度;然后拧紧固定螺母(拧紧力矩为 35 N·m),最后拧紧发电机底座的固定螺钉(拧紧力矩为 35 N·m)。

测试习题

一、填空题

1. 汽缸体一般由_____或_____制造。

2. 汽缸盖螺栓拆卸时,应_____向_____逐渐拧松。

3. 活塞的结构按其作用可分为_____、_____和_____三部分,其中引导活塞运动和承受侧压力的_____。

4. 四缸四冲程发动机的做功顺序一般为_____,六缸四冲程发动机的做功顺序一般为_____,其做功间隔角为_____。

5. 油环的结构形式有_____和_____两种。

6. 连杆杆身的形状为_____。

7. 气环的主要作用是_____、_____、_____和_____。

8. 活塞环装入汽缸后,其开口处的间隙称为_____,在环高方向上与环槽之间的间隙称为_____,活塞环背面与环槽底部之间的间隙称为_____。

9. 四冲程内燃机每完成一个工作循环,需要经过_____、_____、_____和_____四个行程。

10. 按汽缸数目,发动机可分为_____和_____两种。

11. 按着火方式,发动机可分为_____和_____两种。

二、选择题

1. 发动机汽缸磨损的检验,主要测量(　　)误差。
A. 平行度和平面度　　　　　　　B. 圆度和圆柱度
C. 直线度和同轴度　　　　　　　D. 垂直度和圆跳动

2. 测量汽缸直径时,当量缸表指示到(　　)时,即表示测杆直径垂直于汽缸轴线。
A. 最大读数　　　　　　　　　　B. 最小读数
C. 中间值读数　　　　　　　　　D. 任一读数

3. 汽缸盖螺栓的拧紧顺序为(　　)。
A. 从左到右　　　　　　　　　　B. 从右至左
C. 由中间到两端逐个对称拧紧　　D. 由两端到中间逐个对称拧紧

4. 汽缸磨损的测量,应测量(　　)。
A. 第一道环的上止点位置　　　　B. 汽缸的上、中、下三个位置
C. 油环的下止点位置　　　　　　D. 中间位置

5. 汽缸套用(　　)材料制成。
A. 普通铸铁　　　　　　　　　　B. 铝合金
C. 碳素钢　　　　　　　　　　　D. 高级耐磨的合金铸铁或合金钢

6. 活塞在制造时,将其状况制成一定锥度的原因是(　　)。
A. 减少惯性力　　　　　　　　　B. 润滑可靠
C. 工作中受热不均　　　　　　　D. 节省材料

7. 扭曲环之所以扭曲,是因为(　　)。
A. 加工工艺的要求　　　　　　　B. 弹性内力不对称
C. 气体压力的作用　　　　　　　D. 惯性力的作用

三、简述如何诊断排除发动机敲缸故障。

任务三 配气机构异响的诊断与排除

任务导入

一辆奥迪 A6 轿车,发动机在二、三挡加速时有"咯啦咯啦"异响,声音时有时无,且已经持续了一段时间。经检查是凸轮轴链条松动造成异响。更换链条张紧器后,故障排除。配气机构异响如何诊断与排除?

学习目标

1. 掌握配气机构的组成及其工作原理。
2. 能判断出配给机构的异响部位。
3. 能进行配气机构异响故障的排除。

相关知识

一、配气机构

配气机构按发动机各汽缸工作循环及点火次序的要求,定时开启和关闭各汽缸的进、排气门,使新鲜的可燃混合气(汽油机)或空气(柴油机)及时进入汽缸,废气及时从汽缸排出。

1. 配气机构分类

配气机构由气门组和气门传动组组成,如图 3-14 所示。

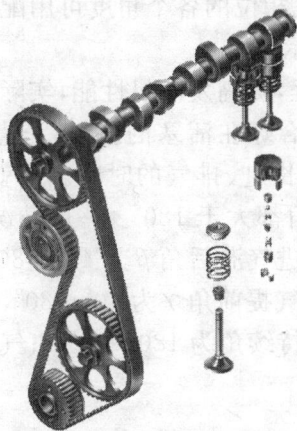

图 3-14 配气机构

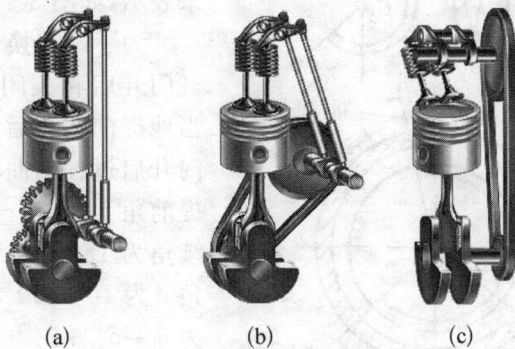

(a) (b) (c)

图 3-15 凸轮轴的布置

(a)凸轮轴下置式 (b)凸轮轴中置式 (c)凸轮轴上置式

(1)配气机构按照凸轮轴的布置位置可分为凸轮轴下置式、凸轮轴中置式和凸轮轴上置式,如图 3-15 所示。下置式和中置式的凸轮轴位于曲轴箱中部,上置式的凸轮轴布置在汽缸盖上。上置式的凸轮轴的另一种型式是凸轮轴直接驱动气门,这种配气机构的往复运动质量最小,对凸轮轴和气门弹簧设计的要求也最低,特别适用于高速强化发动机,因此这种结构在国内外的高速发动机上得到广泛的应用。

(2) 配气机构按凸轮轴的传动形式可分为齿轮传动式、链传动式和齿带传动式,如图3-16所示。齿轮传动式用于下置式和中置式凸轮轴的传动,结构简单可靠,噪声小。链传动式用于中置式和上置式凸轮轴的传动,容易布置,传动距离较大,但质量和噪声较大。齿带传动式用于上置式凸轮轴的传动,噪声小,质量低,成本低,工作可靠,不需要润滑,广泛用于高速发动机上。

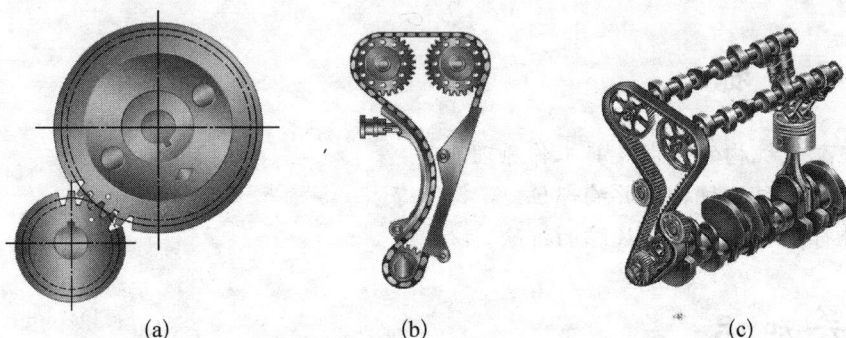

图3-16　凸轮轴的传动形式
(a) 齿轮传动式　(b) 链传动式　(c) 齿带传动式

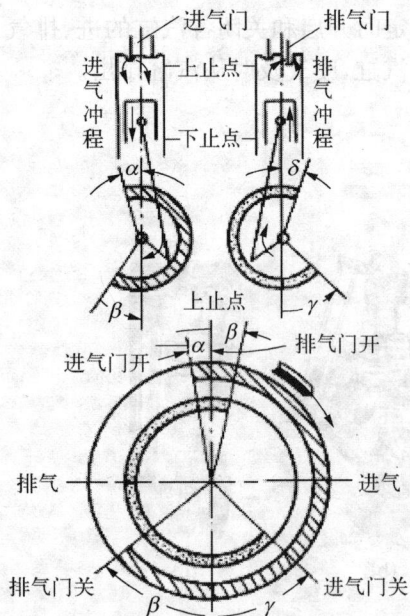

图3-17　配气相位

(3) 配气机构按每缸气门数及其排列方式可分为二气门式、三气门式、四气门式和五气门式。

2. 配气相位

用曲轴转角表示的进、排气门开闭时刻和开启持续时间称为配气相位。配气相位的各个角度可用配气相位图来表示,如图3-17所示。

为了改善换气过程,提高发动机性能,实际发动机的气门开启和关闭并不恰好在活塞的上、下止点,而是适当地提前或滞后,以延长进、排气的时间。也就是说,气门开启过程中曲轴转角都大于180°。一般情况下,进气提前角 α 为10°~30°,进气滞后角 β 为40°~80°,进气持续角为 $180°+\alpha+\beta$;排气提前角 γ 为40°~80°,排气滞后角 δ 为10°~30°,排气持续角为 $180°+\gamma+\delta$;气门重叠角为 $\alpha+\delta$。

3. 气门组

气门组由气门、气门座、气门导管、气门弹簧、弹簧座及锁片等零件组成,如图3-18所示。

(1) 气门由头部和杆部组成,承受高温、高压、气门弹簧力以及传动零件惯性力的作用。气门头部是用来密封汽缸的进、排气通道,杆部是用来为气门的运动导向。

（2）气门座是汽缸盖的进、排气道与气门
锥面相结合的部位，工作温度高、磨损严重。
气门座与气门头部共同对汽缸起密封作用，并
接受气门传来的热量。气门座有直接镗出式
（进气门）和镶嵌式（排气门和铝合金发动机的
进、排气门）。

（3）气门导管为气门导向、导热，工作温度
高，磨损严重。一般采用灰铸铁、球墨铸铁或
铁基粉末冶金材料制成。

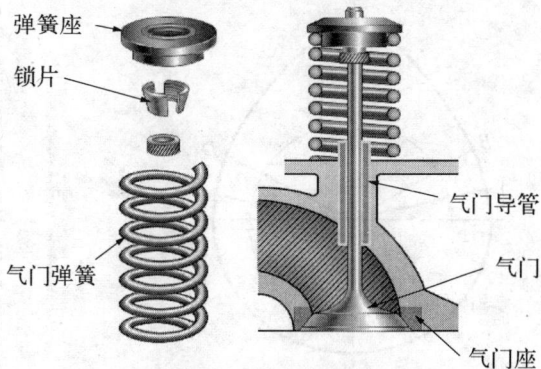

图 3-18 气门组件

（4）气门弹簧用来克服在气门关闭过程中
气门及传动件的惯性力，保证气门及时落座并紧紧贴合。一般采用高碳锰钢、铬钒钢制成。

4. 气门传动组

气门传动组主要包括凸轮轴、正时齿轮、摇臂、摇臂轴和挺杆等，其作用是使进、排气门能
按配气相位规定的时刻开闭，且保证有足够的开度。

（1）凸轮轴设置有各缸的进、排气门凸轮，使气门按一定的工作次序和配气相位及时开
闭，并保证气门有足够的升程。一般采用优质钢模锻、合金铸铁、球墨铸铁制成。

如图 3-19 所示，同一汽缸的进、排气凸轮的相对角位置与既定的配气相位要相适应。发
动机各个汽缸的进气（或排气）凸轮的相对角位置应符合发动机各汽缸的点火次序和点火间隔
时间的要求。因此，根据凸轮轴的旋转方向以及各进气（或排气）凸轮的工作次序，就可以判定
发动机的点火次序。

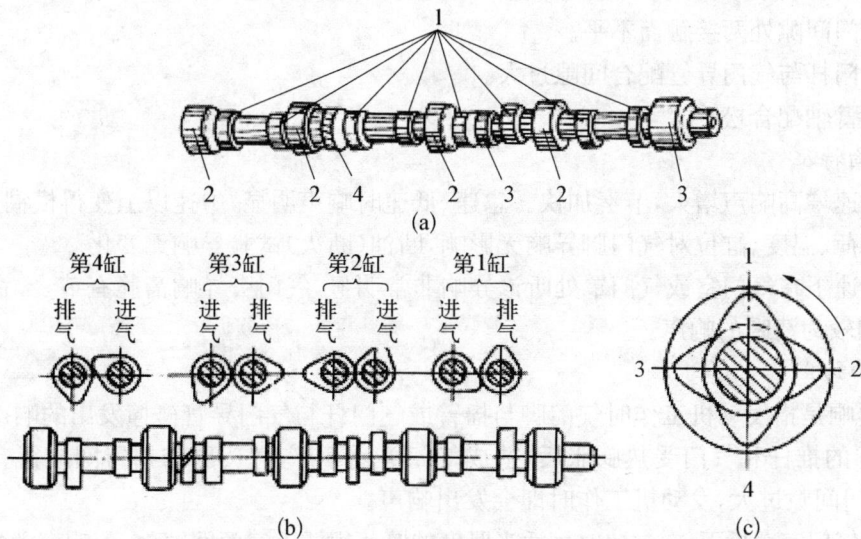

图 3-19 四缸四冲程汽油机凸轮轴

1-凸轮；2-凸轮轴轴颈；3-驱动汽油泵的偏心轮；4-驱动分电器等的斜齿轮

凸轮的轮廓应保证气门开启和关闭的持续时间符合配气相位的要求，且使气门有合适的
升程及运动规律，如图 3-20 所示。

（2）挺柱将凸轮的推力传给推杆或气门，并承受凸轮轴旋转时所施加的侧向力。

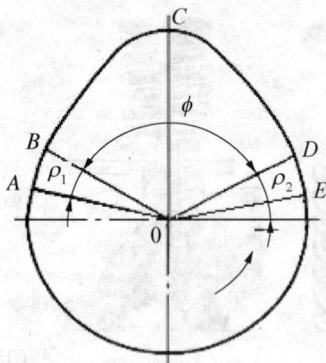

图 3-20　凸轮

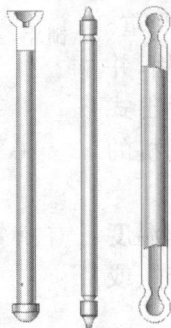

图 3-21　推杆

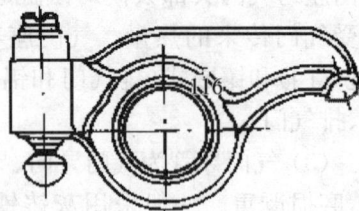

图 3-22　摇臂

（3）推杆将从凸轮轴经过挺柱传来的推力传给摇臂，如图 3-21 所示。

（4）摇臂将推杆和凸轮传来的力改变方向，作用到气门杆以推开气门，如图 3-22 所示。

二、气门异响

1. 故障现象

怠速时，在气门室处发出连续不断的有节奏的"嗒嗒嗒"声，响声清脆有节奏，易区分。若有多只气门脚响，则声音杂乱，且断油（断火）试验响声无变化。

2. 故障原因

此故障发生的原因主要有以下几种：

（1）气门脚润滑不良，或因磨损、调整不当造成气门间隙过大。

（2）气门间隙处两接触面不平。

（3）气门杆与气门导管配合间隙过大。

（4）摇臂轴配合松旷。

3. 异响特征

（1）转速增高响声增大，节奏加快。怠速、低速时响声明显，中速以上变得模糊杂乱。

（2）负荷、温度、缸位对气门脚异响无影响，断油（断火）试验异响无变化。

（3）怠速下在气门室或气门罩处听诊异响非常明显，气门脚异响清脆有节奏，在发动机周围就能听到较为清晰的响声。

4. 故障诊断

气门异响是指发动机工作时气门脚与摇臂或气门杆与气门导管碰撞发出的响声。为了防止配气机构的推杆和气门受热膨胀后，造成气门关闭不严，气门脚与摇臂间应留有适当的间隙，如果气门间隙过大，发动机工作时即会发出响声。

（1）将气门室盖拆下，在怠速时用适当厚度的厚薄规插入气门间隙处，若响声消失或减弱即可确诊为该气门间隙过大。也可用厚薄规检查或用手晃动摇臂，间隙最大的往往是最响的气门。

（2）为进一步确诊是气门脚还是气门落座发出的异响，可在气门间隙处滴入少许机油，如瞬间响声减弱或消失，说明是气门脚异响；如响声无变化，说明是气门落座异响。

（3）插入厚薄规后，气门没有间隙，若响声不变，可用螺丝刀撬动气门杆，若响声消除，说明气门杆与导管磨损过甚造成异响。

（4）若气门间隙过大是调整不当引起，应进行调整：先松开摇臂上的锁紧螺母，按规定间隙将合适厚度的塞尺塞入摇臂与气门脚之间，然后用螺丝刀拧转调整螺钉，使气门脚间隙变小；在摇臂与气门脚间抽动塞尺，略有阻力感为合适。调整完毕后，拧紧锁紧螺母。

三、气门挺杆异响

1. 故障现象

气门挺杆异响是指气门挺杆下端与凸轮撞击或气门挺杆摆动时与套管碰撞发出有节奏的类似气门"嘀嗒嘀嗒"的响声，发动机怠速时较为清晰。

2. 故障原因

此故障发生的原因主要有以下几种：

（1）凸轮表面轮廓形状磨损。凸轮外廓正常能保证气门升程及其升降过程中的运动规律，如果凸轮表面磨损，气门挺杆与凸轮接触的连续性遭到破坏，气门落座时气门挺杆跳动与凸轮撞击发出响声。

（2）凸轮轴转动时，凸轮除顶动气门挺杆上升外，同时还会带动气门挺杆作横向摆动，即气门挺杆沿凸轮转动速度方向作横向摆动。当气门挺杆与套管径向磨损，其配合间隙增大后，气门挺杆作横向摆动时与套管碰撞发出响声。

（3）气门摇臂调整螺钉与挺杆上端无润滑油，难以缓和冲击，也会出现响声。

3. 故障诊断

如果气门脚间隙符合技术要求，那么配气机构产生的响声主要是由于凸轮外形磨损不符合要求、气门挺杆与导管配合间隙过大，或气门摇臂调节螺钉处缺少润滑油，或气门弹簧折断等所致，应进行相应部位的检查并排除故障。

四、液压挺杆异响

1. 故障现象

发动机怠速运转时在凸轮轴附近发出有节奏的金属敲击声，中速以上响声减弱或消失。

2. 故障原因

此故障发生的原因主要有以下几种：

（1）挺杆与导孔配合面磨损严重。

（2）挺杆液压偶件磨损。

（3）润滑油供油不足。

（4）液压挺杆油腔内有空气。

3. 异响特征

改变发动机转速并用听诊器察听响声的变化。怠速时发动机顶部响声明显，中速以上响声减弱或消失，断油（断火）试验响声无变化。起动时液压挺杆有不大的响声（润滑油未充分进入液压挺杆），起动后响声消失，可视为液压挺杆正常。若发动机转速达到 2 000～2 500 r/min 继续运转 2 分钟，若挺杆仍有响声，应先检查机油压力。若机油压力正常，则为液压挺杆故障。

4. 故障诊断

（1）怠速或低速时出现断续的响声，一般由挺杆单向阀磨损或脏污所致。

（2）怠速时有异响，转速提高后异响消失，一般是挺杆体和柱塞之间磨损过度所致。油压过低或机油黏度过小也会出现这种响声。

（3）急速时不响，高速时发响，表明挺柱体液压油中有空气。可能是机油液面过高，曲轴搅动机油使空气进入机油中；也可能油路渗漏机油泵吸入空气。

（4）液压挺杆始终发响。在任何转速下液压挺杆都发响，其主要原因为液压挺杆脏污或被沉积物卡住、机件严重磨损、机油压力过低等。

（5）拆下液压挺杆后，用手捏住上下端面用力按压，如有弹性，说明液压挺杆失效，应更换。

五、正时齿轮异响

1. 故障现象

当发动机急速运转或转速变化时，在正时齿轮室盖处发出杂乱而轻微的"嘎啦"声，转速提高后声响可能消失，急减速时声响尾随出现，有时在正时齿轮室盖处有振动现象。声响有时受温度影响，高温时声响明显；单缸断火声响无变化。

2. 故障原因

此故障发生的原因主要有以下几种：

（1）正时齿轮磨损或装配不当导致啮合间隙过大或过小。

（2）曲轴和凸轮轴中心线不平行导致啮合不良。

（3）正时齿轮润滑不良。

（4）正时齿轮松动、破裂或折断。

3. 故障诊断

（1）发动机急速运转时发出有节奏的"嘎啦嘎啦"声，中速时明显，高速时杂乱。用听诊器或螺丝刀触及正时齿轮盖部位听诊，若声响更明显，则可确诊为正时齿轮啮合间隙过大。

（2）改变发动机转速，声响随之变化，且声响类似于"呼啸"声；或在急速运转时发出有节奏的"哽哽"声响，转速提高声响加大，多为正时齿轮啮合不良。

（3）将发动机转速逐渐提高到某一较高转速，突然发出强烈而杂乱的声响；急减速时同样会发出一声"嘎"的声响（正时齿轮盖有振动感），然后消失，多为凸轮轴正时齿轮松动。

（4）若新车或更换正时齿轮后出现连续不断的"呜呜"声，转速越高响声越明显，则为正时齿轮啮合间隙过小。

（5）如果正时链条损坏，正时链、链轮及张紧轮磨损严重或正时链轮（齿轮）松动，在发动机前端正时齿轮室盖处会发出"喀啦喀啦"的敲击声，减速运转时异响更加明显。通常，磨损变松的链条都会产生"喀啦喀啦"的响声，情况严重时，链条还会将正时齿轮室盖磨破，并产生漏油现象。凸轮轴轴承严重磨损也会造成正时链条间隙过大。

六、凸轮轴异响

1. 故障现象

发动机中速时从汽缸体凸轮轴一侧或汽缸盖处发出钝重的声响，高速时声响混沌不清，异响出现时凸轮轴轴承附近有振动，单缸断火声响不变。

2. 故障原因

此故障发生的原因主要有以下几种：

（1）凸轮轴轴承松旷或与轴颈配合间隙过大。

（2）凸轮轴轴承合金烧蚀、剥落或过度磨损。

（3）凸轮轴轴向间隙过大。

（4）凸轮轴弯曲。

（5）凸轮磨损。凸轮一旦出现磨损，其磨损速度会很快。

3. 故障诊断

（1）异响出现时，常伴有机油压力明显降低现象，进行单缸断火试验，声响无变化。

（2）缓慢变换节气门，若怠速和中速时声响清晰、明显，高速时声响由杂乱变得减弱，则为凸轮轴轴向间隙过大或轴承滑转。

（3）使发动机在声响最强的转速下运转，对下置或中置式凸轮轴，在汽缸体凸轮轴一侧用听诊器或螺丝刀抵触在各凸轮轴轴承部位听诊；对上置式凸轮轴，可拆下气门室盖，直接在各凸轮轴轴承部位听诊。若某轴承处声响较强并伴有振动，则可确诊为该轴承发响。

（4）如果凸轮轴的1个凸轮磨损，当发动机在2 000～3 000转/分工作时可以听到较重的"咔嗒"声；当有几个凸轮及挺柱刮伤时，在怠速时会有连续的沉闷的"咔嗒"声；在怠速平稳、加速却不良的情况下，排气凸轮磨损有时会导致发动机"回火"。

七、气门弹簧异响

1. 故障现象

发动机怠速时有明显的"嚓嚓"的响声，各转速下均有清脆的响声；多根气门弹簧不良时机体有震抖现象。

2. 故障原因

此故障发生的原因可能是气门弹簧过软或折断。

3. 故障诊断

（1）拆下汽缸盖罩，用旋具撬住气门弹簧，若弹簧折断可明显地看出，应予以更换。

（2）用旋具撬住气门弹簧，怠速运转发动机，若响声消失，即为该弹簧过软，必须更换。

八、可变配气正时机构故障导致异响

1. 故障现象

部分装有可变配气正时机构的中高档发动机，加速时有"咯啦咯啦"响声，且时有时无。

2. 故障原因

此故障发生的原因主要有以下几种：

（1）链条张紧器力量不足。当凸轮轴链条进行调节时，如果链条张紧器力量不足就会使链条在调节过程中处于松弛状态而发出响声。

（2）配气相位调节电磁阀故障。当凸轮轴链条进行调节时，配气相位调整信号失常。

3. 故障诊断

装有可变配气正时机构的发动机，进入中等负荷工况后（一般2、3挡），配气正时已经进入了调节位置，通过改变链条张紧轮的位置来进行调节。如果这时发生异响应为可变配气正时机构故障导致异响。

任务实施

案例：链条张紧器失效导致发动机加速时出现异响

故障现象：一辆奥迪 A6 轿车，发动机在 2、3 挡加速时有"咯啦咯啦"的异响，声音时有时无，且已经持续了一段时间。

故障排除：首先检查车况，排除发动机爆燃故障。试车发现在 3 挡加速时，发动机传出"咯啦咯啦"的异响；原地加速时发动机声音正常。

该车在 2、3 挡加速时发动机已经进入了中等负荷工况，根据这款发动机的特点，配气正时应该已经进入了调节位置，调节方式是通过改变链条张紧轮的位置来实现的。根据原理可知，当凸轮轴链条进行调节时，如果链条张紧器力量不足就会使链条在调节过程中处于松弛状态而发出异响。

将配气相位调节电磁阀的插头拔掉，使车辆不能进行配气相位的调节。随后进行试车，异响消失。确认故障部位后，更换链条张紧器，故障彻底排除。

拓展提升

一、液压挺柱

液压挺柱安装在气门和凸轮之间，消除了配气机构的工作间隙，大大减小了发动机高速运转时的振动和噪声。

图 3-23 为一汽大众奥迪轿车和上海桑塔纳轿车的发动机所采用的液压挺柱。圆筒挺柱体 9 是由上盖和圆筒经加工后再用激光焊接成一体的薄壁零件。液压缸 12 的内孔和外圆都要精加工研磨，外圆与挺柱内导向孔相配合，内孔与柱塞 11 配合，两者都有相对运动。液压缸底部装有一个补偿弹簧 13，把球阀 5 压靠在柱塞的阀座上，补偿弹簧还可以使挺柱顶面和凸轮轮廓线保持紧密接触，以消除气门间隙。当球阀关闭柱塞中间孔时，可将柱塞分成两个油腔，上部的低压油腔 6 和下部的高压油腔 1。当球阀开启后，则成为一个通腔。

当挺柱体外圆上的环形油槽与汽缸盖上的斜油孔 4 对齐时，即图 3-23 中的位置，发动机润滑系统中的机油经油量孔 3、斜油孔和环形油槽流入液压挺柱的低压油腔，位于挺柱体背面上的键形槽 7 可将机油引入柱塞上方的低压油腔，这时汽缸盖主油道与液压挺柱的低压油腔连通。当凸轮转动，挺柱体和柱塞向下移动时，

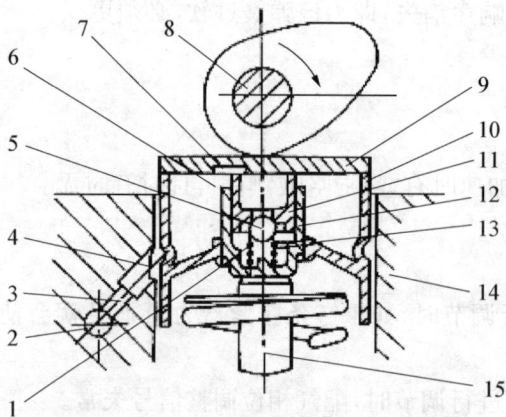

图 3-23　奥迪轿车发动机的液压挺柱
1-高压油腔；2-汽缸盖油道；3-油量孔；4-斜油孔；5-球阀；6-低压油腔；7-键型槽；8-凸轮轴；9-挺柱体；10-柱塞焊缝；11-柱塞；12-液压缸；13-补偿弹簧；14-汽缸盖；15-气门杆

高压油腔中的机油被压缩,油压升高,加上补偿弹簧的作用,使球阀紧压在柱塞的下端阀座上,这时高压油腔与低压油腔被分割开。由于液体具有不可压缩性,整个挺柱体如同一个刚体一样下移,推开气门并保证了气门应达到的升程。此时,挺柱体外圆上的环形油槽已离开了进油的位置,停止进油。

当挺柱体到达下止点后开始上行时,在气门弹簧上顶和凸轮下压的作用下,高压油腔陆续封闭,球阀也不会打开,液压挺柱仍可认为是一个刚性挺柱体,直至上升到凸轮处于基圆,使气门关闭时为止。此时,汽缸盖油道 2 中的压力油经油量孔、挺柱体环形油槽进入液压挺柱的低压油腔,同时,高压油腔内油压下降,补偿弹簧推动柱塞上行。从低压油腔来的压力油推开球阀而进入高压油腔,使两腔连通充满机油。这时,挺柱体顶面仍和凸轮紧贴。在气门受热膨胀时,柱塞和液压缸轴向相对移动,高压油腔中的油液可经过液压缸与柱塞间的缝隙挤入低压油腔。因此,使用液压挺柱时,可以不预留气门间隙。

液压挺柱结构复杂,加工精度要求高,而且磨损后无法调整只能更换,所以目前在一般的货车上用的较少,而在轿车上则应用很广。

二、VTEC 系统

VTEC 是"Variable Valve Timing and Lift Electronic Control System"的缩写,即可变气门正时和升程电子控制系统。

VTEC 是一种既可改变配气定时,又能改变气门运动规律的可变配气定时升程的控制机构,其配气凸轮轴上布置了高速和低速两种凸轮,采用了设计特殊的摇臂,根据发动机转速的高低,自动切换凸轮,使摇臂分别被高速或低速凸轮驱动。凸轮的更换实现了配气定时和气门运动规律均可变化的目的,其工作原理如图 3-24 所示。凸轮轴 9 上的高速凸轮 11 处在中摇臂 2 的位置,左右各有一个低速凸轮 10 和 12,分别处在主摇臂 8 和次摇臂 3 的位置,在三个摇

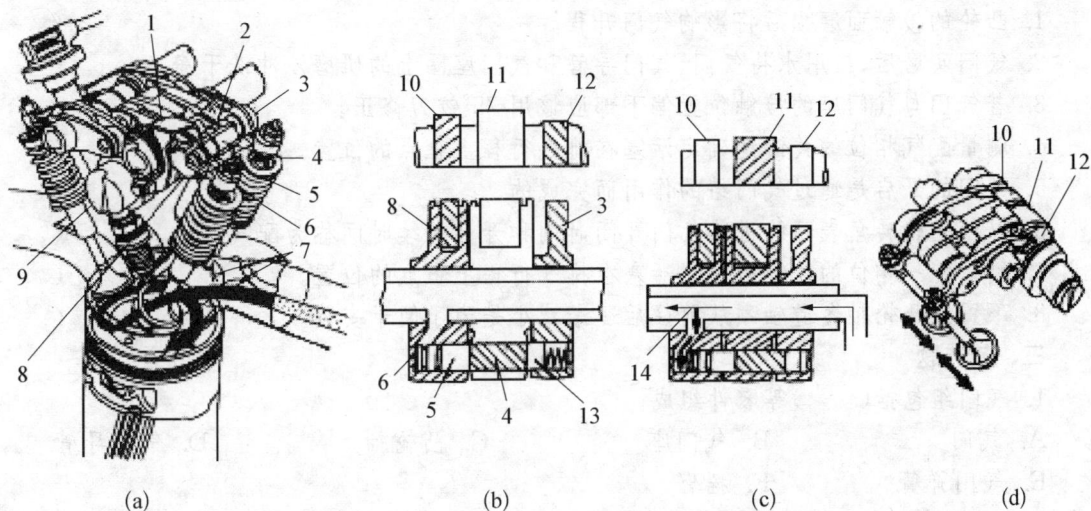

图 3-24 本田公司 VTEC 机构的工作原理

(a) VTEC 工作原理 (b) 低转速时 (c) 高转速时 (d) VTEC 机构的轴测图

1-定时板;2-中摇臂;3-次摇臂;4、5-同步柱塞;6-定时柱塞;7-进气门;8-主摇臂;9-凸轮轴;
10、12-低速凸轮;11-高速凸轮;13-阻挡柱塞;14-机油流

壁内装有同步柱塞4和5、定时柱塞6以及阻挡柱塞13。图3-24(b)为转速低于6 000 r/min 的情况,同步柱塞不移动,主、次摇臂驱动两个气门。当转速高于6 000 r/min 时,如图3-24 (c)所示,在压力机油的作用下定时柱塞移动,并推动两个同步活塞移动,将中摇臂与主、次摇臂锁在一起,三个摇臂一道在高速凸轮的驱动下驱动气门,而高速凸轮两边的低速凸轮则随凸轮轴空转。这种机构在本田D18C型1.8L 4缸直列式轿车汽油机上得到了应用。

测试习题

一、选择题

1. 气门的关闭是由（　　）来完成的。

A. 气门弹簧 B. 摇臂 C. 推杆 D. 挺杆

2. 由于曲轴与凸轮轴的传动比为2∶1,因此装于凸轮轴上的正时齿轮的齿数是曲轴正时齿轮齿数的（　　）倍。

A. 1/2 B. 1/4 C. 2 D. 4

3. 上置凸轮轴式配气机构由凸轮轴直接驱动（　　）。

A. 气门 B. 推杆 C. 挺杆 D. 凸轮

4. 在配气相位的四个角度中（　　）的大小对发动机性能影响最大。

A. 进气提前角 B. 进气滞后角 C. 排气提前角 D. 排气滞后角

5. 现代轿车多采用的挺柱为（　　）。

A. 筒式 B. 滚轮式 C. 菌式 D. 液力式

6. 四缸发动机同名凸轮间夹角为（　　）。

A. 60° B. 90° C. 120° D. 180°

二、判断题

1. 凸轮的接触面磨损后将影响气门升程。　　　　　　　　　　　　　（　　）

2. 气门研磨后,应用水将气门、气门导管和气门座圈上的研磨沙冲洗干净。（　　）

3. 若气门与气门座的接触位置偏下部应该用75°铰刀修正。　　　　　（　　）

4. 测量配气相位的关键是确定活塞在排气行程上止点的位置。　　　　（　　）

5. 气门的开启是通过气门组的作用而完成的。　　　　　　　　　　　（　　）

6. 以凸轮轴转角表示的进排气门开闭时刻和开启持续时间称为配气相位。（　　）

7. 测量配气相位的关键是确定活塞在排气行程上止点的位置。　　　　（　　）

8. 下置式凸轮轴各道轴颈从前往后逐渐减小是为了便于安装。　　　　（　　）

三、多选题

1. 气门组包括（　　）等零件组成。

A. 气门 B. 气门座 C. 凸轮轴 D. 气门导管

E. 气门弹簧 F. 摇臂

2. 气门传动组主要包括（　　）组成。

A. 凸轮轴 B. 挺柱 C. 摇臂 D. 气门弹簧

E. 气门导管 F. 推杆

3. 配气机构的分类方法主要有（　　）等。

A. 气门布置位置不同
B. 凸轮轴位置不同
C. 曲轴位置不同
D. 气门数不同
E. 曲轴与凸轮轴联动形式不同
F. 曲轴与凸轮轴驱动形式不同

4. 发动机多采用(　　)来改善进、排气状况。

A. 进气提前角
B. 进气滞后角
C. 进气持续角
D. 排气提前角
E. 排气滞后角
F. 排气持续角

项目四

发动机温度异常的诊断与排除

发动机冷却系统的作用是及时地给发动机进行散热。当发动机的冷却系统出现故障后会引起发动机温度过高、发动机温度过低、冷却液消耗异常等故障。这些不良后果将导致发动机功率下降，经济性变差，使用寿命降低。冷却系统的常见故障部位及原因如表4-1所示。

表4-1　冷却系统的常见故障部位及原因

序号	故障部位	主要故障原因	主要故障现象和危害
1	百叶窗	不能完全打开或关闭	发动机过热或冷却液温度过低
2	散热器	堵、变形、破裂	发动机过热、漏水
3	风扇	离合器失效、热敏开关或电机损坏	发动机过热或冷却液温度过低
4	水泵	皮带过松或断开、水封损坏、叶片折断	发动机过热、漏水
5	节温器	失效、漏装	发动机过热
6	水套	堵	发动机过热
7	放水开关	漏水，冷却液减少	冷却液减少
8	分水管	锈蚀或损坏	冷却液循环不畅，温度偏高

任务一　冷却液温度过高的诊断与排除

任务导入

一辆桑塔纳2000型轿车，配备AFE发动机。根据司机介绍，新车接手半年以来，冷却液温度高居不下，散热器内的冷却液出现沸腾现象，出差跑一次长途要多次添加冷却液。请问导致冷却液温度过高的原因是什么？如何排除故障？

学习目标

1. 熟悉冷却系统零部件的结构特点。
2. 掌握冷却液的检查和更换方法。

3. 掌握冷却液温度过高的故障原因。
4. 能进行冷却液温度过高的故障排除。

相关知识

一、冷却系统的主要组成部件

车用发动机冷却系统均采用水冷系统,通过冷却液的不断循环,从发动机水套中吸收多余的热量,并散发到空气中。发动机冷却系统由水泵、散热器、冷却风扇、节温器、补偿膨胀箱、发动机机体和汽缸盖中的水套、水管及其附属装置组成。桑塔纳2000GSi轿车AJR发动机冷却系统如图4-1所示。

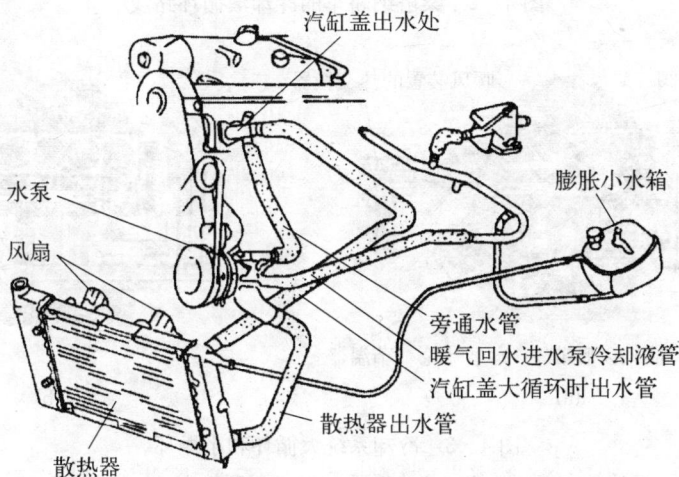

图 4-1 发动机冷却系统

发动机的汽缸盖和汽缸体中都铸造出储存冷却液、连通的夹层空间即水套,其作用是让冷却液接近受热的高温零件,并可在其中循环流动。水泵将冷却液由机体外部吸入并加压,使之经分水管流入发动机汽缸体水套。这样,冷却液从汽缸壁吸收热量,温度升高;流到汽缸盖水套,再次受热升温后,沿水管进入散热器内。经风扇的强力抽吸,空气流由前向后高速通过散热器,最终使受热后的冷却液在流经散热器的过程中,其热量不断地通过散热器散发到空气中去,使冷却液本身得到冷却。冷却了的冷却液到散热器的底部后,又在水泵的加压下,经水管再被压入水套,如此不断地循环,从而使得发动机在高温条件下工作的零件不断地得到冷却,保证了发动机的正常工作。

为了保证发动机在不同负荷、转速和气候条件下保持正常的工作温度,冷却液的循环路线是不同的。按照冷却液的循环路线不同分为大循环路线、小循环路线和混合循环路线,图4-2为桑塔纳轿车冷却系统的循环路线。

(1)大循环。当发动机的冷却温度高于86℃时,节温器主阀打开,旁通阀关闭,如图4-3(a)所示。冷却液全部由主阀门进入散热器,温度下降后再由水泵泵入汽缸体水套。这种循环方式称为发动机冷却系统的大循环。

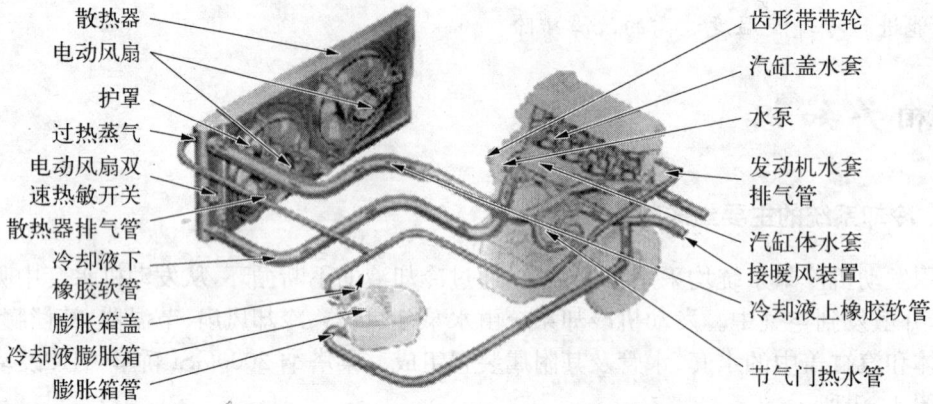

图 4-2　桑塔纳轿车的冷却液循环路线

散热器
电动风扇
护罩
过热蒸气
电动风扇双
速热敏开关
散热器排气管
冷却液下
橡胶软管
膨胀箱盖
冷却液膨胀箱
膨胀箱管

齿形带带轮
汽缸盖水套
水泵
发动机水套
排气管
汽缸体水套
接暖风装置
冷却液上橡胶软管
节气门热水管

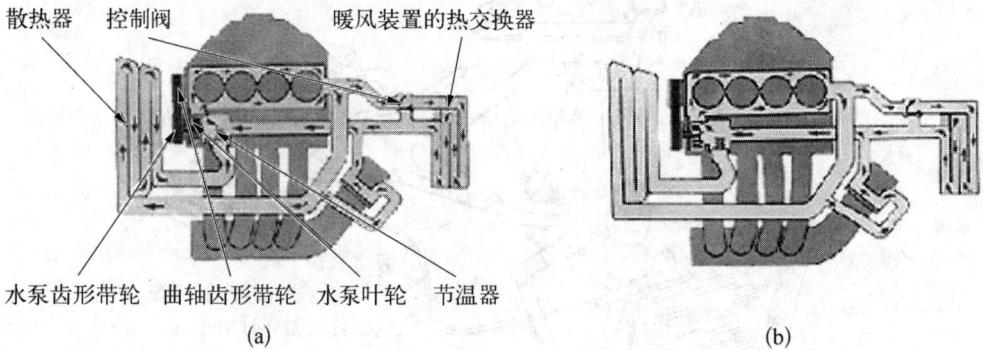

散热器　控制阀　暖风装置的热交换器

水泵齿形带带轮　曲轴齿形带带轮　水泵叶轮　节温器

(a)　　　　　　　　　　　　　　(b)

图 4-3　冷却系统大循环和小循环

(a) 大循环　(b) 小循环

（2）小循环。当发动机冷却液温度低于 76℃时，节温器主阀门关闭，旁通阀打开，如图 4-3（b）所示，汽缸盖至散热器的冷却液水道被切断，冷却液由汽缸盖水道流出，经过节温器旁通阀、旁通管进入水泵，并经水泵送入汽缸体水套。这种循环方式称为发动机冷却系统的小循环。

（3）混合循环。当冷却液温度在 76～86℃之间时，节温器主阀门和旁通阀都处于部分开启状态，此时大小循环都存在，只有部分冷却液经散热器进行散热。

1. 散热器

散热器安装在发动机的前端，其作用是将冷却液从水套内吸收的热量传给外界空气，使冷却液降温，并为冷却系统储存一定量的冷却液。为集中风向、加速气流、提高散热效果，通常在散热器的后部加装护风圈。

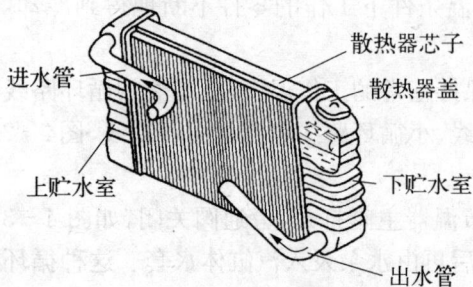

进水管
上贮水室
散热器芯子
散热器盖
下贮水室
出水管

图 4-4　散热器

普通散热器由上、下贮水室、散热器芯子、散热器盖等组成，如图 4-4 所示。为了提高冷却系统的散热效果，散热器通常使用导热性能、结构刚度和防冻性能较好的材料制造，如铜、铝或铝锰合金等。散热器上贮水室为钢皮制成的容器，用橡胶皮管与发动机出水管相连接,并设有加水口盖。下贮水室也是用钢皮制成的容器,用橡胶软管与发动机进水管或水泵相连接,并装有放水开关。

1) 散热器芯子

散热器芯子常见的结构有两种:管片式和管带式,如图 4-5 所示。

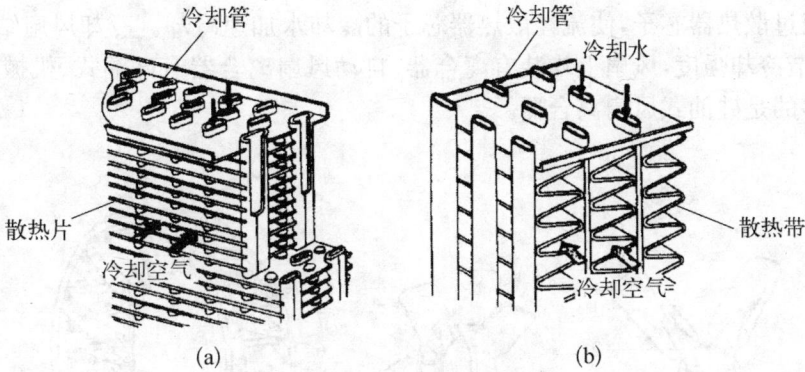

图 4-5　散热器结构类型
(a) 管片式　(b) 管带式

管片式散热器芯子由许多冷却管和散热片组成,冷却管是冷却液的通道,多采用扁圆形断面,以增大散热面积,同时当管内冷却液冻结膨胀时,扁管可借助于其横断面变形而免于破裂。为了增强散热效果,在冷却管外面横向套装了很多散热片来增加散热面积,同时增加了整个散热器的刚度和强度。

管带式散热器芯子采用冷却管与散热带相间排列的方式,散热带呈波纹状,其上开有形似百叶窗的缝隙,用来破坏空气流在散热带上的附面层,从而提高散热能力。这种散热器芯子与管片式相比,散热能力强,制造工艺简单,质量小,成本低,在轿车上得到广泛应用,但其刚度不如管片式好。

2) 散热器盖

现代汽车散热器盖一般具有空气/蒸汽阀,如图 4-6 所示。当散热器内部压力大于规定值时,此规定值一般为 0.026~0.037 MPa,某些轿车可达 0.1 MPa,蒸汽阀打开,蒸汽及冷却液由蒸汽排出管流出。当发动机停止工作,冷却液温度降低,体积收缩后,散热器内的压力低于大气压力时,空气阀打开,使空气或补偿箱中的冷却液流入散热器内,以防止散热器或水管凹陷,并保持冷却循环中冷却液的量。

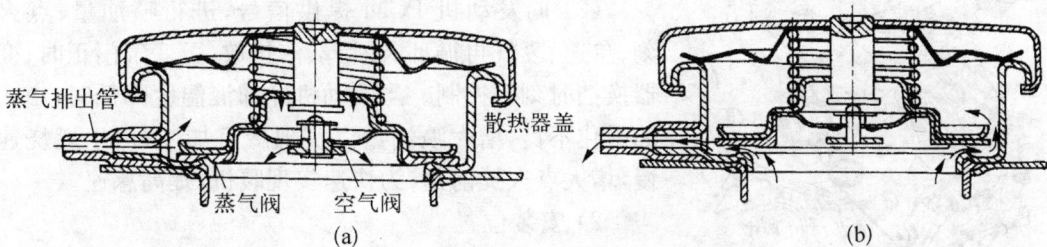

图 4-6　散热器盖
(a) 空气阀开启　(b) 蒸气阀开启

散热器盖的这种结构可以提高冷却液的沸点，使冷却液不易沸腾；同时可以提高散热器水与空气的温差，提高冷却效率，并且可以减少冷却液的流失。

2. 冷却风扇

冷却风扇的作用是提高通过散热器芯子的空气流速，增加散热效果，加速水的冷却。风扇安装在散热器后面，并与水泵同轴。当风扇旋转时，对空气产生吸力，使之沿轴向流动。空气流由前向后通过散热器芯子，使流经散热器芯子的冷却水加速冷却。冷却风扇结构如图4-7所示，为了调节冷却强度，风扇上均装有离合器；自动风扇离合器有硅油式、机械式和电磁式，目前应用最多的是硅油式风扇离合器。

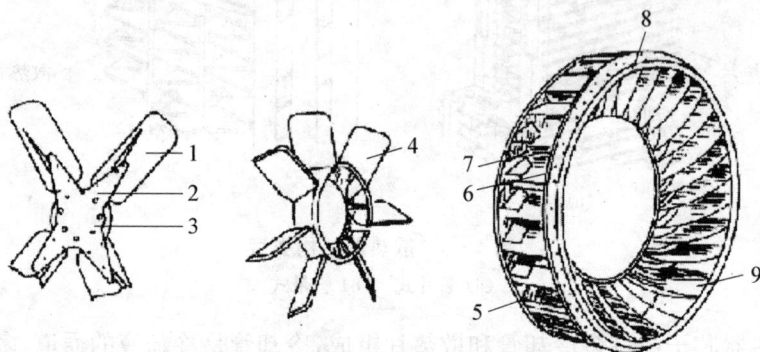

图4-7　风扇

1-叶片；2-铆钉；3-托板；4-翼型叶片；5-风扇导轮；
6-叶片；7-连接板；8-加强圈；9-风扇盘

目前相当数量的轿车采用电动风扇，当冷却液温度达到一定值时才会转动。电动风扇由风扇电机、风扇继电器和冷却液温度开关组成。低温时，冷却液温度开关闭合，继电器触点断开，风扇电机不转；高温时，温度开关断开，继电器触点接触，电机带动风扇转动。

3. 冷却液温度传感器

发动机机体温度不同，对喷油量、点火时刻、怠速等的要求也不相同，因此发动机用冷却液温度传感器来检测冷却液温度。

1）作用

冷却液温度传感器的作用有以下两点：

（1）向发动机冷却液温度表提供信号，显示冷却液温度，指示给驾驶员。

（2）向发动机PCM提供信号，进行喷油量、点火时刻、怠速、废气再循环、油箱蒸汽排放、可变气门正时、变速器换挡时刻等控制。当发动机冷却液温度降低时，由于燃油雾化不良，增大喷油量以实现冷机加浓；由于燃烧速度慢，增大点火提前角；为快速实现暖机，提高怠速。

2）安装位置

如图4-8所示，冷却液温度传感器安装在汽缸盖、汽缸体的水套上或出水口处，与冷却液直接接触。

图4-8　冷却液温度传感器安装位置

3) 结构和原理

冷却液温度传感器采用负温度系数的热敏电阻,电阻值随温度的升高而减小,其结构、控制电路和输出特性如图 4-9 所示。

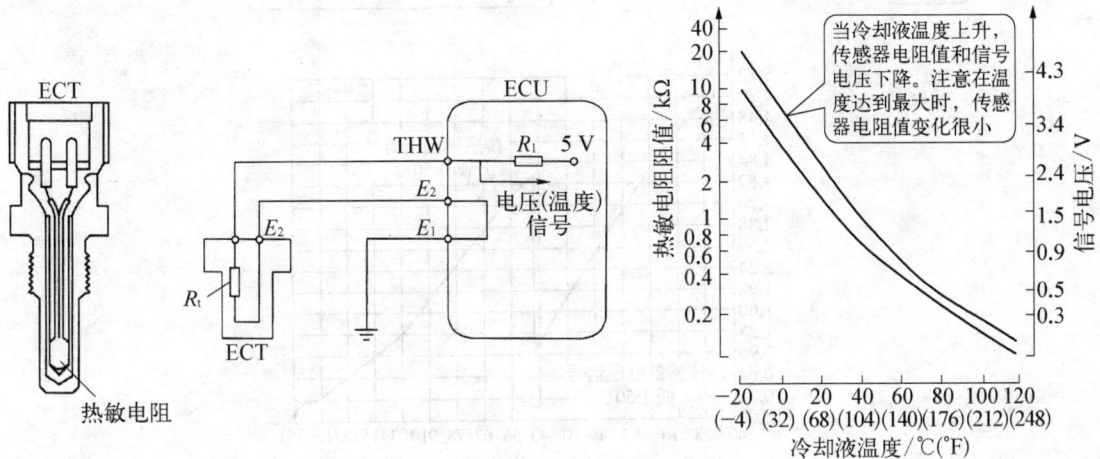

图 4-9 冷却液温度位置传感器的结构、控制电路和输出特性

传感器与 PCM 间有两条线,PCM 内部 5 V 稳压电源经串联电阻加于传感器上,传感器又通过 PCM 搭铁。当冷却液温度升高时,电阻减小,THW 端的信号电压减小。一般在 20℃ 时,传感器电阻值为 2~4 kΩ;在 80℃ 时,电阻值小于 400 Ω。

由输出特性可以看出,在低温区(小于 50℃),传感器电阻和信号电压随温度变化的变化量比较大,检测准确;在高温区(大于 50℃),传感器电阻和信号电压随温度变化的变化量比较小,检测不够准确。

为了提高高温区传感器的检测精度,现在轿车较为普遍地采用了具有双斜线输出特性的冷却液温度传感器。传感器没有改变,只是在控制电路的串联电阻上做了改变,其控制电路和输出特性如图 4-10 所示。当温度低于 50℃ 时,电路串联有 348 Ω 和 3.65 kΩ 两个电阻;当温度高于 50℃(此时信号电压约为 0.97 V 时),3.65 kΩ 电阻被短路,电路串联有一个 348 Ω 的电阻,信号电压又在一个较大的范围内变化,从而提高了传感器在高温区的检测精度。

二、冷却系统主要组成部件的检修

1. 散热器的检修

1) 散热器的外部检查

检查散热器外部有无明显的损坏、变形或缺陷,散热片是否被灰尘、杂物等堵塞;并检查散热器是否有泄漏或蚀点,水垢是否过多等。

焊缝破裂和铜散热器内的水管腐蚀会使冷却液慢慢泄漏,不留下冷却液污渍,铝或塑料散热器泄漏或散热器衬垫破裂也会出现同样的现象,可拆下散热器,堵住出入口接头,并使用冷却系统测试仪给散热器加压,把散热器浸没在一个水池中检查是否有气泡,以查找微小的泄漏部位。

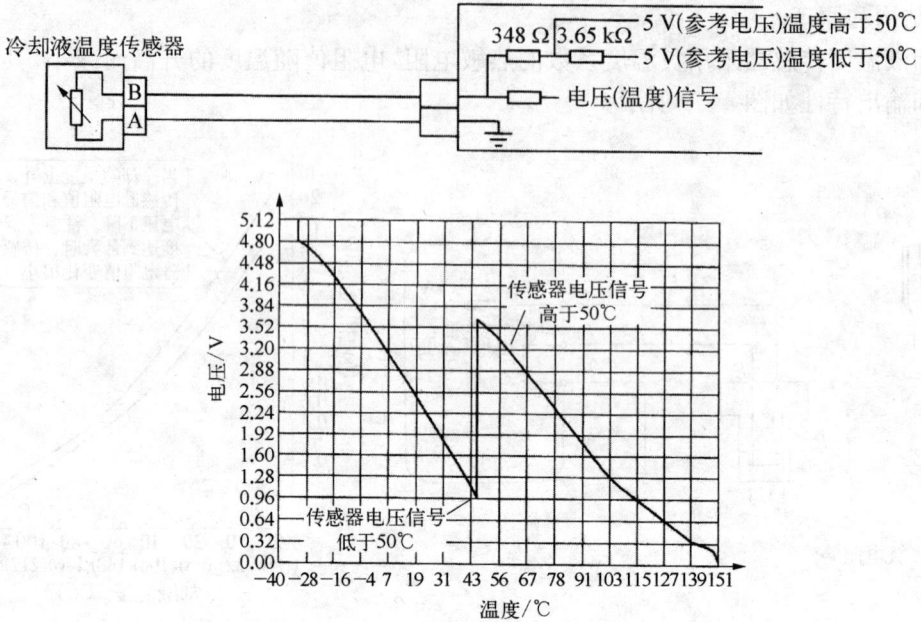

图 4-10   双斜线式冷却液温度传感器的控制电路和输出特性

2) 散热器密封性的检验

如图 4-11 所示，散热器密封性检验可用气压表、气泵就车进行，其方法如下：

(1) 封闭散热器进、出水口，将散热器加水至加水口下方 10～20 mm 处。

(2) 用气泵向散热器内加压至 200 kPa，在 5 min 内压力表压力应不下降。

(3) 检查散热器有无渗漏现象。如有渗漏，应进行修复或更换。

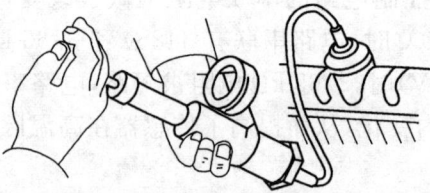

图 4-11   散热器密封性检验

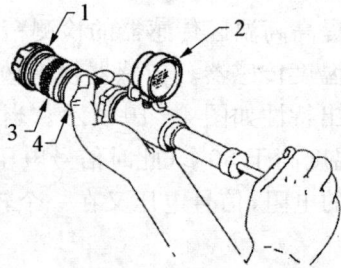

图 4-12   散热器盖

1-冷却液加注口盖；2-冷却系统压力测试仪；
3-压力加注口盖转换接头；4-压力测试转换接头

3) 散热器盖密封性的检查

为检查散热器的密封性，可进行散热器盖压力试验：如图 4-12 所示，利用转接器，将散热器盖接到冷却系统压力试验仪(主要由打气筒和压力表组成)上，然后打气加压。观察压力表，散热器盖压力阀的卸载压力为 83～110 kPa，如果在规定压力范围内保持 30 s 以上，则检验合格，否则应更换散热器盖。

4) 泄漏检查

检查泄漏的方法有两种，一种是压力实验，另一种是利用红外线废气分析仪检测。

（1）压力试验主要用于检查冷却系统的泄漏，尤其是内部泄漏。

① 将压力试验仪安装在散热器加注口上。

② 关闭发动机，给系统加压，并保持压力稳定不变。

③ 接好压力试验仪后，不要起动发动机。因为压力试验仪不具有散热器盖的压力自动释放功能，发动机运转可能会导致冷却系统损坏。

④ 如果渗漏不明显，可将该系统压力保持至第二天。

注意：测试压力一般为 157 kPa，压力超过规定值可能会损坏散热器。如果压力降低，应先检查软管、散热器和水泵等外部泄漏，再检查内部泄漏。

（2）红外线废气分析仪主要用于检测冷却液中有无废气，以判断汽缸垫和汽缸壁是否泄漏，并且无论混合气是否燃烧，红外分析仪都能工作。

① 通过使用制动器并挂挡加速的方法给发动机增加负荷，时间不超过 3 s。

② 如图 4 - 13 所示，将分析仪探头放在散热器加注口上，检查冷却液中有无 HC。注意不要将冷却液吸进分析仪探头。

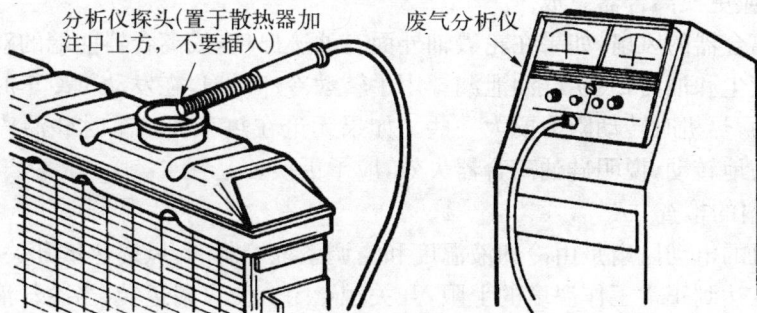

图 4 - 13　用红外线检测仪检查冷却系统泄漏

③ 如果冷却系统中有 HC，废气一定是在燃烧过程中进入的。

5）散热器渗漏的修复

散热器渗漏可用锡焊或粘接方法修复，先在裂缝的两端钻 $\phi 3.0 \sim 3.5$ mm 的小孔（止裂孔），然后按以下方法用锡钎焊贴补：

（1）选一略大于裂缝的薄铜板，厚约 0.5～0.8 mm。

（2）分别在薄铜板和裂缝部位的贴合面上镀锡。

（3）将补片镀锡的一面贴于待补位置上，用烙铁加热，使两贴合面的焊锡熔合在一起。

（4）沿补片的边缘加焊料填充焊缝，使焊缝均匀光洁。

6）散热器芯管损坏的修复

散热器芯管损坏可用接管法修复：

（1）用尖嘴钳拆去破损芯管两边的散热片，剪下芯管的破损部分，切口剪成约15°～30°斜口。

（2）选一段比待接部分长 5～10 mm 的接管，两端的斜口角与上相同。并将两端口稍加扩张，使之恰能套住待接的芯口。分别在各接合口上镀锡。

（3）从散热器芯子端部插入通条，穿过镶接部分的上下口，将各接口整理平直，使之衔接部位互相贴合套位。

（4）接口处涂上焊剂，用铬铁焊接。

（5）芯管镶接后，用 0.3～0.6 mm 的铜板制成 W 形状的卡条，卡于接管两侧，恢复散热效能。

7）散热器的清洗

拆下散热器，先用压缩空气和清水清洗外部，然后放在 10％～15％氢氧化钠或铬酸水溶液内，煮洗约 0.5 h，取出后用清水冲掉散热器水垢。如果积垢严重，应拆去上、下贮水室，用通条清除水管内积垢，然后再用压缩空气或清水洗净内部。

2. 风扇的检修

1）风扇叶片的检查

风扇叶片出现变形、弯曲、破损后，应及时更换风扇。由于风扇连接板强度不足或其他原因，使风扇叶片向前弯曲或扭转变形，破坏了风扇叶片原设计的角度，使其丧失平衡性能，不但会影响通过散热器的空气流速和流量，降低了散热器的冷却能力，甚至打坏散热器，加速水泵轴承、水封的损坏，还会大幅度增大风扇的噪声。

2）风扇离合器的检查

发动机熄火后，用手转动风扇，应能平稳转动，并有阻力感。如果转动不平顺、转动阻力过大或没有阻力，应更换离合器总成。

带有硅油离合器的风扇，如果在轮毂轴外面有油迹出现，或离合器前端的双金属圈感温器潮湿并覆盖有灰尘和油污，表明硅油泄漏。用手转动冷却风扇，在发动机冷车时硅油离合器应只有很小的阻力，热机时转动阻力要大一些。如果无论在热车和冷车时硅油离合器上的风扇叶片都可以容易地转动，说明硅油离合器失效，应予更换。

3）电动风扇的检查

部分发动机的电动风扇是由冷却液温度和空调系统控制的，风扇热敏开关装在散热器上，如果冷却液温度达到正常工作温度的上限，开关触点闭合使风扇运转；当冷却液温度下降到预定值时，开关触点断开，风扇停止工作。风扇电动机或由电源开关和搭铁线直接供电，或通过继电器供电。有些发动机的冷却风扇由动力模块控制，动力模块从发动机冷却液温度传感器获取温度信号，进而控制风扇的工作。若发动机温度升高后风扇不转，应检查温控开关、冷却液温度传感器、风扇电机、继电器及相关线路等。

3. 冷却液温度传感器的诊断与检测

用故障诊断仪读取故障码和数据流，如果有温度传感器的故障码，或温度传感器信号电压、温度值与规定不一致，或怀疑温度传感器有故障，应检查温度传感器及其电路。万用表检测温度传感器及其电路的方法如表 4 - 2 所示。

表 4 - 2　冷却液温度传感器及其电路的检测方法

检测项目	检 测 方 法	图 示 说 明
传感器信号电压	点火开关置于"ON"，用万用表测量端子"3"与"1"间的信号电压，应与规定一致，否则说明温度传感器电路有故障	

（续表）

检测项目	检 测 方 法	图 示 说 明
传感器电源电路	断开传感器连接器，点火开关置于"ON"，用万用表测量连接器插头端子"3"与搭铁间的电压，应与规定一致，否则说明线路或PCM有故障	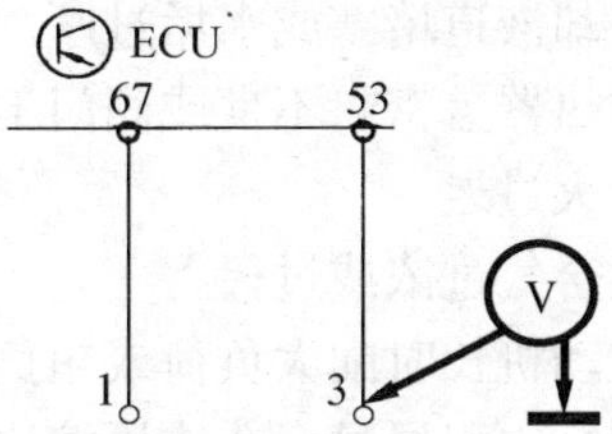
传感器搭铁电路	断开传感器连接器，点火开关置于"OFF"，用万用表测量连接器插头端子"1"与搭铁间的电阻，应与规定一致，否则说明线路或PCM有故障	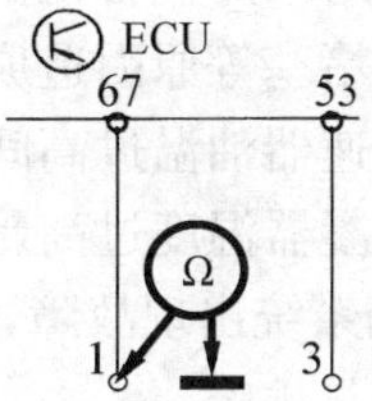
传感器	断开传感器连接器，点火开关置于"OFF"，拆卸传感器并置于加热水槽中，用万用表测量连接器插座端子"1"与"3"间的电阻，电阻应随温度的升高而减小，并与规定一致，否则说明传感器有故障	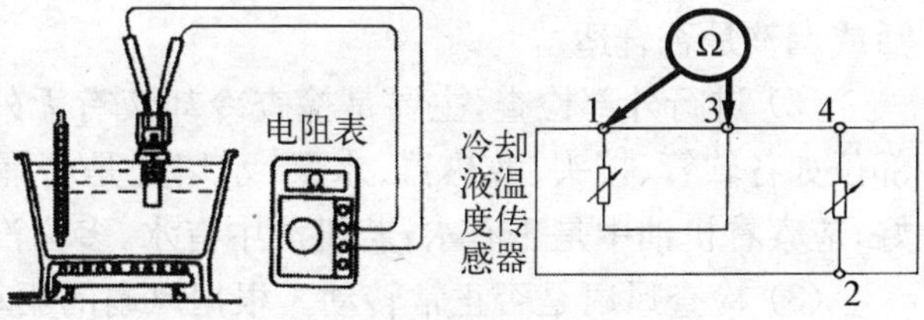

三、冷却液温度过高故障的诊断与排除

1. 故障现象

运行中的汽车，仪表板上冷却液温度表指针经常指在100℃以上或指针长时间处在红色区，冷却液温度报警灯闪烁，散热器内的冷却液出现沸腾现象。

2. 故障原因

造成发动机过热的原因有很多，涉及发动机的各个组成系统（起动系统除外），还与发动机的合理使用有关，具体原因分析如下：

（1）冷却系统的接头、软管、水封和水堵等部位漏水，造成冷却液不足。现代轿车所用的冷却液大多为有色液体，如果冷却系统出现漏水的现象，在漏水的部位会出现冷却液的颜色。

（2）电动冷却风扇电机损坏或温控开关损坏。冷却液温度上升后如果风扇不转，则应检查是否为温控开关损坏，可直接短接风扇电机的接线端子，若风扇运转，则说明风扇电机良好，温控开关有故障。

（3）电动风扇转速过低，硅油式风扇离合器工作不良。

（4）冷却风扇装反、扇叶角度变小或新换的风扇不符合要求。

（5）节温器功能失效，不能进行大循环或者大循环不畅。

（6）散热器水垢过厚、堵塞或散热片过脏、变形、损坏。

（7）散热器的防护罩损坏或安放位置不对。

（8）汽缸垫损坏，使高温气体进入到冷却系统。

（9）水泵工作不良，皮带打滑或断裂。

（10）冷却液道堵塞或水垢过厚。

（11）散热器盖密封不良或阀门工作不良。

（12）点火过迟。

（13）混合气过浓或过稀。

（14）发动机长时间大负荷或超负荷工作。

（15）汽缸内积炭过多造成压缩比过大、缸压过高。

（16）防冻剂与水的混合比例不正确。

（17）排气管堵塞等原因造成的排气不畅。

（18）自动变速器油温过高间接导致冷却液温度过高。

（19）空调冷凝器温度过高影响冷却系统的散热。空调冷凝器一般安装在冷却系统散热器的前端，若空调系统出现故障，也会影响到冷却系统的散热。

3. 故障诊断与排除

（1）检查百叶窗能否完全打开。若百叶窗开度不足，应检查百叶窗连杆机构运转是否灵活或调整是否合适。

（2）进行外部检查，主要是检查冷却液有无外部泄漏和冷却液的含量。检查冷却系统各部位如各软管、接头、散热器、水泵、水堵处是否漏水；检查冷却液的含量；若各个部位密封良好，应察看机油中是否有水；若机油中有水，多为汽缸垫损坏或汽缸体破裂所致。

（3）检查风扇是否正常转动。根据风扇的驱动形式不同，分别检查风扇皮带是否过松、沾有油污、磨损过甚引起打滑；检查硅油风扇离合器是否工作良好；电动风扇是否有高速运转，若没有高速运转或运转有异响，应检查风扇电机、温控开关、继电器和线路是否损坏。若电动风扇不转，应检查风扇电路。

电动风扇有高速和低速两挡，如捷达轿车发动机温控开关的控制温度范围：风扇 1 挡接通温度为 92～97℃，断开温度为 84～91℃；风扇 2 挡接通温度为 99～105℃，断开温度为 91～98℃，检查时应注意风扇是否只在 1 挡运转。

（4）若风扇转动正常，应检查风扇的风量。经验方法是：风扇转动状态下，将一张白纸放在散热器前面，若白纸被牢牢地吸住，说明风量足够。否则检查风扇叶片方向是否装反；风扇叶片角度是否合适；集风罩是否损坏。

（5）检查散热器外部是否变形。检查散热器的空气通道是否通畅，若有灰尘或杂物吸附在散热片上，可用压缩空气清理，并梳理好变形的散热片。

（6）检查散热器内部是否堵塞。逐渐提高发动机的转速，观察散热器出水胶管是否被吸瘪。若胶管被吸瘪，说明散热器内部堵塞严重，应予以清洗。

（7）检查水泵是否正常工作。先检查水泵皮带是否过松、轴承是否松旷、水泵是否漏水等，就车检查水泵的泵水能力。打开驾驶室内的暖风开关，若驾驶室内持续有热风，说明水泵工作正常，若驾驶室内的热风时有时无，说明水泵工作不良或没有工作，应拆检水泵。

（8）检查节温器是否工作正常。检查散热器上、下水管的温差。用手试触摸散热器上、下水管和发动机的温度，感觉其温差，若发动机和上水管温度很高，而散热器下水管温度较低，说明冷却系统大循环不良,可能是节温器没有开启或开启不足。

(9) 检查有无汽缸垫烧损现象。发动机若发生汽缸垫烧蚀时,常伴有排气管排出的废气含有大量的白烟或水珠,发动机的动力出现严重不足。

(10) 若以上检查正常,发动机温度过高的同时,其动力明显下降,这时应检查点火时间是否准确;混合气是否过稀或过浓;进排气门间隙是否过大;燃烧室积炭是否过多等。

(11) 对于长期未清洗水垢的发动机,应检查水套内水垢是否过多。检查方法是:将冷却液全部排出,再加满冷却液并计量注入的容积。若比规定值明显减少,则减少的容积即为水垢所占容积。

(12) 对于安装自动变速器的汽车,若自动变速器油需要冷却,需要将自动变速器油引到冷却系统进行冷却,自动变速器油温过高也能引起发动机过热,应分别进行检查。

发动机温度过高的故障诊断流程如图 4-14 所示。

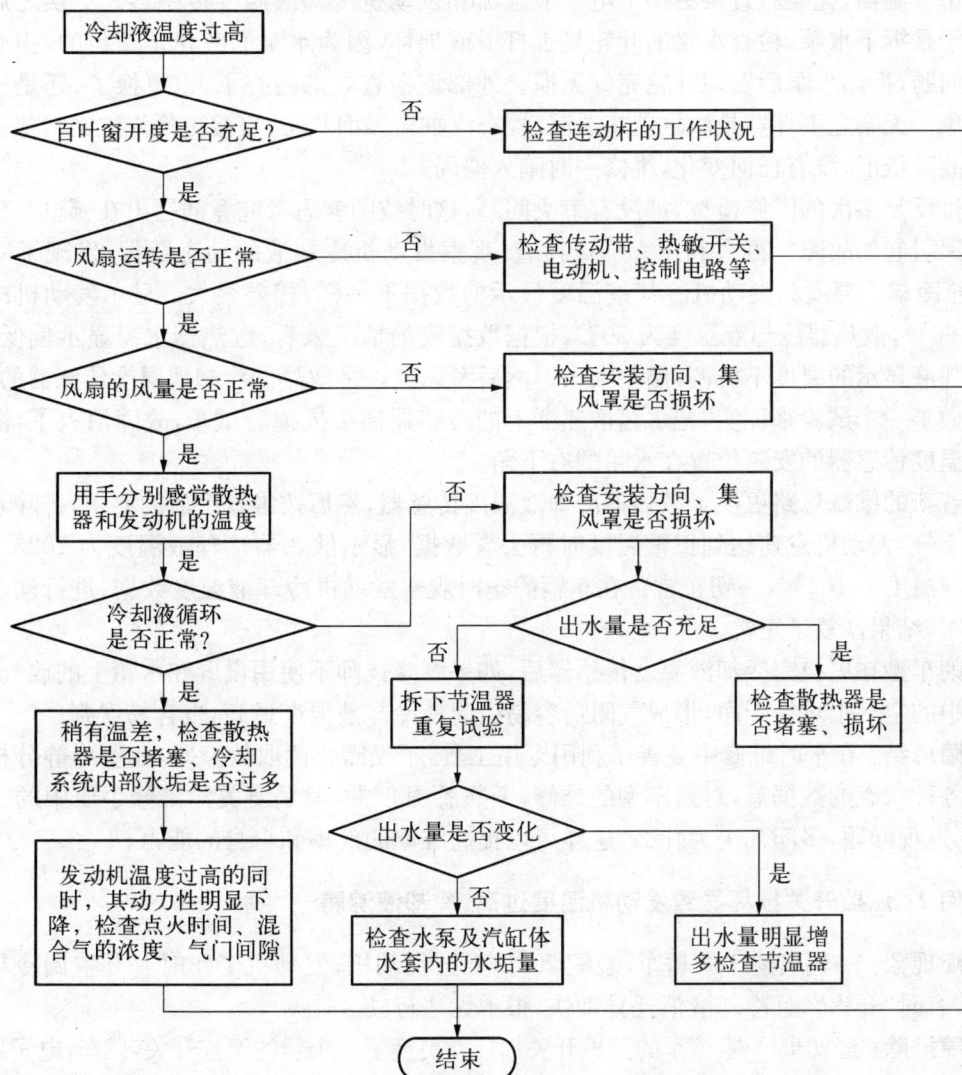

图 4-14　发动机温度过高的故障诊断流程

任务实施

案例 1：2010 款上海通用英朗发动机高速时水温高

故障现象：一辆英朗发动机高速时水温显示偏高，但怠速状态下水温却正常。

故障诊断：技师用诊断仪检测时发现有故障码：P00B400，水箱冷却液温度（RCT）传感器高电压。进一步观察怠速工况发动机温度到 108℃时风扇可以正常运转，冷却液温度也会慢慢降下去。但只要开始行驶或者保持发动机转速在 3 000 r/min 时，发动机温度呈直线上升，而在温度达到 108℃时风扇同样会工作，反常的是冷却液温度不下降，反而是直线飙升到发动机冷却液开锅。

维修技师根据此故障现象，首先想到的是节温器或冷却液温度传感器坏了。英朗车型用的是电子节温器，凭经验直接更换了电子节温器和发动机冷却液温度传感器。更换之后故障依旧。于是拆下水泵，检查水泵的叶轮是否打滑或损坏，因为水泵的叶轮是塑料的，担心叶轮容易出问题，拆卸水泵后发现叶轮完好无损。外部该检查的都检查了，也更换了，还是一样的故障现象。无奈之下怀疑是汽缸盖垫泄漏，检查汽缸盖表面状态，直接更换汽缸密封垫。装配后试车故障依旧，没有任何变化，维修一时陷入僵局。

经过反复多次的维修检查，都没有解决问题，这时技师就思考究竟问题出在哪里？到底是什么原因引起的故障？再次利用 GDS2 检查，观察发动机冷却液的动态数据，发现了一个问题：水箱冷却液温度和发动机冷却液温度显示的数据不一样，相差很大。显示发动机冷却液温度为 90℃，散热器冷却液温度为 50℃，根据数据流的情况来看，散热器水温显示偏低，与发动机冷却液显示的温度不协调，温差太大。然后考虑或许是散热器冷却液温度传感器的故障，此时还做了一个试验来证实，把水箱散热器上的传感器插头拔掉后试车，故障消失了，散热器冷却液温度传感器的安装位置在水箱的右下角。

循着新的维修思路更换了散热器冷却液温度传感器，然后按维修手册的要求，排除系统中残留的空气，发动机怠速达到正常温度时再去看数据，显示散热器冷却液温度为 102℃，发动机冷却液温度为 105℃，一切正常。在车辆静态时观察发动机冷却液温度数据，进行动态各工况的试车，结果恢复了正常。

英朗车型在更换完冷却液温度传感器后，如果维修技师不使用设置在水箱上的放气孔，冷却系统中的空气很难排干净，形成气阻后容易引起使冷却液温度过高，也容易误判。

故障总结：在平时维修中要善于利用专用工具，不仅需要读取故障码，还要冷静分析故障原因和各种状态的数据流，对新车型的维修，不熟悉很正常，但是要关注维修手册中的工艺要求，善于发现问题，多问几个为什么，这样可以提高维修的效率和自身的能力。

案例 2：温控开关损坏导致发动机温度过高，冷却液沸腾

故障现象：一辆奥迪 100 轿车，装配 2.2E 五缸发动机，发动机工作时一开空调冷却液温度就高，有时"开锅"，且冷却液消耗异常快，根本无法行驶。

故障排除：经初步检查，该车的温控开关损坏。更换了一个新的温控开关，试车，电子风扇高低挡都有，冷却液温度正常。但两天以后，车主反映汽车行驶到 60 km/h 后，冷却液还是过热沸腾。

于是对冷却系统重新进行全面检查。拆下节温器检查，正常；拆下水泵检查，正常；对散热

器进行了清洗,并更换了冷却液,试车,情况有所好转,但冷却液温度还是偏高。检查点火系统和燃料系统,均正常。这时怀疑新更换的温控开关有问题,从另外一辆冷却液温度正常的奥迪车上拆下温控开关,装在该车上实验,一切正常。

因此确定是配件有问题。劣质温控开关在冷却液温度达到一定高度时,虽然也能使电子风扇转动,但在电子风扇开始转动时,冷却液温度已经偏高了,即电子风扇运转时与冷却液温度的升高不对应,导致冷却液温度偏高,甚至"开锅"。从原生产厂家购买了一个温控开关,安装后试车,故障彻底排除。

这类故障提醒大家:遇冷却液温度表显示温度已接近红线或冷却液温度警告灯亮,请勿继续行车,应立即检查看风扇是否运转正常。若要检查或添加冷却液,应在发动机自然冷却后进行,切忌用冷水直接往发动机上泼,这样会造成发动机汽缸体由于骤冷而炸裂。并切忌立即开盖,以免造成人员烫伤。检查冷却液是否足够时,用湿毛巾盖着,将散热器盖拧松,放出蒸汽后,再检查是否需要加入冷却液。

案例3:温控开关的安装孔周围结垢过多导致发动机温度过高,冷却液外溢

故障现象:一辆奥迪A6轿车在市区无法正常行驶,怠速运转时间一长,发动机冷却液温度就会过高,同时仪表板中的冷却液温度警告灯点亮,冷却液从储液罐的上盖中溢出。停车检查,发现电动冷却风扇不转。

故障排除:试车,发动机怠速运行40 min后,出现冷却液温度过高而风扇不转的现象。用手摸上、下水管,感觉温度基本一致,这表明发动机的冷却循环系统是正常的,而且怠速运行40 min才出现故障,说明冷却系统的冷却效果也是良好的。因此判定发动机冷却液温度过高是由于温控开关不起作用,使电动冷却风扇不能正常工作造成的。因为车主反映上次换的温控开关质量不好,于是又换了一个新的温控开关,试车,故障仍然没有排除。

发动机熄火后,用手摸温控开关周围的水槽壁,感到烫手,而摸温控开关铜帽部位并不太热,说明温控开关所感受的温度与冷却液本身的温度不同步,不能及时准确地反映发动机冷却液的温度,从而造成发动机冷却液温度过高,而电动冷却风扇不转的故障。经过分析认定,温控开关周围可能存有异物。再次拆下温控开关,发现安装孔不向外流冷却液。此前更换温控开关时,因怕冷却液损耗,所以更换动作非常快,再者上次认为故障点不在此,所以也没有注意到这一现象。用起子捅该孔,冷却液突然从该孔流出并掉出一块水垢,故障原因原来在此。

据车主叙述,该车已行驶15万km,冬季使用冷却液,夏季使用自来水。由于温控开关为铜质材料,容易结垢,慢慢地就在温控开关周围结成了水垢层,把冷却液与温控开关隔绝开来。水垢传热能力差,所以温控开关感受到的温度总是比冷却液的实际温度低,从而造成发动机冷却液温度已经很高了,而温控开关本应在98℃就闭合的低速触点仍然不能闭合,致使电动冷却风扇不能工作。

轿车发动机无论在什么季节都应该加注合格的冷却液,一定不能加自来水,并应该按照使用说明书的规定定期更换。在有效期内,冷却液不仅可以防冻,而且还有除垢、防腐和提高散热能力等作用。在标准大气压下,水在100℃即开始沸腾,而现代轿车规定发动机冷却液在温度达到105℃时沸腾,因此现代轿车发动机用水做冷却介质无法完全满足发动机的散热要求。另外,发动机加水后不但很容易结垢,而且还容易腐蚀汽缸体、汽缸盖,从而影响发动机的散热能力,缩短发动机的使用寿命。

对温控开关的安装孔内部周围进行清洁,装上原来的温控开关,重新加注冷却液后试车,故障排除。

案例4：节温器损坏导致发动机温度突然过热

故障现象：现代索纳塔轿车行驶中发动机冷却液突然"开锅"。

故障排除：检查发动机，工作平稳，动力性良好，机油、排气等也无异常现象，排除了汽缸垫冲坏的可能。打开空调开关，散热器主电扇不转；用手扳动风扇，感觉发卡。拔下通往电动风扇的插座，直接用导线与蓄电池连接，电动风扇也不转。换上新的电动风扇，打开空调开关，电动风扇工作正常。但起动发动机后，冷却液温度上升很快，行驶不到2 km，发动机仍然"开锅"，且温控开关不能接通风扇工作。

触摸散热器上、下贮水管，上贮水管不太热，下贮水管烫手，因此判断节温器损坏，不能正常开启，隔断了发动机水套与上贮水管、散热器之间的通路，冷却系统不能正常进行大循环。温控开关装于节温器之后，始终达不到工作的温度，故风扇不转。

拆下节温器，放入热水中检验，节温器不能开启。更换新节温器后试车，冷却液温度正常，故障排除。

拓展提升

冷却系统的排气

冷却系统的空气量过多将使循环水量减少，导致发动机过热；且空气的存在会形成气穴，造成汽缸体、汽缸盖裂纹。若冷却系统含有空气，其腐蚀速度将是正常情况的3倍。

当向冷却系统重新加入冷却液时，冷却系统内可能滞留部分空气而使冷却液难以加足。这时应拆下最高位置的水管，使冷却系统内的空气排出，可避免空气滞留。有些发动机在节温器壳体或发动机冷却液水道上安装有放气螺塞，松开放气螺塞，也可释放内部的空气。

加注冷却液时一般应打开暖风水阀，按维修手册规定的放气程序排气。下面以别克荣御发动机为例，介绍冷却系统的排气方法。

（1）关闭发动机，从位于发动机左前侧的冷却液出口管壳体上拆卸冷却液加注口盖，如图4-15所示。

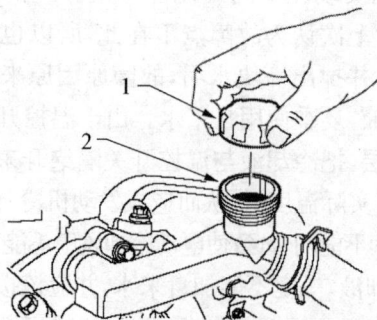

图4-15　冷却液加注盖的开启

1-加注盖；2-壳体

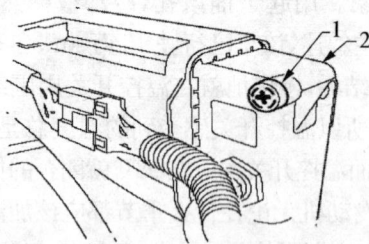

图4-16　放气螺塞的位置

1-放气螺塞；2-散热器水室

注意：在拧开冷却液加注口盖前，盖上厚布并缓慢将其拧开，开始泄压。在压力完全释放之前，禁止继续拧开，以避免造成人身伤害。

（2）如图4-16所示，打开散热器水室2右侧顶部的散热器放气螺塞1。

（3）如图 4-17 所示，通过冷却液出口管壳体上的发动机冷却液加注管 2 添加冷却液，直到冷却液从散热器放气螺塞孔流出。

（4）当冷却液从放气螺塞孔流出时，关闭放气螺塞并继续加注直到加满。

注意：起动发动机前禁止装回冷却液加注口盖；不装回加注口盖可在不增加压力的情况下预热发动机。

（5）重新连接蓄电池搭铁线。

（6）起动发动机并将暖风、通风和空调系统（HVAC）控制钮设在：最暖、低速风扇、空调关闭状态。

（7）使发动机在约 2 000r/min 的转速下运行，预热发动机，直到风扇开关接通。

（8）散热器风扇开关接通时，使发动机怠速运转；风扇关闭时，将发动机熄火。

（9）打开散热器放气螺塞。

（10）添加冷却液，直到冷却液从散热器放气螺塞流出。

（11）拧紧散热器放气螺塞。散热器放气螺塞的拧紧力矩为 $1\sim1.5$ N·m，禁止过度紧固，如果螺纹损坏，必须更换散热器总成。

（12）加满冷却液并安装好冷却液加注口盖。

（13）将散热器冷却液储液罐加满至液面尺上的最高标记，如图 4-18 所示，安装冷却液储液罐盖。

注意：这种条件仅适用于冷却液大量流失后第一次加注。一旦发动机起动并达到正常工作温度时，储液罐中的冷却液液面开始下降，液面应保持在液面尺两个箭头"A"之间。

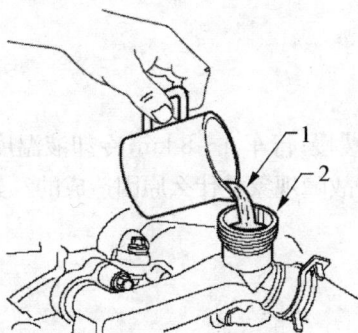

图 4-17　冷却液加注
1-冷却液；2-加注口

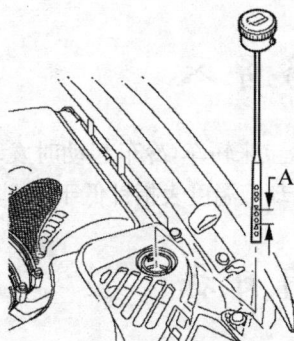

图 4-18　液面尺标记

测试习题

一、填空题

1. 发动机的冷却方式一般有_____和_____两种。

2. 发动机冷却水的最佳工作温度一般是_____℃。

3. 冷却水的流向与流量主要由_____来控制。

4. 水冷系冷却强度主要可通过_____、_____和_____等装置来调节。

5. 解放 CA6102 型发动机水泵采用_____水封,其动环为_____件,装于_____,静环为_____件,装于_____。

6. 散热器芯的结构形式有_____和_____两种。

7. 解放 CA6102 型发动机冷却系统大循环时,冷却水主要由水套经_____、_____和_____又流回水套。小循环时,冷却水主要由水套经_____、_____和_____流回水套。

二、判断题

1. 发动机在使用中,冷却水的温度越低越好。　　　　　　　　　　　　　　　　（　　）

2. 风扇工作时,风是向散热器方向吹的,这样有利于散热。　　　　　　　　　　（　　）

3. 任何水都可以直接作为冷却水加注。　　　　　　　　　　　　　　　　　　（　　）

4. 采用具有空气-蒸气阀的散热器盖后,冷却水的工作温度可以提高至 100℃ 以上而不"开锅"。　　　　　　　　　　　　　　　　　　　　　　　　　　　　　　　　（　　）

5. 发动机工作温度过高时,应立即打开散热器盖,加入冷水。　　　　　　　　　（　　）

6. 蜡式节温器失效后,发动机易出现过热现象。　　　　　　　　　　　　　　　（　　）

7. 蜡式节温器的弹簧,具有顶开节温器阀门的作用。　　　　　　　　　　　　　（　　）

8. 硅油风扇离合器,具有降低噪声和减少发动机功率损失的作用。　　　　　　　（　　）

9. 膨胀水箱中的冷却液面过低时,可直接补充任何牌号的冷却液。　　　　　　　（　　）

10. 风扇离合器失效后,应立即修复后使用。　　　　　　　　　　　　　　　　（　　）

任务二　冷却液温度过低的诊断与排除

任务导入

一辆大众宝来轿车,冷车起动时发动机温度提升缓慢;行车 4～8 km,冷却液温度表指针不到 1/3;跑长途冷却液温度表指针低于 1/5 处。请问,这种故障现象是什么原因造成的? 如何排除?

学习目标

1. 熟悉冷却系统零部件的结构特点。

2. 掌握冷却液的检查和更换方法。

3. 掌握造成冷却液温度过低的故障原因。

4. 熟练排除冷却液温度过低的故障。

相关知识

一、冷却系统的主要组成部件

1. 水泵

水泵的作用是对冷却液加压,使之在冷却系统中加速循环流动。水泵的结构形式有多种,但由于机械离心式水泵具有结构简单、尺寸小、出水量大,因此机械离心式水泵在汽车发动机上得到了广泛的应用,如图4-19所示。

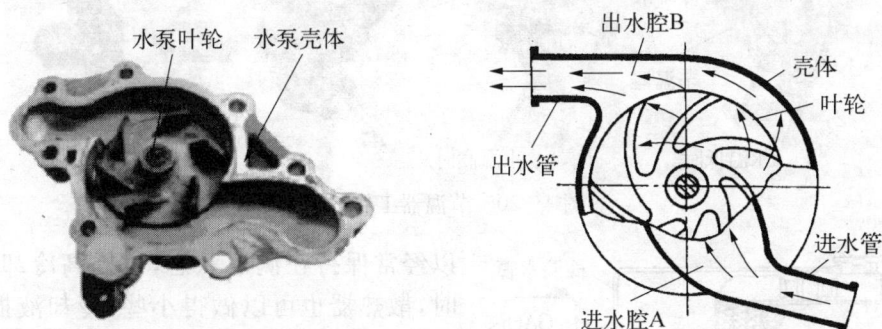

图4-19　水泵

　　水泵主要由泵壳、泵盖、叶轮、水泵轴、轴承和水封等组成。水泵的前半部分为水泵轴的轴承座孔,后半部分为叶轮工作室,泵壳上设有大循环进水口和小循环水管接口。泵盖和衬垫用螺钉安装在泵壳体上,用来密封叶轮工作室。在泵盖上设有出水孔,水泵安装后出水孔与位于汽缸体水套内的分水管相通。

　　水泵轴通过轴承支撑在泵壳内。对于进口汽车发动机装用的水泵,水泵轴与轴承多数为不可分解的整体结构;国产汽车发动机装用的水泵轴一般采用两个轴承支撑,两轴承间用隔套定位。

　　叶轮通过其中心孔切削平面与水泵轴承配合,并用螺钉紧固。水泵轴前端伸出泵壳,带动轮毂通过半圆键与水泵连接,并用螺母连接。风扇带轮用螺钉安装在轮毂上。

　　水封安装在叶轮前面的泵壳座上,用于防止叶轮工作室的水漏出。水封多采用石墨密封结构,主要由密封圈、水封、弹簧和弹簧垫圈组成。安装时,弹簧有一定的预紧力,使叶轮、密封圈、水封、泵壳之间各接合面紧密连接,以保证密封。水封组件为固定件,当水泵工作时,滑磨发生在叶轮与密封圈之间。在水泵轴支撑轴承后面的水泵轴上装有挡水圈,以防止水封漏水时浸湿轴承而破坏润滑,漏出的水被水圈挡住后可由泄水孔漏出。

　　2. 节温器

　　冷却系统利用节温器来控制通过散热器的冷却液流量。节温器按结构可分为蜡式、双金属式和折叠式。目前多数发动机采用蜡式节温器,某些轿车采用双节温器结构。

　　节温器一般装在发动机汽缸体(汽缸盖)的出水口上,也有的装在进水口处。当冷却液温度过低时,节温器阀门关闭时,切断了发动机汽缸体水套与散热器的循环回路,冷却液不经过散热器,只在水套与水泵间循环(即小循环),从而防止发动机过冷,并使冷机迅速而均匀地热起来。而当冷却液温度足够高时(80℃以上),节温器阀门应打开,接通发动机汽缸体水套与散热器的循环回路,冷却液全部经过散热器进行循环(即大循环),使冷却液温度下降,保持发动机在正常的温度下工作,如图4-20所示。

　　3. 膨胀箱

　　如图4-21所示,膨胀箱(又称补偿箱)通过橡胶水管与散热器加水口处的出气口相连。当冷却液温度升高体积膨胀时,散热器中多余的冷却液流入膨胀箱;当冷却液温度降低体积收缩时,散热器内产生一定真空,膨胀箱中的冷却液又被吸回散热器中。这样散热器可

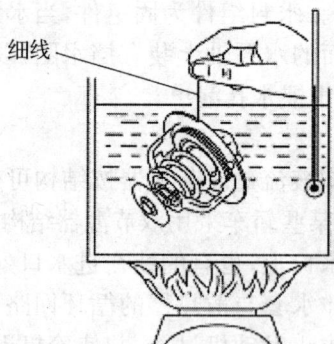

图 4-20　节温器工作过程

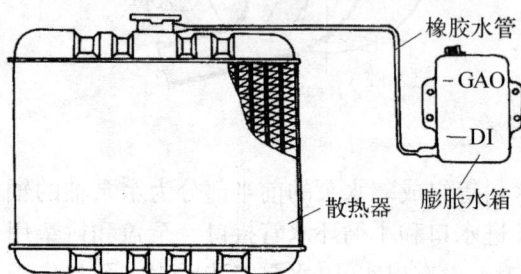

图 4-21　冷却液补偿箱

以经常保持在满水状态,以提高冷却效果。同时,散热器也可以做得小些,冷却液损失很少,驾驶员也不必经常检查冷却液量。膨胀箱上印有两条液面高度标记线:"DI"(低)与"GAO"(高),或者"FULL"(充满)与"ADD"(添加)。冷却液温度在 50℃ 以下时,液面高度不应低于"DI"(ADD)线,否则需补充冷却液;补充冷却液时从膨胀箱口加入,高度不要超过"GAO"(FULL)线。

二、冷却系统主要组成部件的检修

1. 节温器的检修

1) 节温器的检查

如图 4-22 所示,拆下节温器,将节温器和温度计放入水中加热,观察节温器打开及全开时的温度与升程,不符合要求则更换。

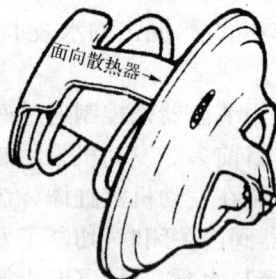

图 4-22　检查节温器　　　图 4-23　石蜡感应体方向

如桑塔纳发动机节温器在冷却液温度 85℃ 时开始打开,105℃ 时完全打开,全开时阀门升程不小于 7 mm。丰田 2JZ-GE 发动机蜡式节温器 82℃ 时主阀门开始打开,95℃ 时完全打开,升程为 8.5 mm。

2) 节温器的安装

安装时,要确保节温器的正确位置和方向,通常节温器的石蜡感应体朝向发动机汽缸体,同时应注意使其摆动式通气阀或通气孔向上。许多节温器上标有箭头,如图 4-23 所示;有些节温器设有允许吸入的空气流过的通风孔、"浮动"销（摇晃阀）或单向球阀，其安装方向必须正确，大多数情况下该装置必须朝上或按发动机维修手册的要求安装。

2. 水泵的检修

1）水泵的拆卸

（1）把发动机安放在维修工作台上，排放冷却液。

（2）拆下同步带上、中防护罩，将曲轴调整到第 1 缸上止点位置。

（3）拆卸驱动 V 带，拆卸风扇电动机。

（4）拆下凸轮轴上的同步带，但不必拆下曲轴 V 带轮，注意保持同步带在曲轴同步带轮上的位置。

（5）旋下螺轮，拆下同步带后防护罩，旋下水泵，将其拉出，如图 4 - 24 所示。

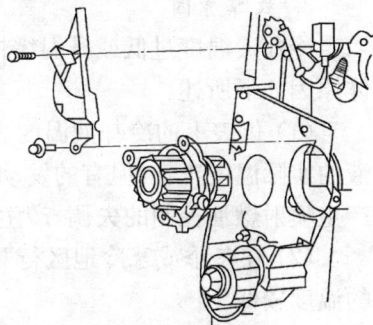

图 4 - 24　水泵的拆卸

2）水泵的检修

水泵常见的故障是带轮与水泵轴配合松旷、水封损坏漏水、泵壳或叶轮破裂等。

（1）轴承松旷。停机后用手板动风扇叶片，查看带轮与水泵轴配合是否有明显松旷，如有松旷，则表明带轮与水泵轴或带轮与锥形套配合松旷；检查风扇及带轮毂的螺栓，如松旷应拧紧；带轮仍松摆，则可能是水泵轴松旷，应分解水泵，检查轴承。当水泵轴轴颈及其轴承磨损严重时，使水泵轴的摆动量超过 0.10 mm，应更换新件。

（2）漏水。当水泵漏水时，应检查水泵衬垫、水泵壳的泄水孔。当水泵衬垫漏水时，应先检查水泵紧固螺栓是否松动，如松动应拧紧；如仍漏水，应更换衬垫。当水泵壳的泄水孔漏水时，应分解水泵，检查水封，如损坏应更换。更换水封总成后，应进行漏水实验：堵住水泵的进、出水口，将水注满叶轮室，转动泵轴，各处应不漏水。水封动环与静环接触面磨损起槽、表面剥落或破裂导致漏水时，应更换水封总成。

（3）破裂。泵壳出现裂纹可焊修或更换新件；水泵叶轮出现破损，应更换新件。

（4）水泵叶轮的检查。拆下并分解水泵，检查水泵叶轮是否松动、腐蚀、断裂。也可就车检查：运转发动机至正常的工作温度（节温器打开），用手握住散热器的软管，检查水泵流量的大小；在发动机加速时如能感觉到软管内冷却液流速随发动机转速的增加而加快，说明水泵的工作性能良好。

3）水泵的安装

（1）清洁 O 形密封圈表面，用冷却液浸湿新的 O 形密封圈。

（2）安装水泵，罩壳上的凸耳朝下。

（3）安装同步带后防护罩，拧紧水泵螺栓至 15 N·m。

（4）安装同步带（调整配气相位），安装驱动 V 带，调整松紧度。

（5）加注冷却液。拆卸后各密封圈及密封垫应全部换用新件。

水泵装配时各密封部件应加密封胶。装配后，用手转动带轮，应灵活无卡滞现象；用手摇动带轮，泵轴无明显松旷；检查泄水孔应通畅；工作时无漏水现象。

三、冷却液温度过低故障的诊断与排除

1. 故障现象

运行中的汽车发动机升温慢或发动机工作温度低，冷却液温度表指针经常指在 75℃以下,或冷却液温度表指针长时间达不到 90～100℃正常位置(升温缓慢),发动机动力不足,油耗增加。

2. 故障原因

冷却液温度过低或升温缓慢的原因主要是节温器不良或冷却液温度指示装置失效等,具体原因如下所述:

(1)仪表上的冷却液温度表或冷却系统的冷却液温度感应器损坏,指示有误。虽然冷却液的实际温度正常,但有的发动机控制系统将冷却液温度作为喷射燃油控制的一个信号,将会产生喷射燃油控制的失调,产生油耗较大、冒黑烟等故障。

(2)在冬季或寒冷地区行驶时,未及时关闭百叶窗或未采取发动机保温措施,使得发动机的温度较低。

(3)节温器漏装或阀门粘结不能闭合,发动机的冷却系统一直处于大循环系统。

(4)风扇离合器或温控开关结合过早,使风扇一直处于高速运转,造成冷却液温度过低的故障。

(5)冷车快怠速调整过低。

3. 故障诊断与排除

汽车发动机温度过低,使可燃混合气点燃困难或燃烧迟缓,造成发动机功率下降以及燃料消耗增加;润滑油黏度增大,不能进入运动机件的间隙,加剧零件的磨损,同时增大了功率消耗;因温度过低而未汽化的燃料对摩擦表面(汽缸壁、活塞、活塞环等)上油膜冲刷并对润滑油稀释,加剧了零件磨损。因此发动机温度过低必须及时排除,其程序如下:

(1)若环境温度较低,应检查百叶窗是否关闭,发动机是否采取了保温措施。

(2)检查冷却液温度表、传感器及线路是否正常。

(3)拆检节温器,用手触摸散热器上、下贮水管,如果上贮水管过热而下贮水管温度较低,温差很大,说明节温器可能未打开,冷却液不能进行大循环。在上、下贮水管温差并不十分明显的情况下,最好用红外线测温仪检测散热器上、下贮水管处的温度,比较其温差。通常在电动风扇刚一停止运转时,温差约为 20℃。

在进行冷却系统检修时,还必须弄清发动机冷却液的循环回路、节温器的安装位置、控制电动风扇运转的冷却液温度开关或冷却液温度传感器的安装位置等。很多发动机冷却液的循环回路比较复杂,图 4-25 为奥迪 A8 发动机冷却系统的循环回路。大多数控制电动风扇运转的冷却液温度开关装在散热器出水口一侧,如果节温器不能闭合,散热器出口

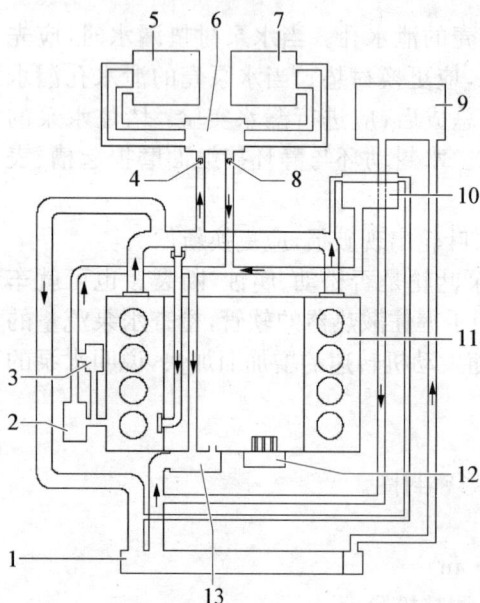

图 4-25　奥迪 A8 无驻车暖风系统的冷却系统冷却液循环回路

1-散热器;2-滤油器支架与机油冷却器;
3-发电机(水冷);4-放气螺栓(在到泵阀单元的软管上);
5-右侧空调器中的热交换器;6-泵阀单元;
7-左侧空调器中的热交换器;
8-放气螺栓(在泵阀单元的软管上);
9-自动变速箱齿轮油的冷却器;10-补偿箱;
11-汽缸盖和汽缸体;12-水泵;13-节温器

侧的温度低,温控开关又闭合,电动风扇自然会转动。

(4) 风扇运转时,观察冷却液温度表指示温度,判断风扇是否过早运转。对于装硅油风扇离合器的发动机,可在冷态起动发动机后观察风扇是否转动,如随发动机转速升高,风扇也由慢到快地转动,说明硅油风扇离合器出了故障,应及时进行检修使其正常工作。装有温控开关的发动机应检查温控开关是否过早闭合造成风扇提前运转。

(5) 检查冷车快怠速,如果冷车快怠速较低,应作相应的维修。

任务实施

案例1:2010款别克林荫大道水温不正常

故障现象:仪表发动机故障灯亮,水温表升得慢,发动机起动后冷却风扇低速运转,熄火后高速运转数分钟后停止。

故障诊断:客户因此故障在修理厂更换过水温传感器,故障没有排除,检修师测量水温传感器电路没发现异常,更换原厂水温传感器,试车,故障依旧。

TECH2读取故障码,故障码P0128——发电机冷却液温度ECT低于恒温器调节温度。查阅维修手册中的故障码说明,得到以下维修信息:发动机控制模块使用计算的发动机冷却液温度,以确定发动机是否已预热到闭环控制温度或节温器调节温度。如果冷却液温度没有正常升高或没有达到闭环控制温度,那么将发动机冷却液温度作为启用标准的诊断可能不会如期运行。发动机控制模块检测到实际的发动机冷却液温度为低于计算的节温器调节温度。

通过对故障码的解读,分析认为是发动机在暖机结束后,温度低于ECM中的温度值。发动机暖机过程中冷却液是小循环流动,有利于发动机快速升温,如果节温器大循环阀门关闭不严的话,将会导致升温缓慢。另外,冷却风扇常转也会影响到升温,引起冷却风扇常转的原因可能是电路故障,也可能是控制逻辑。控制逻辑方面与故障码有关,可以通过清除故障码再次起动来观察是否有变化。按照上述的分析,清除发动机模块故障码进行试车,再次起动发动机进行升温观察,冷却风扇没有常转,可以判定风扇的电路控制没有问题,风扇的常转是ECM在故障保护模式下的正常控制逻辑。通过触摸散热器上、下贮水管和对比升温时间时的温度变化,发现故障车上、下贮水管温差很小,存在大循环关闭不严的可能性。于是对节温器进行拆解检查,发现节温器的阀门密封圈已老化变形,无法有效密封。更换节温器后故障排除。

故障总结:通过对该故障的排除,对发动机暖机温度控制有了进一步的认识:正常温度这个概念不单是指从初始温度升到正常温度;模块根据外界温度预设的升温时间,有没有在预设的运行时间范围内达到正常温度。如果在设定发动机暖机时间,水温没有升到正常温度,ECM设置故障码并进入故障保护模式,主动控制冷却风扇低速运转。

案例2:冷却液温度传感器安装位置不当,导致发动机寒冷季节升温缓慢

故障现象:装备ANL发动机的捷达CEX轿车,怠速升温慢。将发动机在高转速下升到正常温度后,继续怠速运转或车辆低速行驶,冷却液温度表指针会回落,严重时将回落到冷却液温度表第一格处;高速行驶时冷却液温度回落的幅度较小。冷却液温度低时,发动机明显加速无力,发闷,且费油。

故障排除：当接到派工单后，试车。当把发动机冷却液温度升到风扇Ⅰ挡转动时，冷却液温度表指针指示到中间格，说明线路正常。一般情况下，节温器常开，始终为大循环，行驶起来肯定冷却液温度低。机修工更换节温器后继续观察，故障依旧，由于故障现象比较特殊，除节温器外，还可能是线路故障，于是分别更换了组合仪表、冷却液温度传感器；不通过中央电器盒，将组合仪表到冷却液温度传感器之间的线直接短接，冷却液温度表传感器搭铁线直接接到电瓶负极上，重新检查，紧固所有车身搭铁线，分别试车，故障仍未排除。维修工怀疑冷却液温度传感器安装位置有问题，将冷却液温度传感器安装支架翻转180°，将传感器由下转到上边，试车，故障仍旧；同时检修了其他相关的部件，仍旧没有排除故障。

根据试车情况分析，冷却液温度表虽然指示低，但暖风始终比较热，说明实际温度不低。所以判断一定是冷却液温度表传感器的安装位置有问题，必须经过技术改造才能解决，否则再怎样换件、试件也不能解决根本问题。于是决定改动冷却液温度传感器的安装位置。将冷却液温度传感器由原安装位置改到汽缸盖后出水口到暖风水箱的这根管上，试车，故障完全排除。

故障分析：这种冷却液温度低的故障现象，只有在北方寒冷地区才会出现，而在南方或天气温暖的地区就不会出现。这辆车是在环境温度为−30℃左右来报修的。环境与发动机的温差较大时，二者之间的热能交换使冷却液温度迅速下降，当节温器关闭后水箱上贮水管的温度逐渐下降，直到冷却液温度传感器安装点上的冷却液温度也被降下来，致使冷却液温度传感器不准。但同是JETTA车的ACR、ABX发动机，其冷却液温度传感器安装的位置与ANL发动机相同，却没有冷却液温度低的现象，这与发动机的设计结构有关，ACR、ABX的水泵装在汽缸体外侧，而ANL装在汽缸体内侧。另外，水泵的驱动方式也不一样。

案例3：节温器阀门卡死，导致发动机寒冷季节温度过低

故障现象：一辆大众宝来轿车，天冷后，冷车起动时冷却液温度提升慢；行车4～8 km，冷却液温度表指针不到1/3；跑长途冷却液温度低于1/5处；冬季暖风温度低。

故障排除：打开散热器盖，从加液口观察散热器中的冷却液；冷起动发动机，冷却液随即流动起来。这说明冷却液在冷起动时就已经进入大循环，故障点应该在节温器。

冷却液大循环路线和小循环路线的变更是由节温器来控制的。当节温器损坏时，阀门不能关闭，冷却液就直接进入大循环路线，导致冷却强度过大，发动机升温缓慢；当环境温度低时，就不能上升到正常的工作温度。

拆下节温器，发现节温器阀门已经卡死，始终处于打开状态。更换节温器后故障排除。

拓展提升

冷却液的反向流动

传统的冷却液流动路线是从水泵流经发动机汽缸体，然后再上升流入汽缸盖。由于汽缸盖比汽缸体温度更高，需要更充分的冷却，因此冷却液反向流动的概念被提了出来，这种设计首先出现在雪佛兰汽车部的克尔维特LT1轿车上，并且逐渐在其他轿车上开始流行。

这种冷却方式是让冷却液首先流经汽缸盖，然后再进入汽缸体的水泵。在克尔维特LT1轿车上，水泵是由凸轮正时链轮后面的一个齿轮传动装置上的轴驱动的，因而没有皮带驱动所

存在的侧向载荷,也就不会使轴承和密封受到损害。这种冷却系统比以前的克尔维特发动机输送的冷却液数量少,但是传递热量的效果并不差。

节温器位于水泵入口一侧,正好与传统冷却系统的位置相反。这样布置减少了通常较冷的冷却液进入汽缸体时所造成的热冲击。当节温器关闭时,高通行能力和低阻力的旁通回路可使冷却系统的压力降到只有传统冷却系统的1/3。这也是一项防止泄漏的措施。

为了阻止水汽的生成,在这种冷却系统中有一种不寻常的放气装置。拧入汽缸盖后端的放气装置连接着一个导管,可以放掉汽化的乙二醇和空气,使水泵消除了空穴,可以更好地传递热量,并且减轻了腐蚀。这个导管通向一个加压的蓄水器,该蓄水器安置在发动机上方,除了用来收集水蒸气、空气之外,还可以作为一个冷却液加注点使用。

测试习题

一、选择题

1. 使冷却水在散热器和水套之间进行循环的水泵旋转部件叫做(　　)。
A. 叶轮　　　　B. 风扇　　　　C. 壳体　　　　D. 水封

2. 节温器中使阀门开闭的部件是(　　)。
A. 阀座　　　　B. 石蜡感应体　　　C. 支架　　　　D. 弹簧

3. 冷却系统中提高冷却液沸点的装置是(　　)。
A. 水箱盖　　　B. 散热器　　　C. 水套　　　　D. 水泵

4. 水泵泵体上溢水孔的作用是(　　)。
A. 减少水泵出水口工作压力　　　　B. 减少水泵进水口工作压力
C. 及时排出向后渗漏的冷却水,保护水泵轴承　　D. 便于检查水封工作情况

5. 如果节温器阀门打不开,发动机将会出现(　　)的现象。
A. 温升慢　　　B. 热容量减少　　　C. 不能起动　　　D. 急速不稳定

6. 采用自动补偿封闭式散热器结构的目的,是为了(　　)。
A. 降低冷却液损耗
B. 提高冷却液沸点
C. 防止冷却液温度过高蒸汽从蒸汽引入管喷出伤人
D. 加强散热

7. 为在容积相同的情况下获得较大散热面积,提高抗裂性能,散热器冷却管应选用(　　)。
A. 圆管　　　　B. 扁圆管　　　C. 矩形管　　　D. 三角形管

8. 发动机冷却系统中锈蚀物和水垢积存的后果是(　　)。
A. 发动机温升慢　　B. 热容量减少　　C. 发动机过热　　D. 发动机急速不稳

二、简答题

1. 水泵的作用是什么?
2. 发动机温度过低有哪些危害?
3. 试述蜡式节温器的工作原理。
4. 取下节温器不用在车上,可能会给发动机带来哪些危害?

任务三　冷却液消耗异常的诊断与排除

任务导入

一辆使用中的轿车,当驾驶室的仪表显示冷却液温度过高时,发现冷却系统的冷却液减少了,加满冷却液后冷却液温度显示正常。并且每隔两三天就需向储液罐中加一升左右的冷却液,才能防止冷却液温度过高。请问故障如何排除?

学习目标

1. 熟悉冷却系统零部件的结构特点。
2. 掌握冷却液的检查和更换方法。
3. 掌握造成冷却液消耗异常的故障原因。
4. 能够正确判断发动机温度异常的故障部位。
5. 熟练排除冷却液消耗过快的故障。

相关知识

一、冷却液的功能

1. 发动机对冷却液的要求

(1) 低温黏度小。冷却液的低温黏度越小,说明冷却液流动性越好,其散热效果越好。

(2) 冰点低。若汽车在低温条件下停放时间较长,而发动机冷却液的冰点不足够低时,发动机冷却系统就会被冻裂。因此要求冷却液的冰点要低。

(3) 沸点高。发动机冷却液在较高温度下不沸腾,可保证汽车在满载和高负荷等苛刻条件下工作时正常运行。同时,沸点高则蒸发损失也少。特别对采用电控燃油喷射系统及电子控制点火的现代发动机来说,因为其燃烧温度高,所以对沸点的要求更高。

2. 冷却液的种类

现代冷却液由防冻剂和添加剂两大部分组成,也称之为冷却液。目前,我国现行的乙二醇型冷却液执行的标准是石油化工行业 SH0521 - 92,乙二醇型发动机冷却液及其浓缩液可分为合格品和一级品两个质量等级。按照冰点又分为−25、−30、−35、−40、−45 及 −50 共 6 个水溶液和浓缩液 7 个新产品。冷却液的种类有以下 3 种:

(1) 挥发性冷却液。以 90% 左右的醇为主要成分,冰点低,但由于比水蒸发得快,因此在补充冷却液时,必须补充冷却液原液。

(2) 半挥发性冷却液。以甲醇和乙二醇为主要成分,其性能为中等级,但和挥发性冷却液相比蒸发较慢。

(3) 非挥发性冷却液。以 75% 以上的乙二醇为主要成分,是市场上的主要产品,其冰点并不很低,沸点高,尤其适用于重负荷车辆或在山区条件的环境。

目前市场上供应的成品冷却液有直接使用型和浓缩型。浓缩型的要根据其加水比例配制成适当凝固点的使用浓度,用户可根据使用环境温度和发动机最高工作温度,按产品说明书选用,一般在选购和配制时,其冰点应比环境最低气温低 10℃以上。

3. 冷却液的功能

(1) 防腐蚀功能。发动机冷却系统采用的材料一般为紫铜、黄铜、钢、焊料、铸铁和铸铝 6 种金属。通常小轿车的汽缸体为铸铝,大型货车的汽缸体是铸铁的,而散热器主要是由紫铜及黄铜制成的。优质的冷却液与水相比可以保护散热器,延长发动机的寿命。冷却液如何抑制冷却系统内各种金属的腐蚀是冷却液质量的关键。发动机冷却液在工作中要接触多种金属材料,如果它对金属有腐蚀性,就会影响发动机正常工作,甚至造成事故。为使发动机冷却液有良好的防腐性,要保持冷却液呈碱性状态,pH 值在 7.5~11.0 之间为好,超出该范围将对金属材料产生不利影响。合格的冷却液都有一组优良持久的缓蚀剂,通过各种试剂与金属达到一种平衡,在金属表面形成保护膜。并且可以把循环系统中原有的腐蚀产物与机体剥离下来,防止其继续腐蚀机体。试验证明合格的冷却液对金属的腐蚀要比水小 50~100 倍。

(2) 防穴蚀功能。穴蚀对发动机的破坏性极大,主要有两个位置容易产生穴蚀,一个是在汽缸套的外部,即汽缸套与冷却液的接触面上,另一个是在循环水泵泵体上。使用劣质冷却液后,会发现汽缸套上像被海浪拍打过一样凹凸不平,散热器也有渗漏。穴蚀严重时会将汽缸套穿透,造成冷却液渗入燃烧室,这种情况大功率发动机尤为突出。如果拆开水泵发现泵体上有很多麻点,这也是穴蚀的现象。因此,穴蚀是冷却系统的大敌,优质的冷却液必须具有优良的防穴蚀能力,以延长发动机寿命。

(3) 高沸点功能。优质冷却液应具备良好的防"开锅"性能,这就要求它有一个高的沸点。在五六十年代,冷却液的主要原料是酒精,沸点只有 80℃,所以经常出现散热器"开锅"致使车辆无法运行。现在冷却液的沸点一般要大于 105℃,所以合格的冷却液比水难"开锅"。如果使用的冷却液出现"开锅",要认真检查一下机械方面的故障,如水泵是否正常工作,节温器是否灵敏等。

(4) 不产生水垢不起泡沫。水垢对发动机冷却系统的散热效果影响很大,散热器内产生水垢会影响散热器的散热效果,导致冷却液温度升高"开锅"。所以,冷却液在工作中不应产生水垢。发动机冷却液如果产生气泡,不仅会降低传热性,加剧气蚀,同时还会造成冷却液溢流而损失。优质冷却液采用蒸馏水(去离子水),并加有防垢添加剂,一般不会产生结垢问题。即使有少量的离子,在未形成沉淀以前已与冷却液中的化学试剂结合成水溶性物质,因此不会形成水垢。

(5) 防冻功能。冷却液的冰点可以调整,是按不同地方及不同使用温度确定的,冰点一般在 -15~-68℃之间。目前,国际上普遍使用的乙二醇型冷却液是在软化水中按比例添加防冻剂乙二醇,配以适量的金属缓蚀剂和阻垢剂等添加剂进行科学调和,达到冬季防冻、夏季防沸,且有防腐蚀和防水垢等作用,四季通用。但不同品牌不同配方的冷却液通常不宜混用。

二、冷却液的选用与测试

1. 冷却液的选用

优质冷却液从外观上看,应清澈透明、不混浊、无杂质及无刺激性气味。在选购和使用冷却液过程中应注意以下几点:首先看冷却液的品牌和生产厂家是否是正规企业的产品,一般正规企业的产品质量和冰点都有保证；其次看是否是乙二醇型产品，非乙二醇型（含丙三醇型）产品应慎选；还要注意包装上的产品执行标准是否是我国的规定标准。应根据当地气温选用冷却液，其冰点一般应比该地的历史最低温度低10℃左右，否则将起不到防冻作用，冰点选得过高会造成发动机冻结。铝合金制造的发动机，应选用硅酸盐类的冷却液；强化系数高的发动机，应选用高沸点冷却液。

还可以根据车辆不同要求选择冷却液，如进口车多选用永久性冷却液；国产车则可采用直接使用型的冷却液；夏季可采用软化水。按照车辆数量和集中程度选择冷却液，如车辆较多又相对集中，可选用小包装冷却液原液，既便于运输和贮存，又节省和实用；车辆少而分散时选用直接使用型冷却液。选择时尽可能选用具有防锈、防腐及除垢功能的冷却液。

2. 冷却液的使用

更换冷却液一定要检查冷却系统密封部件，以防发生渗漏，然后用清水将冷却系统外部清洗干净。没有溢流箱的车辆加入时不要加满（约95％容积）；有溢流箱的车辆，起动发动机几分钟后再加冷却液至规定高度。在更换冷却液过程中应防止中毒，因为乙二醇及腐蚀抑制剂均有不同程度的毒性；每个牌号的冷却液中的腐蚀抑制剂不同，因此冷却液不能混用，以免引起腐蚀。

在冬季到来时，把发动机的冷却液放净，将冷却系统冲洗干净后再加注冷却液。当冬季一过就应放出冷却液并加以回收，再换上加有防腐剂的清洁软水，以保证夏季发动机的正常工作，放出的冷却液应用清洁的容器密封和贮存，到第2年冬季经沉降过滤并调整浓度后继续使用。这样，长效冷却液可以使用3～5年。

禁止直接加注冷却液原液。有些驾驶人员及维修人员认为冷却液越纯越好，乙二醇浓度越大越好，而直接加注冷却液原液，这样不但不能满足冷却液对冰点的要求，反而会出现一些意想不到的现象，如冷却液变质、浓度大、密度大、低温黏度增大以及出现发动机温度高等现象。所以在使用冷却液原液时，一定要按要求进行调制，禁止直接使用。

在加注冷却液前，应使用10％的烧碱水溶液浸泡水箱1 h，再将冲洗液排放，然后用软化水反复冲洗2～3次，以清除发动机冷却系统中原积存的水垢，冲洗完后才能加注冷却液。冷却液沸点高、热容量大、蒸发损失小及冷却效率高，加注后的车辆比使用软化水冷却时发动机温度要高出10℃左右是正常现象，不能错误地认为是温度过高故障，此时切不可打开散热器盖，以免热气冲出烫伤人体。在其冷却系统中最好安装膨胀箱，用以膨胀储存及补充散热器中的冷却液。

3. 冷却液测试

高质量的冷却液（防冻液）能够提高水的沸点并降低水的冰点，还可以防止或抑制零件生锈或腐蚀，并对水泵有一定的润滑作用。但冷却液中加入的硅酸钠防腐剂易于凝结，阻碍流动，并难以清洗，且易变成胶质，不宜长期存放。

冷却液测试包括浓度、腐蚀、pH值、亚硝酸盐等多项内容。

（1）pH值测试。金属在酸性溶液中受腐蚀的速度很快。为了防止这种腐蚀的产生，冷却液中加入的添加剂均为碱性物质，以保证冷却液的pH值在7～11之间；使用中的冷却液在高温下不断氧化，生成酸性物质，消耗部分防腐剂使pH值下降，液体逐渐呈酸性。可采用pH试纸检测法对冷却液的pH值进行现场测试，当pH值小于7时，此冷却液应停止使用。

（2）冷却液浓度测试。冷却液浓度超过70％时冷却效果就会变差，其浓度以40％～60％为宜。冷却液的浓度可用折射计或冷却液密度计进行检测，使用折射计检查冷却液浓度时，可按下述方法进行：

① 校准冷却液测定器：将测量窗滴上几滴蒸馏水（温度在21～29℃），然后关上塑料盖；将测定器朝向任何光源，观察目镜并检查指示的读数是否为零，否则，重新校准测定器。

② 松开折射计体下部的球泵，不需要从工具上完全拆卸泵。

③ 小心拧开冷却液加注口盖。

④ 将泵管插入冷却液，然后按压球泡，抽取试样，如图4-26所示。

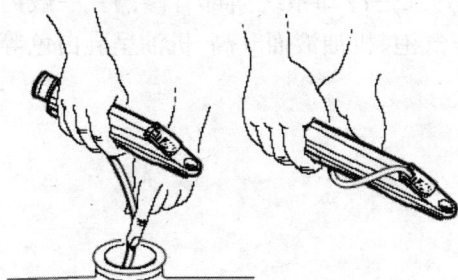

图4-26　用折射计抽取试样　　　　　　图4-27　观察折射计读数

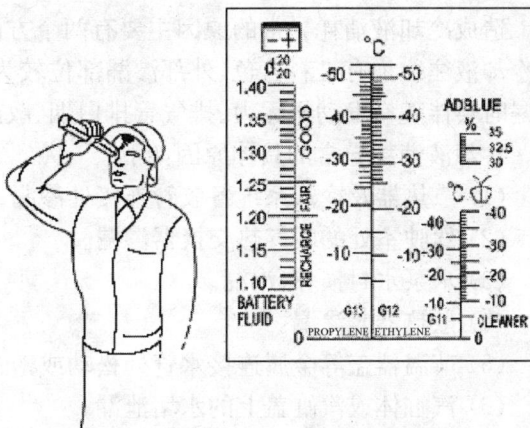

⑤ 将管弯曲并将端部插入盖板孔。

⑥ 挤压泵球，在测量面上滴几滴冷却液。读数时禁止打开塑料盖，否则水分蒸发会改变读数。

⑦ 将冷却液测定器朝向任何光源，观察目镜，如图4-27所示。

注意：如果读数不清，适当清洁测量面并将其擦干，如图4-28所示，然后重新测试。同时，确保测量棱镜上具有足够的液体。

⑧ 一般要求冷却液浓度在45%～60%之间，如果读数显示冷却液浓度不够，需向冷却液回收罐补充。

⑨ 起动发动机并运行至正常的工作温度，使补充的冷却液流过整个发动机冷却系统。

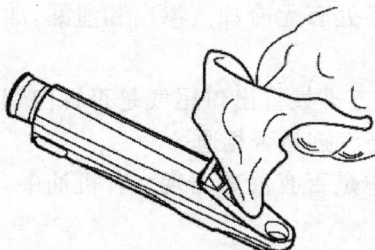

图4-28　清洁折射计测量面　　　　　　图4-29　液体比重计检测

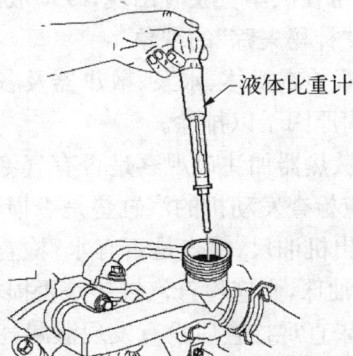

冷却液浓度也可用液体比重计检测，如图4-29所示。在冷却系统达到或接近环境温度

时进行测试,一般要求液体比重计读数为 50%。

三、冷却液消耗异常的诊断与排除

1. 故障现象

发动机有漏水现象,冷却液液面下降较快,需经常加注冷却液。

2. 故障原因

造成冷却液消耗异常的原因主要有两个方面:一是冷却系统外部有渗漏现象。由于发动机冷却液往往加有染料着色,外部渗漏部位较为明显。二是冷却系统内部有渗漏。一般内部渗漏时会伴随有发动机无力、排气管排白烟、散热器有气泡、机油液面升高、机油呈乳白色等现象。冷却液消耗异常的具体原因如下:

(1) 散热器及冷却系统各胶管连接处渗漏。

(2) 驾驶室处的暖气热交换器渗漏。

(3) 水泵水封损坏、渗漏。

(4) 散热器盖渗漏。

(5) 节温器盖等金属连接水管处松动或密封垫损坏。

(6) 汽缸体或汽缸盖上的水堵泄漏。

(7) 汽缸垫损坏或汽缸盖螺栓松动。

(8) V 型发动机的进气歧管衬垫水道口泄漏。

(9) AAC 阀或节气门体等部位被腐蚀导致冷却液向进气歧管泄漏。

(10) 汽缸体或汽缸盖的水套有裂纹。

3. 故障诊断与排除

当冷却系统发生渗漏时应重点检查冷却系统的软管、接头、散热器芯、水泵和汽缸体(干式汽缸套对应的汽缸体)等部位。

(1) 起动发动机,观察散热器盖的密封情况。若散热器盖周围有冷却液溢出,应检查散热器盖的工作情况。散热器盖的气阀弹簧老化是导致冷却液减少的最常见原因。停车检查时看不出有明显异常,但当发动机负荷较大时,冷却液温度较高,散热器内的膨胀压力也较大,会把散热器盖的气阀弹簧推开,冷却液从散热器入水口颈位的胶管流出来。

此故障常在汽车行驶时出现,冷却液流出后,马上会被气流及发动机的高温所蒸发,因此出现冷却液"神秘失踪"的现象。

(2) 直观检查机体、水泵、散热器及各胶管连接处有无冷却液渗出和泄漏,如出现渗漏和泄漏,应查明原因予以排除。

(3) 在散热器加注口观察是否有气泡出现;检查排气管出口尾气是否冒白烟。若上述现象存在,则应检查发动机的汽缸垫是否损坏、水道与汽缸是否相通。

(4) 拔出机油尺,检查是否有水;检查冷却液中是否有油珠出现。若机油中含有水分,冷却液中含有油珠,则应检查汽缸垫是否损坏。

(5) 如果直观检查后没有发现泄漏,对冷却系统进行压力测试(压力不超过系统最大压力 200 kPa,否则会造成新的泄漏),再次检查渗漏。依次检查各胶管连接处、密封垫处、水堵、暖气热交换器、进气歧管衬垫水道口、AAC 阀或节气门体水道处有无渗漏痕迹。

(6) 冷却系统经过压力试验后,如果没有发现外部泄漏,可以将火花塞拆下,检查汽缸内有无冷却液。方法是拆下火花塞,拔下燃油泵的熔断器(使燃油喷射系统及点火系统不工作),转动发动机,如果从火花塞孔排出冷却液(或火花塞上有水珠),说明汽缸盖有裂纹或汽缸垫有泄漏。

(7)保持压力试验,拔出机油尺或拧下机油加注盖查看,机油变成棕白色或乳白色,说明冷却液流到了润滑系统,可能是汽缸垫有烧蚀,汽缸盖或汽缸体有裂纹,应拆检发动机。

任务实施

案例1:宝马530冷却液液位过低报警

故障现象: 一辆宝马530,累计行驶里程约为13万km,出现冷却液液位过低报警。

故障诊断及排除: 接车后首先试车,确认故障现象属实检查冷却系统发现冷却液补偿罐开裂,其他部件未见异常,更换冷却液补偿罐,加注适量冷却液后,试车,冷却液液位正常。

客户离开不久后,打电话到修理厂,反映车辆出现冷却液温度过高报警。拖车进厂后检查冷却液液位正常,客户反映车辆行驶正常,原地怠速后出现冷却液温度过高报警。利用故障检测仪读取故障信息为"节温器控制,断路"。检查节温器控制线束的连接情况,正常更换节温器后试车,一切正常。但是客户提车两小时后再次反映车辆冷却液温度过高报警。再次进厂后,重新检查,发现冷却液液位正常,利用故障检测仪读取故障信息为"冷却风扇自诊断,硬件故障","冷却液泵,转速偏差"。

检查冷却风扇的供电和搭铁,均正常;通过诊断系统激活冷却风扇,冷却风扇运转正常,检查冷却液泵的供电和搭铁,均正常,相关线路正常且连接可靠,冷却液泵的工作情况正常;路试过程中发现冷却液温度维持在95℃,发动机怠速运转20 min后发现冷却液温度升至119℃,随后冷却液温度过高报警,检查发现此刻冷却风扇未运转,按下空调制冷开关后,发现冷却风扇依旧不转,空调制冷效果差。

怀疑冷却风扇和冷却液泵有故障,更换了冷却风扇和冷却液泵后试车,车辆行驶一切正常,发动机怠速运转约20 min后冷却液温度未报警,但是发现怠速时冷却液温度维持在104℃,查看同型号正常车怠速时冷却液温度一般不超过90℃。

为什么发动机怠速时冷却液温度还是偏高呢,仔细检查发现该车空调冷凝器与散热器之间的夹层内有不少的枯树叶,散热片间隙大部分已经堵了,清除枯树叶后试车,发动机怠速运转一段时间后,冷却液温度维持在90℃左右,故障排除。

案例2:散热器渗漏、风扇电机及节温器损坏导致发动机过热、冷却液消耗异常

故障现象: 一辆本田02款雅阁小轿车,起动发动机后,冷却液温度很快就升高,甚至达到红线,而且冷却液减少。

故障排除: 经过试车,如车主所言,冷却液温度表指针果然升到红色警戒线。打开发动机盖,发现散热器上冒白"烟",散热器表面有水,两个电控风扇都不转。针对上述情况进行检查,发现散热器上盖渗水,散热器右下角漏水。从而作出初步判断:由于散热器漏水,造成缺水,使冷却液温度偏高;或是电控风扇不转,使发动机散热不良,导致发动机冷却液温度过高。

熄灭发动机,由于是两个风扇不转,所以没怀疑是风扇电机有故障。于是先检查发动机盖

下熔断器继电器盒里的 No.57(20 A)熔断器和在驾驶员侧仪表板下的熔断器继电器盒上的熔断器,发现熔断器没问题。进而断开散热器风扇开关 2P 插接器,将点火开关转到"ON"挡,用万用表电压 20 V 挡测量散热器风扇开关 2P 插接器的端子 2 与车身搭铁之间的电压,万用表显示为 12.3 V;再将点火开关转到"OFF"挡,检查散热器风扇开关 2P 插接器端子 1 与车身搭铁情况,检查结果是导通的,这说明电源和搭铁都良好。接着检查发动机盖下熔断器继电器盒,拆下散热器风扇继电器对其进行测试,观察继电器是否能正常工作,结果继电器也没问题。接着用万用表电压 20 V 挡测量散热器风扇继电器 4P 插座的端子 1 与车身搭铁之间的电压,万用表显示为 12.3 V,这表明继电器的电源也正常。接着用一条跳线把散热器风扇继电器 4P 插接器的端子 1 和端子 2 相连,这时风扇没什么变化。接着断开散热器风扇插接器,检查散热器风扇继电器 4P 插座的端子 2 与散热器风扇插座之间的道通情况,阻值很小,属于正常情况。再检查散热器风扇插接器端的 1 端子与搭铁之间的情况,发现阻值也是很小,这说明风扇电机发生短路故障,并且两个风扇都是这样。至此查明了风扇不转的故障部位。

发动机冷却以后,打开散热器盖,发现散热器上盖的加水口有很多水垢。于是放掉散热器的水,把连接风扇和散热器的所有连接件拆下来,包括上、下贮水管、变速器散热油管、插接器、螺栓等。在拆散热器的过程中,发现散热器上盖的右边固定螺栓松动,连接件有点变形,造成右下角散热器跟龙门架有接触,以至在发动机的长期震动下,散热器上盖和散热器之间出现很小的缝隙,散热器中的冷却液在压力作用下从缝隙渗出来。接着把散热器拆下来,修补散热器并清洗散热器,更换散热器上盖。随后处理散热器接触龙门架的问题:先用手锤轻敲龙门架右下角,把凸出的部分修复,并矫正散热器上盖连接件。

更换风扇电机,装上散热器和散热器风扇,换上新的冷冻液。装好后试车,冷却液温度仍然偏高。于是,再打开发动机盖,让发动机运转,并起动空调,目的使发动机迅速升到正常工作温度。很快冷却液温度表显示温度偏高,散热器风扇也开始正常运转,散热器没有出现漏水现象。前面两个故障已经解决,还会有什么其他故障呢?于是用手摸上、下贮水管,发现两端冷却液温度有很大的温差,用手握住出水管,感觉出水管的压力不大,说明冷却液大循环不畅(如果大循环正常的话可以感觉到出水管的压力很大,很难挤压水管)。待发动机冷却之后,用湿毛巾打开散热器盖,卸掉冷却系统的压力,放出一部分冷却液,以便拆节温器的时候冷却液不从水管流出。然后从出水管处拆下节温器,观察到节温器是关闭的。于是用开水往阀门上浇,发现阀门迅速打开,但开度只有 3～4 mm,而节温器的标准是在 90℃时全开,开度大于 8 mm。可见节温器有故障而引起冷却液循环不畅,造成冷却液温度偏高。于是更换新的节温器,起动发动机,运转空调,使发动机温度迅速升高。用手按进、出水管,有很大的压力,说明大循环基本正常,冷却液温度正常。

为了确定故障是否完全排除,打开散热器盖,让发动机运转,观察是否有气泡从散热器加水口冒出,以确定是否有"冲床"现象。因为汽车长期在高冷却液温度状态下行车会发生冲汽缸垫,检查结果显示没出现气泡,冷却液温度也在正常范围内。至此确认,冷却液温度偏高故障彻底排除。

案例 3:冷却液消耗异常

故障现象:一辆柴油货车,发动机冷却液消耗过多。据车主反映,此车冷却液比正常损耗多一倍以上,且发动机曲轴箱通风管往下滴水(此车曲轴箱通风管通大气),特别是热车时比较严重。

故障排除： 首先，抽出机油尺查看，发现油平面正常。打开散热器盖，发现水位不足，补充冷却液后起动发动机，进行外部检查。查看了各个水管接头、散热器、水泵和暖风系统以及汽缸体、水堵、汽缸盖与汽缸体结合处，均未发现渗漏现象。冷却液温度上升后（冷却液温度在50℃左右），发现发动机曲轴箱通风管往下滴水，且在散热器加水口处能看冷却液中有少许油花，排气管冒白烟。

根据故障现象并结合上面的检查，认为故障原因可能是汽缸垫损坏，汽缸盖、汽缸体上平面、汽缸套出现裂纹或汽缸套密封胶圈损坏。拆下气门室盖，发现气门室盖内有乳白色物质；拆下汽缸盖及汽缸垫检查（重点检查汽缸垫），发现在二缸汽缸垫处有轻微损坏，但影响不大。又检查了汽缸体上平面，也未发现异常。本打算对汽缸体做水压试验，进行进一步深入的检查，但车主急于用车，且车主认定就是汽缸垫损坏所致，所以按顾客要求更换了原车汽缸垫，并按规定扭矩（250 N·m）扭紧汽缸盖螺栓。装复后试车，当发动机冷却液温度上升到50℃后，不再出现曲轴箱通风管滴水、排气管冒白烟等现象，散热器内的油花也没有了，车主更坚定了是汽缸垫损坏所致。

第五天，车主打电话告知，该车又出现了以前的故障，车主认为是劣质汽缸垫造成的。由于当时离修理厂较远，车主只有就近修理，再次更换了汽缸垫。刚开始一切正常，但在第二天行车中出现"开锅"现象，并且曲轴箱通风管滴水现象比上一次更为严重。熄火后进行检查，发现散热器内的冷却液又少了许多。外部检查没有发现泄漏，抽出机油尺检查，发现机油平面明显上升，车主只好把车拖往修理厂。

这次维修重点进行了压力试验。将散热器补满水后，从散热器盖溢流管处用气泵加压（压力应控制在29～49 kPa，不得超过49 kPa，否则易引起散热器损坏），结果散热器内水位很快下降，而且机油平面又增高了许多。通过试验，判定为冷却系统内部渗漏。放出机油，拆下油底壳检查，看到有水珠从二、三、四缸处滴下，加压后更为明显。根据此现象，我们判断可能是汽缸套出现裂纹、密封圈损坏、汽缸盖螺栓扭紧力矩不足或汽缸垫损坏。拆下气门室盖，发现气门室盖内有许多像上次一样的乳白色物质，很显然这些乳白色物质为水和油的混合物。拆卸汽缸盖时发现，二、三、四缸汽缸盖螺栓扭矩明显不足。拆下汽缸盖后发现汽缸垫损坏，查看汽缸套高出量时发现二、三、四缸汽缸套好像与其他几个汽缸不一样，经过仔细观察和测量，发现二、三、四缸汽缸套比正常的高出约0.2 mm（正常应为0.03～0.15 mm），怀疑为汽缸套松动导致密封胶圈漏水所致。当转动曲轴准备拆下活塞连杆组做进一步检查时，发现二、二、四缸汽缸套能随活塞的上下往复运动而上下窜动，其中三缸最为严重，竟能向上窜动30 mm左右。拆下三缸连杆组后，用手抓住汽缸套稍一用力，竟把汽缸套提出汽缸套座孔。取出汽缸套后对汽缸套进行检查，没有发现裂纹，只是水垢比较严重，从汽缸套座孔内取出密封胶圈，发现密封胶圈已损坏。

为了安全起见，更换6个汽缸套密封胶圈，装复活塞连杆组，并更换了汽缸垫，然后按规定装复所有零件。向冷却系统注满冷却液进行压力试验，未发现曲轴箱有滴水现象，散热器水位也未下降。装复油底壳，起动发动机试车，当冷却液温度达到50℃以上时，曲轴箱通风管滴水现象消失，散热器内水位也没有发现异常。让车继续怠速运转一个小时，故障现象彻底消失，车辆行驶未再出现上述现象。

故障分析： 导致上述故障的主要原因是对冷却系统的保养不到位、发动机过热、汽缸盖螺栓未按规定拧紧。由于对冷却系统的保养不到位,致使冷却系统内产生过多的水垢,水垢的增多影响了发动机的散热效果,从而导致了发动机过热。发动机过热导致汽缸垫轻微损坏,并且使密封胶圈失去良好的密封性,从而产生轻微的渗漏。冷却液在曲轴箱内变为蒸汽,从气门室罩上的曲轴箱通风管排出。当蒸汽排出时,由于外界的温度相对于曲轴箱内的温度过低,从而形成水珠滴落。

为什么第一次更换汽缸垫后在第五天才出现故障呢?这是由于第一次更换汽缸垫时按规定扭紧了汽缸盖螺栓,并且在热车时又对汽缸盖螺栓进行了复查。再者,汽缸套只是有轻微的松动,很难发现,由于扭紧力矩达到了规定,把汽缸套压到了以前的标准,使密封圈得到了进一步的密封,也就消除和掩盖了故障。但由于发动机的过热和密封圈的老化,最终导致故障再次出现。第二次更换汽缸垫后故障很快出现,其主要原因在于第二次更换汽缸垫时没有按规定的力矩扭紧汽缸盖螺栓,热车时没有进行第二次复查,使汽缸套窜动,汽缸垫损坏,导致密封胶圈彻底损坏而失去密封作用,从而导致散热器缺水,机油平面增高。

拓展提升

冷却液使用注意事项

1. 不同品牌的冷却液不能混用

市场上的冷却液基本上都是乙二醇型的,不能与其他类型的冷却液混用,且同为乙二醇型的冷却液也不能混用。因为每个合格品牌的冷却液都有一组优良而持久的缓蚀剂,对各种金属有均衡的腐蚀抑制作用。不同的品牌有不同的缓蚀剂,一旦混合会打乱原有的平衡,不但起不到原有的作用,还容易对金属造成腐蚀。

2. 选择合适的冰点

应该选择比车辆运行地区的最低温度再低 10℃左右冰点的冷却液,如北京地区一般选择零下 25℃左右的冷却液。如果冰点选的过高,会造成发动机冷却系统的冻结,会把散热器冻裂。而冰点选的过低,乙二醇的浓度过大,流动性较差,影响冷却液的循环,会造成发动机起动困难,使散热器的温度偏高,影响发动机的正常工作,而且价格偏高,经济性差。

3. 冷却液的更换周期

各国汽车制造商要求一年四季使用优质冷却液,而不许使用自来水。对长时间运行的汽车,比如出租车等,优质冷却液每年更换一次为宜;而运行时间较短的车可以两年更换一次,也有一些汽车制造商要求 3 万 km 即更换冷却液。合格的冷却液不仅冬季防冻,夏季还可以防沸,它的沸点可以达到 106~110℃;冷却液还缓蚀及阻垢,无论春夏秋冬四季都可使用。

4. 长效冷却液的有效使用期

为了防止冷却系统中的零件生锈和腐蚀,长效冷却液中都加有防锈和防腐剂。目前大多数发动机所普遍采用的是醇基(正醇、油)或乙二醇基冷却液。由于最常用的水-乙二醇冷却液在正常的发动机温度下不会沸腾,乙二醇的沸点高于水,因此蒸发损失实际上全是水,从而保证其不致冻结,这就是长效冷却液(或称永久性冷却液)的含义,但这并不表示该冷却液的良好性能不会变化,也不表示该冷却液能长久使用。

资料指出,加冷却液后,在汽车行驶 1 万 km 时,散热器冷却管不会出现腐蚀;行驶到 2 万 km 时,逐渐产生腐蚀;当汽车行驶到 4 万 km 时,腐蚀大大增加,防腐剂基本失效。好的冷却液一般也只能保证使用2年左右。

5. 发动机冷却系统由水换成冷却液时的注意事项

最好在换冷却液之前用散热器清洗剂把散热器清洗一下，还要把软管夹紧。因为长期用普通水冷却会锈蚀散热器，还会产生水垢。有时散热器产生渗漏，但由于孔较小或被散热器中的污物堵住，平时看不出渗漏；但换成冷却液之后，冷却液的表面张力较水要小，易从小孔中流出，而且冷却液中的有些成分能将水锈及水垢从散热器壁上剥离下来，使冷却液从这些原来被污物堵住的孔中渗出。由于冷却液与水对橡胶管的膨胀作用正好相反，所以容易从软管接口处渗漏。

6. 优质冷却液使用中的"异常"现象分析

（1）有时优质冷却液刚刚使用几个小时，就看到散热器处冒泡，散热器"开锅"了，而冷却液温度表才70℃左右。这是由于冷却系统在夏季使用了自来水而使散热器产生了大量的水垢，冷却液中的添加剂与水垢会发生反应，将水垢溶解，同时产生了CO_2气体从散热器盖处冒出，产生大量的气泡，许多驾驶员误认为是"开锅"。这时可以继续将车运行1～2天，待泡沫消失后将冷却液放掉，再加入新的优质冷却液即可。

如果在加入冷却液之前，观察到水垢很多，最好用散热器清洗剂对冷却系统清洗干净之后，再加入冷却液，这样就不会出现冒泡和"开锅"的现象了。

（2）有的车在使用优质的冷却液之后，冷却液变浑浊成铁锈色，同时有絮状物产生。这是由于冷却系统使用过自来水或劣质的冷却液，已造成发动机冷却系统的锈蚀；而优质冷却液具有防锈添加剂，防锈添加剂将铁锈溶解到冷却液中，同时将沉积在冷却系统的油泥和水垢清洗下来，这就是所看到的冷却液变成铁锈色和冷却液中有絮状物的原因。如果水锈不是特别多，冷却液可以正常使用；如果水锈过多，在运行一段时间后，将冷却液放掉，加入新的冷却液即可。

（3）有的冷却液产生泡沫，其原因可能是冷却液自身的抗泡性太差；或是发动机冷却系统的某些部件磨损或其他原因使空气窜入，产生泡沫。

测试习题

一、判断

1. 发动机在使用中，冷却水的温度越低越好。（　　）

2. 任何水都可以直接作为冷却水加注。（　　）

3. 在发动机热态下开启散热器盖时，应缓慢旋开，使冷却系统内压力逐渐降低，以免被喷出的热水烫伤。（　　）

4. 蜡式节温器在使用中失灵，允许拆除节温器。（　　）

二、简述发动机蜡式节温器的工作原理。

发动机机油压力异常的诊断与排除

润滑系统主要由机油集滤器、机油泵、机油滤清器、油底壳以及机油冷却器组成,如图5-1所示。发动机工作时,许多相对运动零件表面,如曲轴与轴承、活塞与汽缸壁、凸轮轴与轴承等,必然产生摩擦,不但会增加发动机内部的功率消耗,使零件工作表面迅速磨损,而且由于摩擦产生的高温可能使某些摩擦表面的金属熔化,使发动机无法正常运转。为保证发动机正常工作,必须对相对运动的零件表面给予良好的润滑。

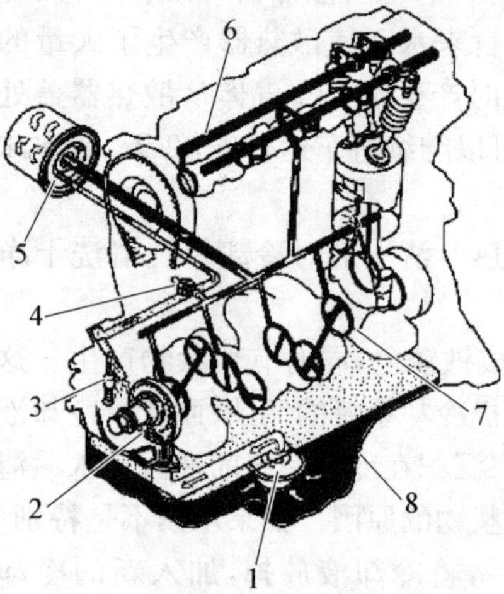

图 5-1 轿车发动机润滑系统组成
1-机油集滤器;2-机油泵;3-限压阀;
4-机油压力传感器;5-机油滤清器;6-摇臂轴;
7-曲轴;8-油底壳

发动机达到正常工作温度时,怠速运转时的机油压力一般应达到 49～78 kPa;中等转速下应不低于 98 kPa,在 2 500 r/min 时应不低于 196 kPa;当发动机高速运转时油压不应大于 490 kPa。

正常情况下,当打开点火开关时,油压表指示为零,油压信号指示灯亮起;起动后油压信号指示灯应在数秒内熄灭。一般发动机上装有两个机油压力开关:低压油压开关(低于 30 kPa)和高压油压开关(超过 2 000 r/min,油压低于 180 kPa),当压力低于或高于规定值时,机油压力报警灯和蜂鸣器就会报警。

润滑系统常见故障为机油压力过低、机油压力过高、机油变质、机油消耗过大等。润滑系统常见故障部位及原因如表5-1所示。

表 5-1 润滑系统常见故障及原因

序号	故 障 部 位	故 障 原 因	故 障 现 象	故障处理
1	限压阀	弹簧过松;滑阀卡滞	机油压力过低;零部件润滑不良	修复或更换新件
2	机油泵	齿轮与泵盖、泵体之间间隙过大;齿轮啮合间隙过大	机油压力过低;零部件润滑不良	更换
3	进油管接头	松动或破裂	机油压力过低、警告灯亮	紧固或换新件
4	集滤器	堵塞、松脱	供油中断、无油压、警告灯亮	清洁、紧固或更换新件
5	曲轴油道	堵塞	连杆轴承、主轴承磨损加快、出现异响;润滑不良	清洗疏通油道

（续表）

序号	故障部位	故障原因	故 障 现 象	故障处理
6	汽缸体主油道	堵塞	油路不畅通；机油压力过高、零部件润滑不良、出现零部件异响	清洗疏通油道
7	粗滤器滤芯	滤芯脏堵	油路不畅通或失去滤清作用	更换新件
8	粗滤器壳、盖	壳盖之间的衬垫未被压紧或损坏	漏油、机油消耗过快、油压低	紧固或更换新件
9	旁通阀	密封不良、弹簧过软或折断	发动机磨损快、粗滤器失去滤清作用	清洗、调整或更换新件
10	细滤器进出油管	凹瘪、断裂	漏油、机油消耗快、机油脏污	调整或更换
11	放油塞	连接、密封不良	漏油、机油消耗快	紧固密封件
12	细滤器壳、盖	壳盖之间的衬垫未被压紧或损坏	漏油、机油消耗快	紧固或更换新件
13	细滤器芯	滤芯堵脏或芯管两端密封不良	细滤器的滤清作用明显下降	更换滤芯
14	机油加注口滤网	滤网脏污、阻塞	加注机油时受阻	清洗滤网
15	油槽	油槽破裂、折断	机油的飞溅、导向、储油作用变差，润滑作用差，配气机构易磨损并产生异响	更换
16	机油散热器进油单向阀	单向阀调整不当、堵塞或关闭不严	机油压力过低或过高	更换新件
17	机油散热器开关	开关失灵、堵塞或不能关闭	油温过高	更换开关
18	机油散热器	机油散热器芯管堵塞	油温过高	疏通芯管
19	机油散热器油管	出油管断裂	漏油、机油消耗过快	更换油管

任务一　机油压力过低的诊断与排除

任务导入

　　一辆上海桑塔纳 2000Gsi（时代超人）轿车，行驶 4 万 km，发动机转速超过 2 000 r/min 后，机油压力报警灯和报警蜂鸣器同时报警，当转速低于 1 200 r/min 时，恢复正常。请问故障如何排除？

学习目标

1. 掌握发动机润滑系统的组成及功用。
2. 了解润滑系统各零部件的结构特点。
3. 掌握机油的选择和更换方法。
4. 能进行机油压力过低的故障诊断和排除。

相关知识

一、润滑系统的主要组成部件

1. 机油集滤器

机油集滤器一般安装在机油泵进油口的前面,主要作用是防止较大的机械杂质进入润滑油路,如图 5-2 所示。集滤器滤网具有弹性,当滤网阻塞时,由于机油泵作用所形成的真空迫使滤网向上拱曲,机油可以不经过滤网而由中央孔进入油管。

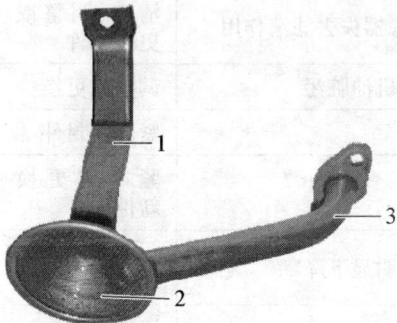

图 5-2　机油集滤器
1-支架;2-滤网;3-油管

2. 机油泵的分类

机油泵有三种类型:齿轮式、转子式和叶片式。汽车发动机常见的机油泵有齿轮式和转子式,而齿轮式机油泵又分为外啮合齿轮式机油泵和内啮合齿轮式机油泵,其中外啮合齿轮式机油泵应用最为广泛。

1) 外啮合齿轮式机油泵

如图 5-3 所示,机油泵壳体上加工有进油口和出油口,在油泵壳体内装有一个主动齿轮和一个从动齿轮,齿轮和壳体内壁之间留有很小的间隙。当齿轮按图示方向旋转时,进油腔的容积由于轮齿向脱离啮合方向运动而增大,腔内产生一定的真空度,润滑油便从进油口被吸入并充满进油腔;旋转的齿轮将齿间的润滑油带到出油腔,由于轮齿进入啮合,出油腔容积减小,油压升高,润滑油经出油口被输送到发动机主油道中。

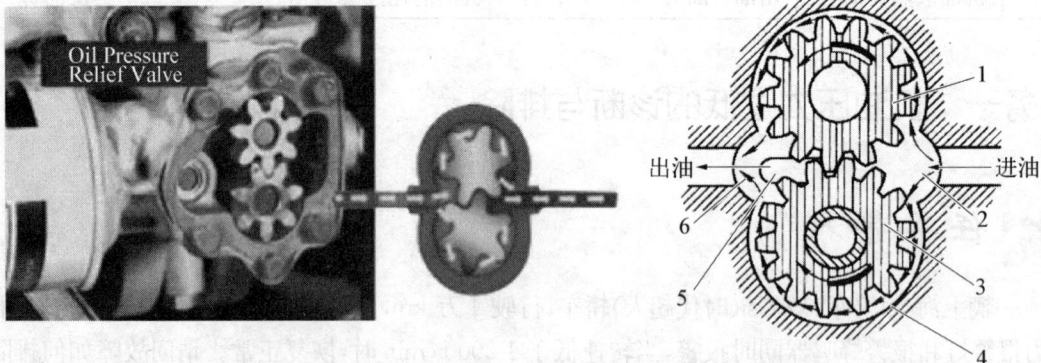

图 5-3　外啮合齿轮式机油泵
1-主动齿轮;2-进油腔;3-从动齿轮;4-泵体;5-泄压槽;6-出油腔

一般在泵盖上铣出一条泄压槽与出油腔相通,使轮齿啮合时挤出的润滑油通过泄压槽流向出油腔,以消除轮齿进入啮合时在齿轮间产生的很大推力。

2) 内啮合齿轮式机油泵

内啮合齿轮式机油泵由内齿轮、外齿圈、半月块等组成,如图 5-4 所示。主动齿轮为较小的外齿齿轮,从动齿轮为较大的内齿齿圈,以相同方向转动,润滑油存在于内齿齿圈与外齿齿

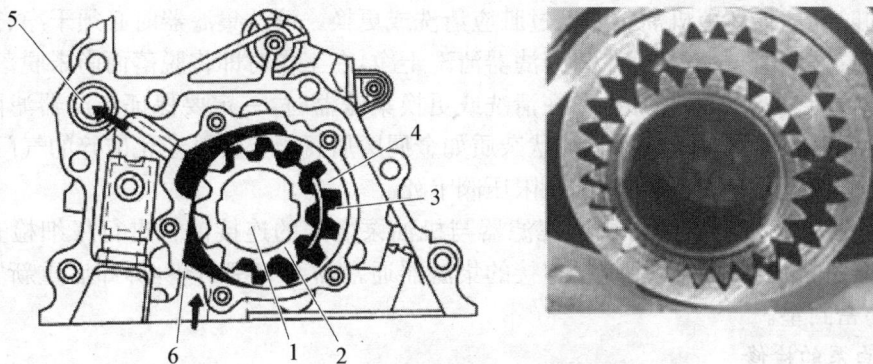

图 5-4　内啮合齿轮式机油泵

1-驱动轴；2-主动齿轮；3-半月块；4-从动齿轮；5-出油口；6-进油口

间的半月块间，以产生吸油及泵油的作用。

3）转子式机油泵

转子式机油泵由泵体、泵盖、内转子（主动）、外转子（从动）等组成，内转子比外转子少一个齿如图 5-5 所示。内转子通过键固定在主动轴上，外转子外圆柱面与壳体配合，二者之间有一定的偏心距，外转子在内转子的带动下转动。壳体上设有进油口和出油口。工作原理如图 5-5 所示，在内外转子的转动过程中，转子的每个齿的齿形齿廓线上总能相互成点接触。这样内外转子间形成了四个封闭的工作腔。由于外转子总是慢于内转子，这四个工作腔容积在不断变化。每个工作腔在容积最小时与壳体上的进油孔相通，随着容积的增大，产生真空，润滑油便经进油孔吸入。转子继续旋转，当工作腔与出油孔相通时，容积逐渐减小，压力升高，润滑油被压出。

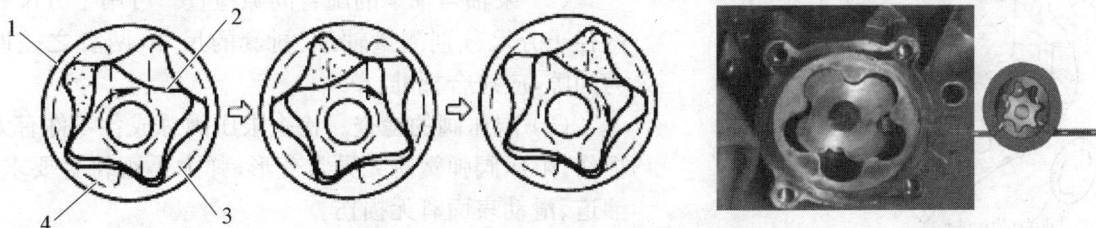

图 5-5　转子式机油泵的工作原理

1-外转子；2-内转子；3-出油；4-进油口

转子式机油泵结构紧凑，体积小，质量轻，吸油真空度高，泵油量大，供油均匀度好。即使安装在曲轴箱外位置较高处时也能很好的供油。

4）叶片式机油泵

叶片式机油泵由偏心转子、叶片、弹簧及泵体等组成。叶片装在转子槽内，由叶片弹簧压紧在泵体上，转子偏在一旁。当转子与叶片一起旋转时，叶片间的容积产生变化，在容积由小变大处设有吸入口，以产生吸油作用，在容积由大变小处设有出油口，将机油加压送出，如图5-6所示。

3. 集滤器的检修

机油集滤器堵塞将造成机油压力过低，可能会导致新发动

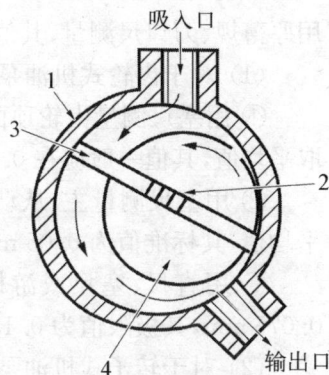

图 5-6　叶片式机油泵工作原理

1-外壳；2-弹簧；3-叶片；4-转子

机在很短的时间内损坏。机油集滤器过脏应清洗或更换。清洗集滤器时必须干净、彻底,如果用清洗剂随意洗刷清理一下,而未将集滤器清洗干净,在工作时即将脱落而尚未脱落的积炭会进入机油泵,导致机油泵磨损加剧。在清洗或更换集滤器时,一定要保证集滤器滤网完好,并固定牢固,否则,机油泵吸入一些颗粒状杂质如金属磨屑、积炭渣粒、老化破碎的气门油封塑性材料等,将加剧机油泵的磨损或使油泵限压阀卡死。

当机油压力过低时,还需对机油集滤器与机油泵之间的连接油管进行仔细检查,如有破损,空气就会进入润滑油路。用螺栓连接的集滤器通常需要有密封垫,拆卸后重新安装时,必须更换新的密封垫。

4. 机油泵的检修

1) 外观检查

检查机油泵壳体是否有裂纹、变形、漏油、机械损伤等缺陷,如有,应予以更换。

2) 工作性能检查

用手转动机油泵,检查其转动是否灵活。用左手堵住出油口,用右手转动主动齿轮轴,进行泵油试验。如果不能阻止出油,或当用手堵住出油口后,机油泵主动齿轮轴转不动,说明机油泵良好。

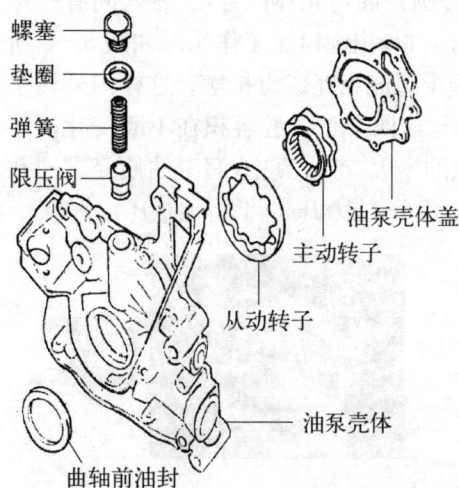

图 5-7　转子式机油泵的分解

（图中标注：螺塞、垫圈、弹簧、限压阀、主动转子、从动转子、油泵壳体盖、油泵壳体、曲轴前油封）

3) 零部件检查

分解机油泵,如图 5-7 所示,检查泵盖、壳体、齿体、齿圈等零部件,如有损坏、严重磨损、变形等缺陷时,应予以更换。

（1）泵轴的检查。用百分表检查泵轴是否弯曲,如果指针摆差超过 0.06 mm,应进行校正或更换。

（2）泵轴与轴承的配合间隙检查。可用千分尺和内径千分尺分别测量轴颈、衬套的尺寸,两者之差即为间隙,应符合标准。

（3）限压阀的检查。检查限压阀总成各零件有无损伤;限压阀弹簧有无异常变形、弹力是否符合要求;油道、滑动表面有无损伤。

4) 配合间隙检查

机油泵啮合间隙及齿轮与安装面之间的间隙可用厚薄规、刀口尺测量,其值应符合规定,否则应更换相应零件。

（1）对于齿轮式机油泵,应检查以下部位的间隙,如图 5-8 所示。

① 用塞尺测量齿轮顶面与泵壳内壁之间的间隙。测量相隔 180°或 120°的 2～3 个间隙,取平均值,其值一般应在 0.05～0.20 mm 以内。

② 用塞尺测量主、从动齿轮的啮合间隙。转动齿轮选择相隔 120°的三个位置进行,取其平均值,其标准值为 0.05 mm,最大磨损不得超过 0.20 mm。

③ 用直尺、塞尺或游标深度尺测量泵盖与齿轮端面的间隙。其间隙一般为 0.025～0.075 mm,其极限值为 0.15 mm。端面间隙过大,会发生内部泄漏,使润滑油压力降低。

（2）对于转子式机油泵,应检查下面各处间隙,如图 5-9 所示。

① 用塞尺测量内转子齿顶与外转子内廓面间的径向间隙。其间隙值应小于 0.15 mm,极限值为 0.25 mm。

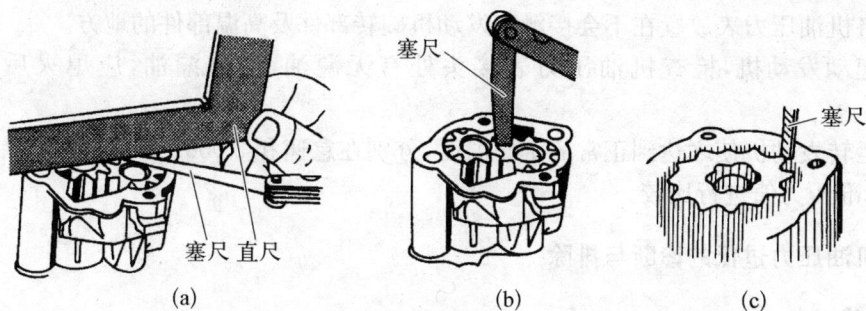

图 5-8　齿轮式机油泵啮合间隙检查
(a) 测量泵盖与齿轮端面间隙　(b) 测量主、从动齿轮啮合间隙　(c) 测量齿轮顶面与泵壳内壁间隙

② 用塞尺测量外转子与泵体径向间隙,其标准值一般为 0.10～0.16 mm,许用极限为 0.30 mm。

③ 用直尺与塞尺或游标深度尺测量泵体与转子之间的轴向间隙,其标准值一般为 0.03～0.09 mm,许用极限为 0.20 mm。

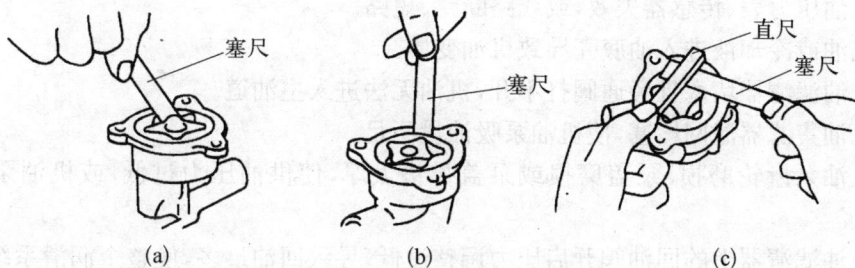

图 5-9　转子式机油泵啮合间隙检查
(a) 测量内转子齿顶与外转子内廓面间的间隙　(b) 测量外转子与泵体间的间隙
(c) 测量转子的端面间隙

5) 机油泵组装后的检查

装复机油泵后,用手转动机油泵齿轮,应转动自如,无卡阻现象。将机油灌入机油泵内,用拇指堵住油孔,转动泵轴应有油压出,并能感到压力。

机油泵检修完毕装合后,还应在机油泵试验台上进行试验。将机油泵装在试验台上,检验在规定的机油泵转速下,规定的润滑油压力下,供油量是否达到规定的供油量,且除泵体与泵轴之间外,其余各处皆无渗漏。

5. 机油压力检测

机油压力可以用专用的机油压力表来测量,也可以用普通的油压表(量程为 1 MPa 左右)配上相应的高压软管和接头来测量。测量机油压力的方法如下:

(1) 拔下机油压力传感器的线束插头,拆下机油压力传感器。

(2) 将机油压力表的软管接头拧入安装机油压力传感器的螺孔内,并拧紧接头,如图 5-10 所示。

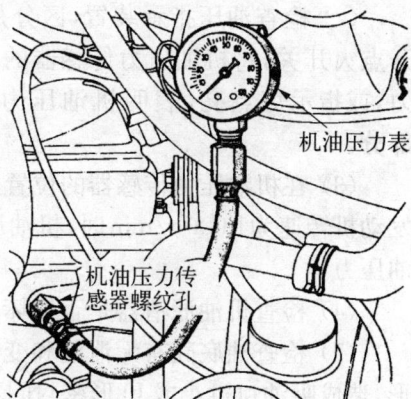

图 5-10　机油压力检测

（3）将机油压力表放置在不会接触到发动机旋转部件及高温部件的地方。

（4）起动发动机，检查机油压力表接头处有无漏油，如有漏油，应熄火后重新拧紧接头。

（5）运转发动机使之达到正常的工作温度，分别在怠速和 2 000 r/min 时检查油压表的读数，并与标准压力值进行比较。

二、机油压力过低的诊断与排除

1. 故障现象

汽车在正常温度和转速下运转时，机油压力始终低于规定值，机油警告灯闪烁，蜂鸣器同时报警。

2. 故障原因

此故障发生的原因主要有以下几种：

（1）机油量过少。

（2）机油黏度过小。

（3）机油压力表、传感器失效，或线路断路、短路。

（4）汽油或冷却液进入油底壳导致机油变质。

（5）机油滤清器堵塞且旁通阀打不开，机油无法进入主油道。

（6）机油集滤器滤网堵塞，使机油泵吸油量不足。

（7）机油泵齿轮磨损、泵盖磨损或泵盖衬垫太厚，使供油压力过低，或机油泵外壳裂缝漏油。

（8）机油滤清器上的回油阀开启压力调整过低，导致回油过多，使整个润滑系统的机油压力偏低。

（9）机油限压阀弹簧弹力下降或弹簧折断、卡滞。

（10）油管破裂或接头泄漏。

（11）曲轴主轴承、连杆轴承、凸轮轴轴承间隙过大。

3. 故障诊断

（1）当机油压力警告灯报警或机油压力表指示机油压力过低时，应立即停车检查。首先检查机油液面高度、黏度及品质，同时注意机油是否被汽油或冷却液污染。

（2）检查油压指示装置，区分是机油压力过低，还是指示装置失效造成的虚假报警。打开点火开关，将机油压力传感器的导线搭接到汽缸体上（搭铁），若机油压力表指示最高压力，或指示灯点亮，表明机油压力表良好，故障发生在机油压力传感器或润滑系统机械部分。

（3）在机油压力传感器的位置安装机油压力表，检测机油压力，如图 5 - 10 所示。通常，发动机转速为 1 000 r/min 时，机油压力不得低于 69 kPa。还应检查热车怠速和中高速时的机油压力。

（4）检查机油滤清器是否损坏、堵塞。

（5）检查油底壳有无泄漏和变形。如果机油盘因碰撞产生凹陷，有时会使机油集滤管变形，造成吸油口过小或 O 形密封圈不密封，导致不上油。

（6）拆下油底壳，检查机油集滤器是否堵塞。

(7) 检查机油泵。机油泵的检查主要包括磨损情况的检查和工作性能的检查。

(8) 检查机油散热器。有些发动机装有机油散热器,如果机油容易变质、润滑不良,并导致发动机轴承等机件损坏,也可能是机油散热器工作不良引起的。如果机油散热器出现变形、破损、泄漏等现象,应进行更换。

(9) 分解发动机,检查曲轴主轴承、连杆轴承、凸轮轴轴承的配合间隙是否过大。

机油压力过低的故障诊断流程如图 5-11 所示。

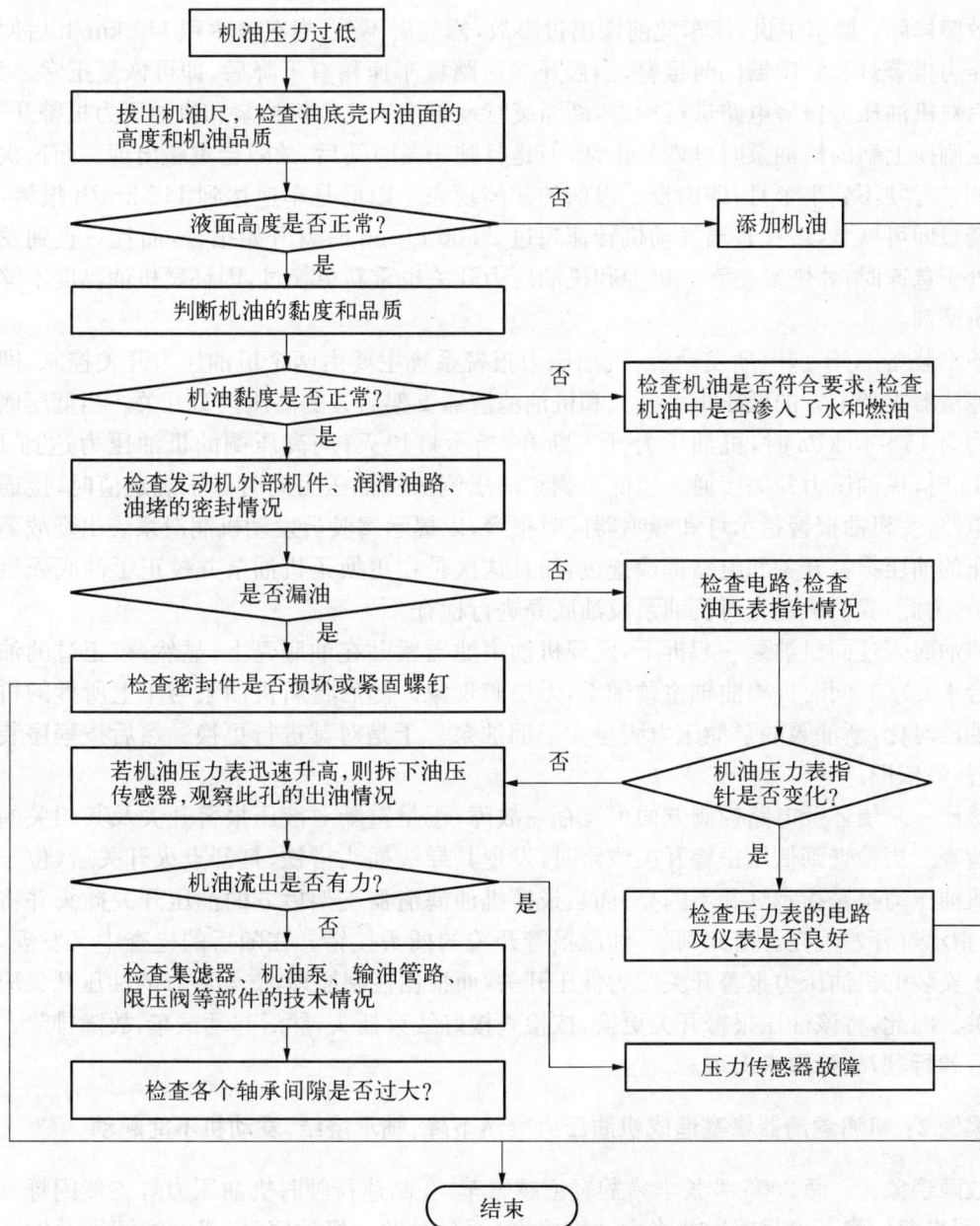

图 5-11 机油压力过低的故障诊断流程

任务实施

案例1：机油压力开关及其线路故障导致机油压力报警灯和蜂鸣器同时报警

故障现象：一辆上海桑塔纳2000GSI（时代超人）轿车，行驶4万km，发动机转速超过2000 r/min后，机油压力报警灯和报警蜂鸣器同时报警，当转速低于1200 r/min时，恢复正常。

故障排除：据车主讲，该车此前曾出过事故，修复后不久，当车速达到115 km/h后便出现机油压力报警灯和蜂鸣器同时报警；当松开加速踏板车速稍有下降后，即可恢复正常。为此，曾先后对机油压力报警电路进行检查，断断续续地更换了几个机油泵和机油压力报警开关，每次都是刚换上新的机油泵时可恢复正常，但是行驶一段时间后，故障会重新出现。而这次更换的机油泵行驶不到半个月，即出现了以前的故障现象。以前是车速达到115 km/h报警，稍松加速踏板即可恢复，现在是当发动机转速超过2000 r/min时就开始报警，而且一直到发动机几乎处于怠速时，才恢复正常。机油和机油压力开关也重新更换过，因怀疑机油黏度不够而添加了抗磨剂。

该车装备AJR型电喷发动机，机油压力报警系统主要由两个机油压力开关控制，即位于机油滤清器支架上方的低压报警开关和机油滤清器支架后方的高压报警开关。当低压侧的机油压力为15～45 kPa时，机油压力开关断开，指示灯熄灭；当高压侧的机油压力达到160～200 kPa时，机油压力开关接通。当低压侧和高压侧的机油压力同时低于规定值时，接通报警系统电路，使机油报警指示灯和蜂鸣器同时报警，以提示驾驶员发动机润滑系统出现故障。由于该车的油压报警开关和电路都检查过，而且这次是在更换了机油泵并校正了油底壳后出现的故障，为此，我们决定先对机油泵及油底壳进行检查。

将油底壳连同机油泵一起拆下，发现机油集滤器紧贴在油底壳上，显然，校正过的油底壳并不合乎要求。同时拆检曲轴主颈轴承，无松旷现象。随后将新机油泵与车上所拆的机油泵进行油压对比，新油泵的泵油压力明显大于旧油泵。于是对其进行更换。然后按程序装复试车，但故障依旧。

这样一来便怀疑电路控制方面可能存在故障，于是重新对液压报警开关及其相关的线路进行检查。当检查到低压报警开关线路时，发现其导线插头搭铁，打开点火开关后，位于仪表上的机油压力报警指示灯并不闪亮；而当拔掉机油滤清器支架后方的油压开关插头并将其搭铁时，指示灯开始闪亮。由此判断，油压报警开关的插头接错。在随后的检查中又发现，该发动机上安装的机油压力报警开关均为低压开关，而根据控制原理，支架后方的油压开关应为高压开关。因此，将该油压报警开关更换，按检查接好线束插头，然后起动试车，故障排除。经过几个月的行驶，故障再未出现。

案例2：机油滤清器堵塞造成机油压力突然下降，轴承烧结，发动机不能起动

故障现象：一辆2005款长丰猎豹轻型越野车，在高速行驶时机油压力灯突然闪烁几下后点亮，司机急忙将车停靠路边并将发动机熄火，下车对发动机油底壳、机油滤清器及发动机其他部位进行观察，未发现异常。再起动发动机时，发动机不能起动。

故障排除：对故障进行简单了解后起动试验。打开点火开关，对仪表上的各种指示装置进行观察，正常。当把点火开关旋至起动挡时，只听到起动机电磁开关"嗒"的闭合声，但起动机并未旋转，随后测量蓄电池电压，无亏电现象。于是怀疑发动机出现问题。为了对故障进行简单确认，用一扳手套在曲轴皮带盘螺栓上，然后对发动机进行旋转，结果发现无论是顺时针还是逆时针，发动机无丝毫的转动迹象。结合故障现象出现的经过，判断发动机出现了"抱瓦"现象。

将车拖至修理厂，对故障进行分析后，决定先拆下油底壳，对曲轴及其轴承进行检查。将油底壳拆下后，检查机油泵，正常，滤网也无堵塞现象。随后拆2缸的连杆轴承，发现轴承被粘在曲轴上；接着对其他几个连杆轴承拆检，发现3缸和5缸的连杆轴承都有烧粘的迹象。其中以2缸和5缸最为严重。检查至此，故障基本明确，发动机不能起动的原因就是连杆轴承被"烧死"。

造成轴承"烧死"的原因只能是机油压力下降。但是为什么会突然出现机油压力下降的现象呢？是机油泵损坏，还是系统油路堵塞？由于曲轴及连杆轴承严重损伤，为了彻底的对故障产生的原因进行深刻的检查，决定对发动机解体并逐一对各部件进行仔细的检查。当拆下机油滤清器时，发现机油滤清器出油口被一块橡胶片堵住，看来问题就出在这块不起眼的橡胶片上。但橡胶片又是从哪来的呢？通过进一步对机油滤清器进行检查，发现机油滤清器内部已散架，晃动几下，滤清器内部的弹簧和一些小部件被抖落出来。由此可以确定，该机油滤清器可能存在质量问题，当车辆在高速上行驶时，润滑系统的油压升高而将机油滤清器"冲"坏，内部的一小块橡胶片便随着流动的机油到达滤清器出油口，将出油口堵塞，造成了供油不畅而使系统油压降低，所以影响了发动机运动部件的正常散热和润滑，而机油压力指示灯因压力的下降而点亮。当车主意识到这一情况后，立即停车检查，由于发动机处于高速运转状态，发动机本身温度较高，高速运转的连杆轴承因不能及时润滑和散热，所以在停车过程中造成了连杆轴承的烧蚀。

更换机油滤清器、修复曲轴轴颈，更换连杆轴承等相应的零部件后，发动机一次起动着车，且运转正常。

拓展提升

一、润滑系统的注油方法

大修后的发动机在运转之前应先向润滑系统注入机油，通常采用专用注油工具——压力注油器来完成（在进行发动机就车修理时，可用压力注油器清洗发动机油道），如图5-12所示。注油方法如下所述：

(1) 如图5-13所示，压力注油器油箱中的机油量应足以充满新换的机油滤清器及发动机油道。

(2) 在润滑系统建立起油压以后，对于装有液压挺杆的发动机要用手转动发动机曲轴一周。

(3) 再向润滑系统注油一次，保证所有的液压挺杆都充入机油。

图 5-12　压力注油器

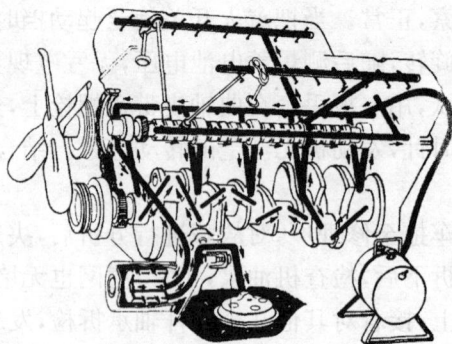
图 5-13　压力注入机油

二、发动机静态油压试验

利用压力注油器可以对发动机进行静态油压试验，以检查发动机轴承间隙是否过大。操作过程如下所述：

（1）拆下油底壳，用一个密封垫将机油泵进油口堵住，试验完成后一定要将这个密封垫拆去。

（2）利用压力注油器注油。

（3）观察曲轴轴承处机油的滴漏情况，如图5-14所示。油滴以每分钟 20～150 滴为合适，如果滴油过多说明轴承间隙过大，滴油过少说明机油油道堵塞或轴承间隙过小。

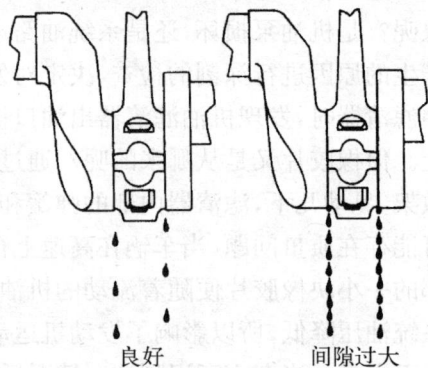
良好　　　间隙过大
图 5-14　曲轴轴承处机油的滴漏情况

（4）使曲轴转动半圈再进行一次试验。如果曲轴主轴颈上的油孔与发动机油道油孔恰好对准时，漏出的油滴就会增多。

测试习题

一、填空题

1. 在发动机润滑系统中，凸轮轴轴颈采用_____。

2. 机油的黏度是评价机油品质的主要指标，通常用_____来表示。

3. 汽车发动机润滑系统所用的润滑剂有_____和_____两种。

4. 发动机的曲柄连杆机构采用_____和_____相结合的润滑方式。

5. 机油细滤器有_____和_____两种类型。

二、选择题

1. 活塞与汽缸壁之间的润滑方式是（　　）。

A. 压力润滑
B. 飞溅润滑
C. 润滑脂润滑
D. 压力润滑和飞溅润滑同时进行

2. 发动机润滑系统中润滑油的正常油温为(　　)。

A. 40～50℃

B. 50～70℃

C. 70～90℃

D. 大于 100℃

三、试分析发动机机油压力过低的原因。

任务二　机油压力过高的诊断与排除

任务导入

一辆捷达轿车,行驶中每当车速达到 70 km/h 左右时,机油报警灯就闪亮,蜂鸣器也发出警报。若停车重新起动,一切又恢复正常;行驶中车速一旦偏高,故障会再次出现。请判断故障原因和故障部位,如何排除故障?

学习目标

1. 掌握发动机润滑系统的组成及功用。
2. 了解润滑系统各零部件的结构特点。
3. 掌握机油的选择和更换方法。
4. 能进行机油压力过高的故障诊断和排除。

相关知识

一、润滑系统主要组成部件

1. 机油滤清器

目前,轿车上普遍采用整体式滤清器,即将滤芯与外壳制成一个不可拆卸的整体,当使用时间达到更换周期时,将滤芯和外壳一起更换。轿车发动机机油滤清器结构如图 5-15 所示,这种滤清器使粗滤和细滤集为一体,即细滤芯(尼龙)6 与粗滤芯(褶纸)4 串联,设置在同一壳体内,滤清器出油口 9 是螺纹孔,借此螺纹孔把滤清器安装在机体上的螺纹接头上,螺纹接头与机体主油道相通。在机体安装平面与滤清器之间用密封圈 1 密封。其工作如图 5-16 所示,机油从滤清器盖 2(见图 5-15)周边的进油口 8 进入滤清器内,从外向内流过褶纸滤芯 4 和尼龙滤芯 6,过滤后进入滤清器中心油腔,当机油压力大于单向阀 5 的弹簧力时,推开单向阀,经出油口 9 流进机体主油道。单向阀的作用是当发动机停止工作时,维持发动机内有足够的机油,利于下次起动。为了安全起见,这种滤清器也设有旁通阀 7。如果滤芯被堵塞,机油压力增大,使旁通阀 7 打开,机油绕过滤芯直达中心油腔。虽然这时机油未经滤清,但防止了发动机缺油的危险。

2. 机油细滤清器

机油细滤器分为过滤式和离心式两种,现代发动机一般采用离心式细滤器,如图 5-17

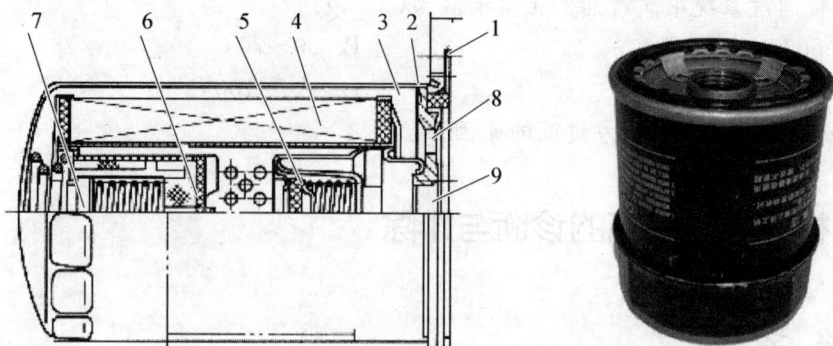

图 5-15　轿车发动机机油滤清器结构

1-密封圈；2-滤清器盖；3-滤清器壳；4-褶纸滤芯；5-单向阀；
6-尼龙滤芯；7-旁通阀；8-进油口；9-出油口

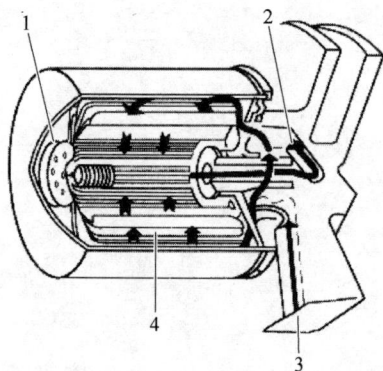

图 5-16　机油滤清器工作原理

1-旁通阀；2-通向发动机的清洁润滑油；3-从油底壳来的机油；4-褶纸

所示。

机油细滤清器壳体上固定着带中心孔的转子轴，转子体上压有三个衬套，并与转子体端套连成一体，套在转子轴上可自由转动。压紧螺母将转子盖与转子体紧固在一起。转子下面装有推力轴承，上面装有支承垫圈，并用弹簧压紧以限制转子轴的轴向窜动。转子下端装有两个径向水平安装的喷嘴。压紧螺套将滤清器盖固定在壳体上，使转子密封。

发动机工作时，从机油泵来的机油进入滤清器进油孔 B。当机油压力低于 0.1 MPa 时，进油限压阀不开启，机油则不进入滤清器而全部供入主油道，以保证发动机润滑可靠。当油压高于 0.1 MPa 时，进油限压阀被顶开，机油沿壳体中的转子轴内的中心油道，经出油孔 C 进入转子内腔，然后经进油孔 D、油道 E 从两喷嘴喷出。在机油喷射的反作用力的推动下，转子及转子内腔的机油高速旋转。在离心力作用下，机油中的杂质被甩向转子壁并沉淀，清洁的机油经滤清器出口 F 流回油底壳。

发动机工作中，如果油温过高，可旋松调整螺钉，机油通过球阀，经管接头流向机油散热器。当油压高于 0.4 MPa 时，旁通阀打开，机油流回油底壳。

在发动机的机油压力高于 0.15 MPa 时，运转 10 s 以上，然后立即熄火。在熄火后 2～3 min 内，若在发动机旁听不到细滤器转子转动的嗡嗡声，则说明细滤器不工作。若机油压力正常，细滤器的进油单向阀也未堵塞，则为细滤器故障。应拆检清洗细滤器，拧开压紧螺母，取下外罩，将转子转到喷嘴对准挡油板的缺口时，取出转子。清除污物，清洗转子并疏通喷嘴，经调整或换件后再组装。

3. 限压阀

限压阀又称安全阀，常用的有柱塞式和钢球式。

1）柱塞式限压阀

柱塞式限压阀由柱塞、弹簧及螺塞等组成，如图 5-18 所示，其安装在与主油道相通的油

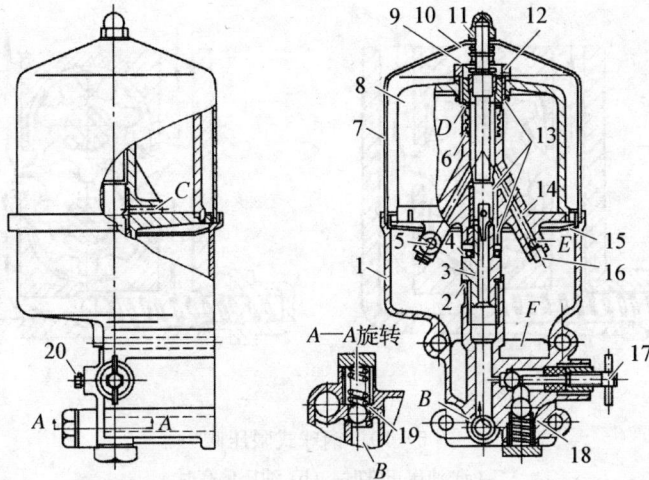

图 5-17　离心式机油细滤器

1-壳体；2-锁片；3-转子轴；4-止推轴承；5-喷嘴；6-转子体端套；7-滤清器盖；
8-转子盖；9-支撑垫；10-弹簧；11-压紧螺塞；12-压紧螺母；13-衬套；14-转子体；
15-挡板；16-螺塞；17-调整螺钉；18-旁通阀；19-进油限压阀；20-管接头
B-滤清器进油孔；C-出油孔；D-进油孔；E-通喷嘴油道；F-滤清器出油口

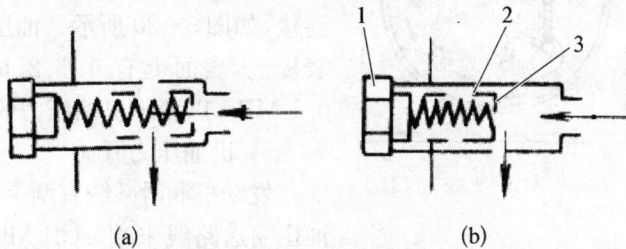

图 5-18　柱塞式限压阀

(a) 油压正常时　(b) 油压偏高时
1-柱塞；2-弹簧；3-螺塞

路上。柱塞顶端有小孔，在油压正常时，一部分机油由此孔流入正时齿轮盖内（侧置式气门发动机），以润滑正时齿轮。当油压超过正常值时，柱塞被推动，让大量机油经过正时齿轮盖上的开口流回机油盘，以限制油压的升高。

2）钢球式限压阀

钢球式限压阀由钢球、弹簧及螺塞等组成，装在机油泵上，如图 5-19 所示。当油压正常时，弹簧的张力使钢球关闭了回油道。当压力超过正常值时，机油压力克服弹簧张力压开钢球，一部分机油可以从回油道内流回进油口，进行小循环，因而限制了机油压力的升高。

4. 机油压力传感器、机油压力表和机油压力开关

1）机油压力传感器

机油压力传感器安装在粗滤器壳体或主油道上，其作用是把感受到的压力信号传给油压表。

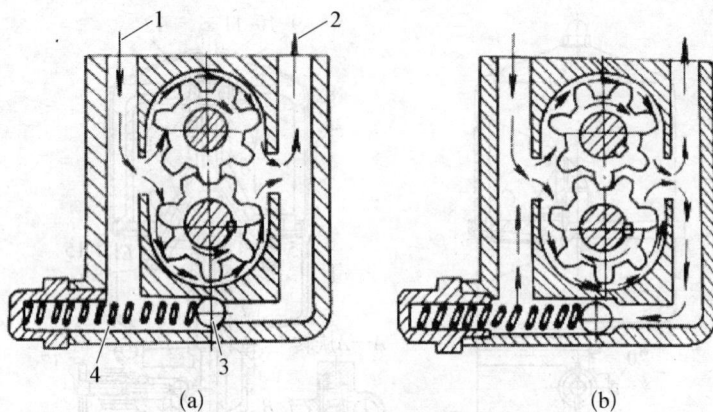

图 5-19　钢球式限压阀

(a) 油压正常时　(b) 油压偏高时
1-进油口；2-出油口；3-钢球；4-弹簧

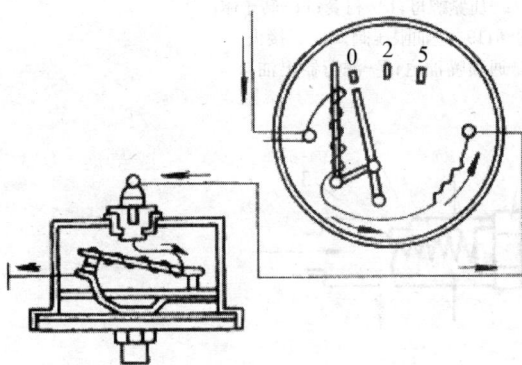

图 5-20　电热式机油压力表

2) 机油压力表

机油压力表用以指示发动机在运转时润滑系统中机油压力的大小，一般都采用电热式机油压力表，由油压表和传感器组成，中间用导线连接，如图 5-20 所示。油压表装在驾驶室内仪表板上，表面上有 0、1、2、5 四个刻线，单位是 0.1 MPa，以表示机油压力的大小。

3) 机油压力开关

发动机润滑系统有两个油压开关，一个设在油压输送路线末端0.031 MPa低压油压开关（棕色绝缘）上，另一个是设在机油滤清器上0.18 MPa高压油压开关上（白色绝缘）上。发动机点火后，油压指示灯亮；当油压超过 0.031 MPa 时，该指示灯熄灭。发动机低速运转（怠速）时，如果油压又回到 0.031 MPa 以下时，油压开关触点闭合，则指示灯亮。当发动机转速大于 2 150 r/min 时，如果油压降到0.18 MPa 以下，油压开关触点断开，报警灯闪亮，蜂鸣器同时报警。

5. 机油散热器

（1）风冷式机油散热器。风冷式机油散热器是以空气为冷却介质带走机油热量的冷却机油的装置。风冷式机油散热器由散热片、限压阀、开关和进出油管等组成，如图 5-21 所示。其结构一般为管片式，和一般的管片式冷却液散热器类似。一般安装在水冷却散热器的前面，与主油道并联。机油泵工作时，一方面将机油供给主油道，另一方面经限压阀、机油散热器开关、进油管进入机油散热器内，冷却后从出油管流回机油盘，如此循环流动。

（2）水冷式机油散热器。水冷式机油散热器是以发动机的冷却液为冷却介质冷却机油的装置。通常将机油散热器置于冷却液回路中，利用冷却液的温度来控制机油的温度。当机油温度高时，靠冷却液降温。发动机起动时，则从冷却液吸收热量使机油迅速提高温度。水冷式机油散热器的一般结构如图 5-22 所示，由铝合金铸成的壳体、前盖、后盖和铜芯管组成。为

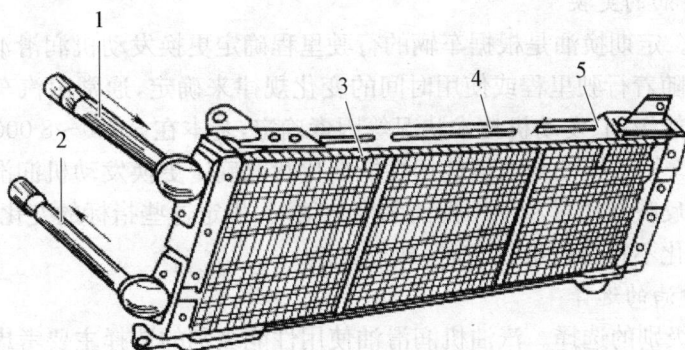

图 5-21　风冷式机油散热器

1-进油管;2-出油管;3-散热片;4-扁管;5-框架

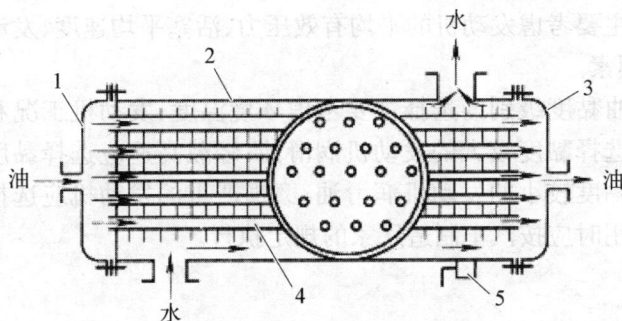

图 5-22　水冷式机油散热器

1-前盖;2-壳体;3-后盖;4-铜芯管;5-放水开关

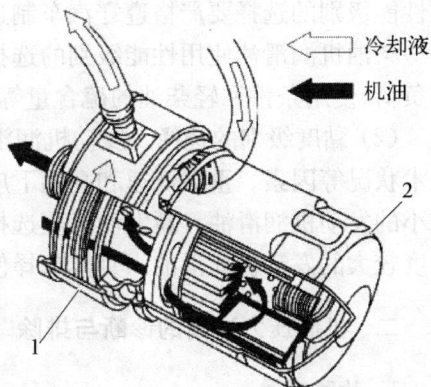

图 5-23　本田 F-20A 型发动机机油散热器结构

1-机油散热器;2-机油滤清器

了加强冷却,管外又套装了散热片。冷却液在管外流动,机油油在管内流动,两者进行热交换。也有使机油在管外流动,而冷却液在管内流动的结构。

在有些发动机上,将机油散热器与机油滤清器制成一体,对机油进行冷却。图 5-23 为本田 F20A 型发动机机油散热器结构,在机油滤清器的进、出油道口处装有一环形发动机冷却液管道,通过循环的冷却液将机油的热量带走。

6. 机油滤清器的更换

在发动机的维护过程中,必须按要求定期更换机油滤清器,不能仅在更换机油时才更换滤清器。一般每更换一次机油至少应更换两次机油滤清器。更换机油滤清器时,应注意以下几点:

(1) 在安装机油滤清器之前,应将滤清器底座上的橡胶密封圈抹上机油。

(2) 滤清器扳手仅用于滤清器的拆卸。由于机油滤清器的外壳很薄,安装时只允许用手拧紧滤清器。拆卸滤清器时应使扳手尽可能靠近滤清器底座,以免挤破滤清器壳体。一旦挤破壳体,滤清器便很难拆卸。

(3) 机油滤清器为一次性使用零件,新车或大修发动机后,车辆行驶 1 万 m 后应更换新机油滤清器,以后车辆每行驶 1 万米更换一次。

7. 发动机润滑油的更换

(1) 定期换油。定期换油是根据车辆的行驶里程确定更换发动机润滑油。换油周期根据发动机油使用性能随着行驶里程或使用时间的变化规律来确定,通常由汽车制造厂家根据发动机润滑油使用性能级别、发动机技术状况等因素确定,基本在 5 000～8 000 km 之间。

(2) 按质换油。按质换油是根据使用性能变化状况确定更换发动机润滑油。发动机机油的理化性能指标可反映其质量和使用性能的变化情况,规定这些指标的变化限值,当发动机机油有一项指标的变化不符合标准规定时,即行更换。

8. 发动机润滑油的选择

(1) 使用性能级别的选择。汽油机润滑油使用性能级别的选择主要考虑压缩比、排量、最大功率、最大扭矩和发动机功率(kW)与曲轴箱机油容量(L)之比,曲轴箱强制通风、废气再循环等排气净化装置的采用对发动机润滑油的影响,以及城市汽车时开时停等运行工况对生成沉积物和机油氧化的影响等因素。一般由汽车制造厂家在车辆出厂时确定,因此,发动机油使用性能级别的选择要严格遵守汽车制造厂家的规定。

柴油机润滑油使用性能级别的选择主要考虑发动机的平均有效压力、活塞平均速度、发动机负荷、使用条件和轻柴油的硫含量等因素。

(2) 黏度级别的选择。发动机润滑油黏度级别的选择主要考虑环境温度、发动机工况和技术状况等因素。重载低速和高温下应选择黏度较大的发动机润滑油;轻载高速应选择黏度较小的发动机润滑油。新发动机应选择黏度较小的发动机润滑油;磨损严重的发动机应选择黏度较大的发动机润滑油。具体选择使用时应按汽车制造厂家的规定执行。

二、机油压力过高的诊断与排除

1. 故障现象

发动机在正常温度和转速下运转时,机油压力表读数始终高于规定值。

2. 故障原因

此故障发生的原因主要有以下几种:

(1) 机油黏度过大,机油量过多。

(2) 油压表、传感器及油压指示装置失效。

(3) 机油压力限压阀调整不当或卡滞。

(4) 机油滤清器滤芯堵塞,且旁通阀开启困难。

(5) 润滑油道、汽缸体主油道堵塞、积垢过多。

(6) 曲轴主轴承、连杆轴承或凸轮轴轴承间隙过小。

3. 故障诊断

发动机运转过程中,若发现机油压力过高,应熄火后排除故障,否则容易损坏机油滤清器。首先根据故障现象诊断:

(1) 在发动机运转过程中,如果机油压力突然升高,但无其他异常现象,应检查机油压力传感器上的导线是否搭铁。接通点火开关,但不起动发动机,观察机油压力表指针是否升到最大值。若机油压力指针升到最大值,则故障为导线搭铁引起;若指示为零,则应检查机油滤清器的滤芯是否堵塞;限压阀柱塞或钢球是否卡死;限压阀弹簧是否过硬。

(2) 在发动机运转过程中,如果机油压力表指示始终偏高,应接通点火开关,检查机油压力表的指针是否为零。若指针不在零位,则应拆下机油压力传感器上的导线,再检查机油压力表上的指示状态。若压力表仍有指示,说明压力表工作不良;若指示为零,则说明机油压力传感器有故障。

(3) 抽出机油尺,检查机油黏度是否过高。过高应更换合适的机油。

(4) 当机油压力过高,而机油压力表的读数却较低,则为机油粗滤器的滤芯堵塞且旁通阀开启困难,应更换机油滤清器。若故障不能排除,则应检查、调整限压阀。

(5) 检查机油压力限压阀是否调整不当或不能开启。机油压力限压阀外装的,可直接检查限压阀是否卡滞,视情况修复或更换。限压阀安装在机油泵上的,需拆下机油泵,再检查限压阀。

(6) 分解发动机,检查清洗汽缸体上的润滑油道,并用压缩空气吹通。

(7) 检查曲轴主轴承、连杆轴承或凸轮轴轴承间隙等是否过小,视情况修复。

机油压力过高的故障诊断流程如图 5-24 所示。

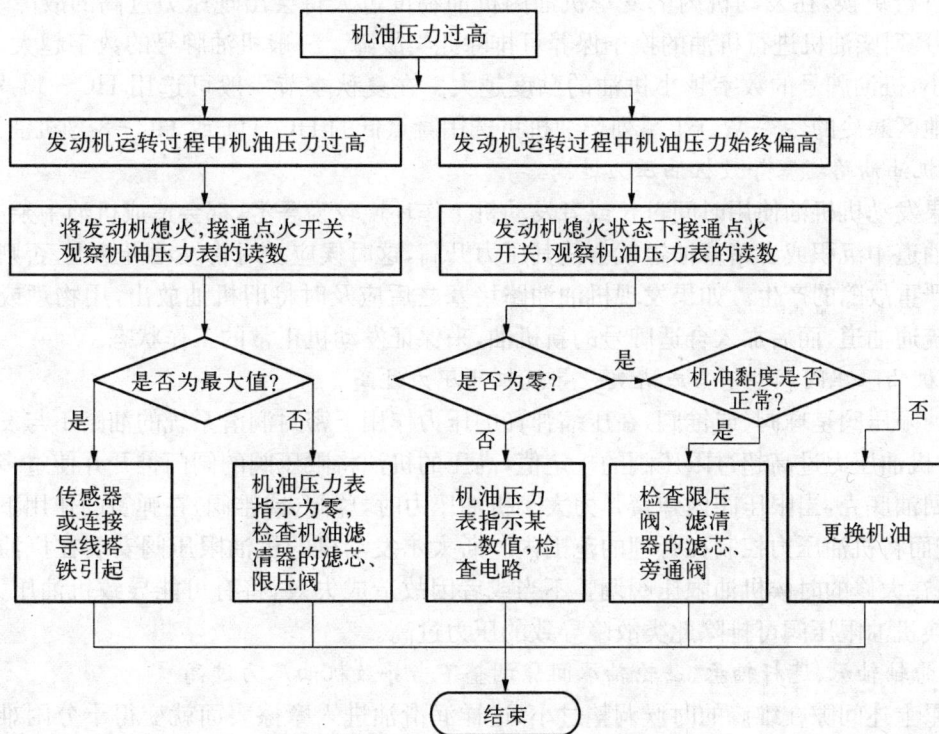

图 5-24　机油压力过高的故障诊断流程

任务实施

案例 1:斯太尔发动机机油压力过高原因分析与排除

故障现象:一台山工 ZL50F 装载机上的斯太尔发动机大修之后重新起动,运行了一段时间后,发动机机油压力表指示超过正常值,并且发动机输出的动力出现了明显下降。

故障分析:斯太尔发动机机油压力过高的主要原因一般有以下几种:

1. 机油压力传感器以及压力表失效，导致斯太尔发动机机油压力出现"虚高"

一般情况下这种"虚高"现象不会影响发动机的正常运转，因此如果在机油压力表指示持续过高的情况下，发动机转速平稳，无异响，排除尾气烟色正常，动力输出无明显下降，这个时候我们就应该考虑是否机油压力出现了"虚高"的故障，需要及时更换失效的部件将机油压力"虚高"故障排除。

2. 机油黏度过大导致机油压力过高

在发动机没有完全预热之前，机油的黏度比正常运转的情况下要大，尤其在寒冷的冬季这种情况更加明显。如果发动机在刚开始起动时压力过高，当水温达到正常工作温度后压力下降到合理的范围之内，属于正常现象，无须对此故障进行排除。

而当发动机运行了一段时间后，机油压力持续过高，观察油底壳内机油黏度过大，这个时候就应该考虑是否加入的机油牌号不对。例如，如果 WD615 系列柴油机在冬季作业时没有对机油进行更换，在发动机内的夏季机油因机油黏度过大将会出现压力过高的故障，及时对 WD615 系列柴油机进行机油的换季保养可排除此类故障。一般机油牌号的数字越大，机油的黏度越小，机油牌号的数字越小机油的黏度越大。在夏秋季节一般可选用 HC‐14 号机油。在北方地区寒冷的冬季 WD61 系列柴油机可选用凝点低的 HC‐11 或 HC‐8 号机油。

3. 机油油路堵塞导致机油压力过高

如果发动机机油使用时间过长或者发动机工作环境较为恶劣，都会造成机油中杂质过多，杂质在油道中沉积或者堵塞油道就会使其压力升高，这时候应及时将发动机熄火，否则会出现烧瓦等严重故障的产生。如果发现机油油路堵塞之后应及时将旧机油放出，用物理或者化学的方法疏通油道，而后加入合适牌号的新机油，来保证发动机正常的工作状态。

4. 机油限压阀调整不当或者失效导致机油压力过高

机油限压阀是球阀（或锥阀）在压缩弹簧的压力作用下密封润滑系统的油路不与发动机内部相通，机油压力过高超过限压阀的规定值，高压的机油将限压阀的阀门推开并使过多的机油重新流回油底壳，当限压阀内弹簧弹力大于机油压力时，球阀（或锥阀）在弹簧的作用下会自行关闭，进而将机油压力控制在合理的范围内。斯太尔发动机的机油限压阀安装在机油主油道中，如果在大修的时候机油限压阀调整不当或者因故造成失效，将有可能导致机油压力过高。及时更换机油限压阀可排除此类故障导致的压力过高。

5. 曲轴轴承、连杆轴承、凸轮轴承间隙调整不当导致机油压力过高

如果上述间隙在维修的时候调整过小，这样润滑油进入摩擦表面就变得十分困难从而引起主油道压力过高。如果发现此类情况，应及时对相应的间隙进行调整来保证正常的机油压力。

6. 机油滤清器堵塞、旁通阀失效导致机油压力过高

机油滤清器的作用是用来过滤机油中杂质，如果机油中杂质过多很有可能将机油滤清器中的滤芯堵塞，如果这个时候旁通阀没有及时打开或者失效都有可能造成机油压力过高情况的出现。因此经常检查机油滤清器，发现问题应及时更换，可避免因机油滤清器堵塞而导致机油压力过高现象的产生。

故障排除：斯太尔发动机出现机油压力过高故障之后，我们首先关闭发动机，并通过机油尺观察机油的情况，因为大修后刚刚更换了机油，机油的质量和黏度是合适的，相应的油路也没有发生堵塞，而机油滤清器也刚刚更换过，因此在检查的过程中并无异常，重新咨询发动机

大修的相关人员,维修人员反映大修的时候同时也更换了机油限压阀,将其拆下发现此限压阀不是该型号发动机的标准配置,重新更换了相应型号的机油限压阀后,再次起动发动机上述故障现象消失。

案例2:机油泵限压阀卡滞导致机油压力过高,滤清器底座向外喷机油

故障现象:红旗 CA7200E 轿车发动机从机油滤清器底座处向外喷机油。

故障排除:起初以为机油滤清器盖未拧紧,用机油滤清器扳手将其拧紧。一天后机油滤清器又向外喷油,经检查,机油从机油滤清器扳手拧紧处的印迹上喷出,以为拧紧时将滤清器损坏,于是更换机油滤清器,但机油还是从滤清器出喷出。

正常情况下,只需稍用力就可以将机油滤清器拧紧。但用各种方法拧紧,滤清器处仍向外喷油,因而判断可能是润滑系统机油压力过高。将机油滤清器拆下,用压缩空气向润滑油道内吹气,感觉油道无堵塞,因此故障可能出在机油泵限压阀上。

检查机油泵限压阀,拔下限压阀的开口销,取出弹簧帽和弹簧,却取不出柱塞,柱塞卡滞在里面。将其取出,清洁并润滑后装复,故障排除。

拓展提升

一、活塞环的刮油和泵油

1. 油环的刮油作用

油环有两种结构形式:整体式和组合式。整体式油环其外圆面的中间切有一道凹槽,在凹槽底部加工出很多穿通的排油小孔或缝隙。组合式油环由上、下刮片和产生径向、轴向弹力的衬簧组成。这种环的环片很薄,对汽缸壁的比压大,刮油作用强,质量小,回油通道大,在高速发动机上得到了广泛应用。

无论活塞上行还是下行,油环都能将汽缸壁上多余的机油刮下来,经活塞上的回油孔流回油底壳。油环的刮油作用如图 5-25 所示。

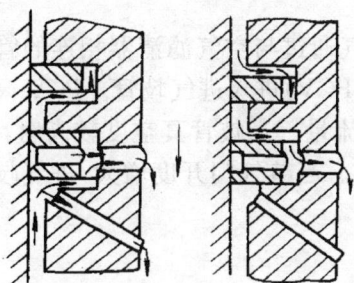

图 5-25　活塞环的刮油作用

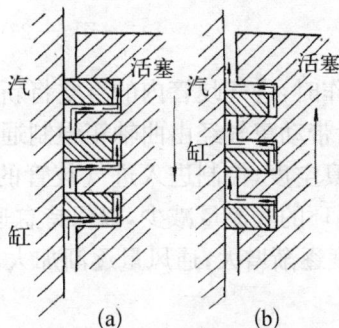

图 5-26　油环的泵油作用
(a)活塞下行　(b)活塞上行

2. 气环的泵油现象

由于侧隙和背隙的存在,当发动机工作时,活塞环便产生了泵油现象,如图 5-26 所示。

活塞下行时,环靠在环槽上方,环从汽缸壁上刮下来的润滑油充入环槽下方;当活塞上行时,环又靠在环槽的下方,同时将机油挤压到环槽上方。如此反复,就将汽缸壁上的机油泵入燃烧室。

泵油现象会使燃烧室内形成积炭,同时增加机油消耗,并且可能在环槽中形成积炭,使活塞环卡死,失去密封作用,甚至折断。

二、曲轴箱通风装置

发动机工作中,汽缸内的可燃混合气和燃烧以后的废气有一部分会经活塞、活塞环与汽缸壁之间的间隙漏入曲轴箱内。这些气体中含有的未燃烧燃油会将机油稀释。废气中的水蒸气凝结后,会使机油中的含水量和泡沫增加,影响润滑效果。废气中的酸性物质,使机油的酸质增加,导致发动机零件腐蚀。同时,进入曲轴箱的气体还会使曲轴箱内压力增大,造成接合面、油封等处漏油。曲轴箱通风装置就是将外界空气经过滤后送入曲轴箱内,再将曲轴箱内的气体排出,以保证润滑系统工作正常,延长机油使用寿命,保证发动机机件不被腐蚀和防止泄漏发生。

曲轴箱通风有自然通风和强制通风两种方式,由于自然通风方式对大气有污染,低速时通风效果差,已很少采用,现代汽车发动机普遍采用曲轴箱强制通风。强制通风就是将曲轴箱内抽出的气体导入进气歧管内,如图 5-27 所示,这样可将窜入曲轴箱内的混合气回收使用,有利于提高经济性和减轻污染。

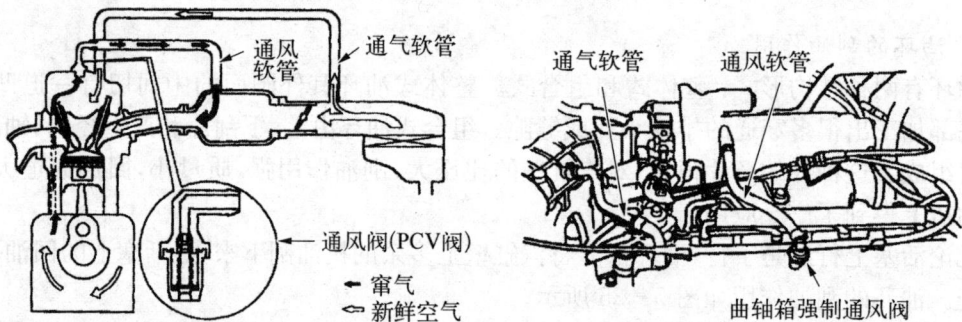

图 5-27　曲轴箱强制通风

发动机工作时,进气歧管内的真空将新鲜空气通过与空气滤清器相连的管子吸入气门室和曲轴箱,然后带动窜气经由曲轴箱强制通风阀(PCV)进入进气歧管。PCV 阀的作用是根据进气歧管内的真空度,控制进入进气歧管的空气流量。当歧管真空度较高时,PCV 阀开度较小,从而使再循环的气流量减少,以保持怠速稳定。当节气门开度增大,进气歧管真空度降低时,PCV 阀开度逐渐增大,通风量逐渐加大。

测试习题

一、填空题

1. 发动机润滑系统主要有_____、_____、_____、_____、_____和_____等作用。

2. 现代汽车发动机多采用_____和_____相结合的综合润滑方式,以满足不同零件和部位对润滑强度的要求。机油泵的作用是将一定_____和_____的润滑油供到润滑表面,汽车发动机常用的机油泵有_____和_____两种。

3. 润滑方式有_____、_____和_____等。

4. 发动机冒蓝烟是_____造成的。

5. 机油泵泵出的机油,约85％～90％经过_____滤清后流入主油道,以润滑各零件,而约10％～15％的机油量进入_____滤清后直接流回油底壳。

二、选择题

1. 转子式机油泵工作时(　　)。

A. 外转子转速低于内转子转速　　　　　B. 外转子转速高于内转子转速

C. 内外转子转速相等

2. 正常工作的发动机,其机油泵的限压阀应该是(　　)。

A. 经常处于关闭状态　　　　　　　　　B. 热机时开,冷机时关

C. 经常处于溢流状态　　　　　　　　　D. 热机时关,冷机时开

3. 机油浮式集滤器滤网的中心有一圆孔,其作用是(　　)。

A. 便于拆装　　　　　　　　　　　　　B. 防止滤网堵塞时中断供油

C. 增大供油量　　　　　　　　　　　　D. 便于进油流畅

4. 粗滤器滤芯堵塞时,旁通阀打开,(　　)。

A. 使机油不经滤芯,直接流回油底壳　　B. 使机油直接进入细滤器

C. 使机油直接流入主油道　　　　　　　D. 使机油流回机油泵

5. 发动机的活塞与汽缸壁间多采用(　　)。

A. 压力润滑　　　　　　　　　　　　　B. 定期润滑

C. 飞溅润滑

任务三　机油消耗异常的诊断与排除

任务导入

　　一辆五菱 LZW6330 微型汽车,突然烧机油,在排气管中喷出大量蓝色烟雾。怠速时蓝烟较轻,踩加速踏板时蓝烟较重。请问故障如何排除?

学习目标

1. 掌握发动机润滑系统的组成及作用。

2. 了解润滑系统各零部件的结构特点。

3. 掌握机油的选择和更换方法。

4. 能进行机油消耗异常的故障诊断和排除。

相关知识

一、机油的作用、使用性能及类型

1. 机油的作用

汽车发动机机油是通过润滑系统的正常工作,把压力和温度适宜的干净润滑油输送到发动机各运动零件表面,以起到润滑、清洁、冷却、密封、防锈等功效,保证发动机各零部件的正常工作。

(1) 润滑作用。发动机工作时,它的许多机件在高速运转中会产生很大的摩擦阻力,而机油通过压力循环进入摩擦副之间,黏附在摩擦表面,形成一定厚度的油膜,从而使两个摩擦表面不再直接接触,形成阻力较小的液体摩擦,这样就减少了机件的磨损和发动机功率的损失。

(2) 清洗作用。发动机工作中,由空气带入的沙土、灰尘及燃烧后形成的炭化物,机件之间因摩擦、损坏产生的金属屑以及和水分形成的油泥,均会增加机件的磨损;流动的机油能把这些杂质带走,截留在机油滤清器中,从而保持了机油的清洁而保障发动机能正常工作。

(3) 冷却作用。发动机在工作中,燃料燃烧排放的热量使活塞顶、汽缸盖、汽缸壁等部件温度急剧上升;同时,机件之间的相互摩擦也会产生一定热量,这些热量会使机件的温度再次升高、强度下降甚至变形。通过机油在机件间的不断循环,可将这些热量不断带走,降低机件温度,从而起到冷却作用,延长了机件的使用寿命。

(4) 密封作用。为保证发动机的正常工作,发动机各摩擦副间都留有一定的间隙,如汽缸与活塞间、活塞与活塞环间、气门杆与导管之间等,这些间隙会使发动机工作时出现漏气现象,从而降低发动机功率。循环流动的机油可以填满上述各间隙形成密封环,达到降低摩擦阻力、消除漏气、提高发动机功率的效果,保证了发动机的正常工作。

(5) 防锈蚀作用。发动机各机件表面经常与空气、水蒸气及燃气接触,极易因酸腐而锈蚀。如果各机件表面经常保持一定厚度的润滑油膜,就会把机件表面与腐蚀性气体相隔离,提高机件保护效能,减少或避免气体锈蚀的能力。

(6) 液压作用。机油还可用作液压油,如在液压挺柱中机油就起液压作用。

(7) 减震缓冲作用。在运动零件表面形成油膜,吸收冲击并减小振动,起减震缓冲作用。

2. 机油的使用性能

(1) 良好的润滑性。在各种条件下,发动机机油降低摩擦、减缓磨损和防止金属烧结的能力叫做机油的润滑性。发动机机油黏度是评定润滑性的重要指标。

(2) 良好的低温操作性。从发动机机油方面保证发动机在低温条件下容易起动和可靠供油的性能叫做机油的低温操作性。发动机油低温操作性评价指标有低温动力黏度、边界泵送温度和倾点。

(3) 良好的黏温性。黏温性是指机油的黏度由于温度的变化而改变的性质。机油的黏度随温度的升高而变小,随温度降低而变大。良好的黏温性是指机油的黏度随温度的变化程度小。

(4) 良好的清净分散性。发动机机油能抑制积炭、漆膜和油泥生成或将这些沉积物清除的性能,叫做发动机油的清净分散性。发动机油的清净分散性是通过添加清净剂和分散剂而获得的。发动机油清净分散性的评定指标是硫酸盐灰分和残炭。

（5）良好的抗氧性。发动机机油抵抗氧化的能力叫做发动机机油的抗氧性,需通过相应的发动机试验来评定。

（6）良好的抗腐性。发动机机油抵抗腐蚀性物质对金属腐蚀的能力叫做发动机机油的抗腐性。发动机机油抗腐性的评定指标是中和值,也可通过相应的发动机试验来测定。

（7）良好的抗泡沫性。发动机机油消除泡沫的性质叫做发动机机油的抗泡沫性,其评定指标是抗泡沫性。

3. 发动机机油的分类和规格

1）发动机机油分类

发动机机油按使用性能和黏度进行分类。世界广泛采用美国石油学会（API）的发动机机油使用性能分类法,该分类法首先将汽油机机油定为 S 系列,将柴油机机油定为 C 系列,再按照发动机性能强化程度和工作条件的苛刻程度划分使用性能级别。发动机机油的使用性能级别是根据发动机机油在发动机台架试验中所得到的润滑性、清净分散性、抗氧抗腐性等确定的。

目前我国生产的轿车、微型车和部分轻型货车,新车出厂要求使用 SG、SH、SJ、SL 级别规格的汽油机机油。我国引进的高速客车、矿山用车、集装箱车和引进国外技术生产的柴油机使用 CE 和 CF - 4 级油,如东风康明斯公司生产的 B、C 系列柴油机已使用 CF - 4 级油。

美国汽车工程师学会（SAE）的《发动机机油黏度分类》中黏度等级以 6 个含 W 的低温黏度级号（0 W、5 W、10 W、15 W、20 W、25 W）和 5 个不含 W 的 100℃ 运动黏度级号（20、30、40、50、60）表示;前者以最大低温黏度、最高边界泵送温度以及 100℃ 时的最小运动黏度划分,后者仅以 100℃ 时的运动黏度划分。

2）发动机机油的规格

GB 11121 - 1995《汽油机机油》规定了 SC、SD、SE、SF 四个级别的汽油机机油规格; GB 11122 - 1997《柴油机机油》规定了 CC、CD 两个级别的柴油机机油规格;GB 11121 - 1995《汽油机机油》规定了 SD/CC、SE/CC、SF/CD 三个级别的汽油机机油/柴油机机油规格。1997 年,我国还制订了 SG、SH、SJ、SL 级汽油机机油和 CF - 4 级柴油机机油的企业标准。

二、机油消耗异常的诊断与排除

车用发动机工作时的转速和负荷不断变化,因此汽车行业标准规定用发动机 80% 的额定转速下,100% 负荷以及 30% 负荷两种工况各运行 3 小时的机油消耗量作为发动机的机油消耗量标准值。由于机油消耗量由两种运行工况组成,不便采用内燃机行业的办法计算机油消耗率。一般采用将机油消耗量除以同时期发动机燃油消耗量的百分比来评判机油消耗量是否适宜,这个百分比应低于 1%。通常轿车每百公里燃油消耗量在 10 L 左右,故其机油消耗量应在 0.1 L/100 km 以下。所以当机油消耗量超过 0.2～0.3 L/100 km 时,可认为机油消耗过大。

1. 故障现象

发动机各密封衬垫、油封处有机油泄漏;发动机工作时,排气管冒蓝烟,火花塞、燃烧室积炭严重;发动机的机油消耗量超过 0.1 L/100 km。

2. 故障原因

机油消耗过大的主要原因是烧机油或漏油,具体原因如下:

(1) 机油泄漏。

(2) 机油液面过高。

(3) 汽缸磨损严重、活塞与汽缸壁间隙过大。

(4) 活塞环对口装反、弹力下降、侧隙过大、油环卡死等。

(5) 气门油封老化或损坏,气门导管与气门杆配合间隙过大,气门导管松动或燃烧室有裂纹,造成机油进入汽缸燃烧。

(6) 正时齿轮室,曲轴前、后油封,凸轮轴后端油堵等密封不严。

(7) 油底壳或气门室罩盖密封不严。

(8) PCV 阀(曲轴箱强制通风阀)损坏,大量机油蒸汽进入进气系统而燃烧。

(9) 涡轮增压器油封损坏或回油管堵塞。

(10) 某些带有空气压缩机的车辆,空气压缩机的活塞、活塞环、汽缸套磨损过甚,机油窜入贮气筒。

3. 故障诊断

(1) 检查发动机润滑系统的外部泄漏。

① 检查发动机油底壳周围是否有泄漏,若有泄漏的痕迹,应检查油底壳固定螺栓是否松动、衬垫是否损坏、油底壳是否破裂。

② 检查发动机曲轴的前、后端是否有漏油痕迹,若有,应检查曲轴的前、后油封是否损坏,曲轴传动带轮与油封接触面是否磨损严重,后轴盖的回油孔是否被堵塞等。

③ 检查发动机气门室盖处是否有漏油的痕迹,若有,应检查气门室盖螺栓是否松动、密封衬垫是否损坏等。

④ 检查润滑系统的其他部件是否有漏油的痕迹,若有,应先紧固其固定螺栓,再检查密封衬垫是否损坏等。

(2) 检查机油加注是否过多。机油液面过高会使飞溅到汽缸壁上的机油量增加,从而引起烧机油。

(3) 若发动机多处有机油渗漏,但又找不出明显的泄漏部位时,检查曲轴箱的通风装置,清理曲轴箱通风管道中流量控制阀处的积炭和结胶。

(4) 若发动机外部无渗油痕迹,则应使发动机正常运转,检查排气管排出的废气颜色以及机油加注口处是否有废气排出。

① 若排气冒蓝烟,同时机油加注口也向外冒蓝烟,则为活塞、活塞环与汽缸壁磨损过大,活塞环的端隙、背隙和侧隙过大,多个活塞环的开口对口,扭曲环装反等,使机油窜入燃烧室造成。

② 若排气管冒蓝烟,机油加注口不冒烟,而气门室罩向外窜烟,则应检查气门导管处的气门油封是否损坏,气门导管与气门杆的间隙是否过大等。

(5) 检查空气压缩机和涡轮增压器是否有机油泄漏或烧机油的现象。涡轮增压器的密封环损坏将导致机油消耗过大、排气冒蓝烟。空气压缩机活塞、活塞环及汽缸套磨损严重会使机油随压缩空气进入贮气筒。打开贮气筒油水放出阀,如有过多的机油放出,应拆检空气压缩机。

（6）检查润滑系统的其他部位。

任务实施

案例1：凸轮轴标记错误导致发动机大量冒蓝烟

故障现象：一辆装有1M Z-FE发动机的丰田佳美3.0轿车无法起动，对发动机进行了大修，更换了中缸总成和左侧汽缸盖上的进气凸轮轴（原来的凸轮断裂）。修理完后试车运转，刚开始各方面都很正常，过十分钟后发现有蓝烟从排气管冒出。

故障排除：维修工开始怀疑装配时抹在汽缸壁上的机油没有烧净，过了一会儿，不但没有停止冒蓝烟反而加剧，并且发动机开始缺缸，几乎熄火。拆下火花塞检查，发现左侧3个火花塞电极间有大量机油，右侧火花塞正常。于是开始查找左侧3个汽缸进机油的原因，再次更换气门油封仍然无效。检查活塞、活塞环和汽缸壁，并测量了活塞环间隙和配缸间隙，均正常。无奈，维修工请求技术部支援。

检修技师接车后首先拆下左侧汽缸盖检查，发现左侧3个活塞顶部有大量机油，左侧进气管壁和排气管内也有机油。仔细检查汽缸垫和汽缸盖，没有发现异常。因为换过气门油封，活塞及汽缸壁也查过，而且中缸总成是新的，这些没问题。那么，是什么原因造成大量机油窜入燃烧室呢？排气管内的机油一般认为是没有燃烧的机油从排气门排出来的，而进气管内的机油、窜入燃烧室内的机油又该如何来解释呢？

带着疑问，重新装配了发动机。着车后，刚开始怠速平稳，只是急加速有点回火，不一会儿便大量烧机油，直至熄火。拆检火花塞，又出现了大量机油。这时想起该车更换了一根进气凸轮轴，会不会新凸轮轴有问题呢？于是找出旧的凸轮轴，仔细比对，果然发现了问题。车上装的新凸轮轴与旧凸轮轴虽然各个凸轮角度排列一致，但是新凸轮轴正时齿轮上的正时标记相对位置却相差甚多，按新凸轮轴上的标记装配造成配气正时严重失准，其配气相位比旧凸轮轴相位角晚3个齿。于是在新的凸轮轴上打上正确的标记，装车，故障排除。

故障排除后对此案例进行了认真的总结和分析，故障成因如下：

（1）汽缸压力过低，活塞环刮油效果变差。当汽缸内压力正常时，活塞环能有效地刮油和布油。由于进气凸轮轴角度小，造成汽缸压力下降，活塞环第一密封面的第二次密封作用及第二密封面的密封作用严重下降，活塞刮油效果差，窜油过多。

（2）进气配气相位过迟导致机油上窜。新进气凸轮轴上凸轮角度比标准值滞后，导致进气门迟闭。由于进气门打开过迟，在进气行程开始时，活塞下行，进、排气门均关闭，在活塞的上方形成真空，此时机油不被刮下来，而是被吸到活塞上方。

（3）进气门迟闭造成进气管内壁存有大量机油，压缩行程时活塞开始上行，由于进气迟闭，积存在汽缸壁上的机油及窜到活塞顶上的机油被压出进气门，附着在进气歧管内壁。排气管内的油是由于活塞顶部的机油过多，在排气行程时随废气一起进入排气管。

（4）由于此车发动机布置形式以及本身性能比较好，虽然装配错误，但发动机尚能顺利起动且开始怠速还比较平稳。

案例 2：摇臂轴螺栓松动导致发动机烧机油，排气管中喷出大量蓝色烟雾

故障现象：一辆五菱 LZW6330 微型汽车，突然烧机油，排气管中喷出大量蓝色烟雾。急速时蓝烟较轻，踩加速踏板时蓝烟较重。

故障诊断：因为油烟非常严重，考虑不是由于活塞环及汽缸体正常磨损所致。最初认为是拉缸或活塞环折断所致。拆检时，首先打开气门室罩，突然发现一个摇臂轴螺栓松动。考虑到紧固螺栓、安装试车操作较为简便，因此决定重新安装试车。试车后，故障消失。因此无须对发动机再进行解体检查。

显然，燃烧的机油来自松动的摇臂轴螺栓处。可是，摇臂轴固定螺栓处泄漏的机油为何会进入燃烧室燃烧呢？

故障分析：该车采用柳州机械厂生产的 LJ462Q 发动机，该机为四缸水冷顶置凸轮轴汽油发动机，装有曲轴箱强制通风系统。摇臂轴螺栓松动后，轴内带有一定压力的机油大量泄漏，由于油气分离机构分离不彻底，部分机油经气门室罩上的橡胶软管进入曲轴箱通风系统的 PCV 阀，然后进入进气歧管和混合气一起进入燃烧室燃烧。急速时进气歧管内真空度较高，PCV 阀不能打开，所以进入燃烧室的机油较少，蓝烟较轻。加大加速踏板时进气歧管内真空度较低，PCV 阀打开，进入燃烧室的机油较多，蓝烟较重。

因此，在发动机检修过程中，不可忽视对曲轴箱通风系统的检查。

拓展提升

一、机油泄漏部位的检查

机油的常见泄漏部位如图 5-28 所示。如果发动机的上部（高处）出现泄漏（如 V 型发动机的进气歧管后部密封垫损坏漏油），机油会沿着发动机向下流到油底壳的后部。因此，不要认为出现油污或被机油浸"湿"的区域就一定是泄漏源，应把油污清除干净，起动发动机，检查是否出现新的油液，找出真正的泄漏部位。此外，密封圈或衬垫出现泄漏，不要简单地认为一定是密封圈或衬垫损坏，如果汽缸漏气过多或 PCV 系统失效，曲轴箱内的压力增大，机油在高压下也会从密封圈或衬垫处渗漏。

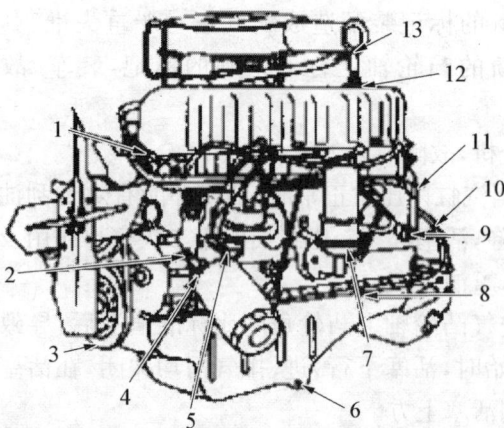

图 5-28　机油的常见泄漏部位

1-气门室盖衬垫；2-正时盖衬垫；3-正时端盖油封；
4-机油滤清器；5-分电器座；6-油底壳放油塞；
7-汽油泵衬垫；8-油底壳衬垫；9-机油压力传感器；
10-后端主轴承油封；11-凸轮轴后端型芯孔堵头；
12-PCV 阀堵塞；13-通风管堵塞；14-带轮后面的油封

如果飞轮或液力变矩器前端面有油，则为曲轴后油封泄漏；如果其后端面有油，则为变速器前端油封泄漏。喷出的油迹呈环形是曲轴油封漏油的表现；沿汽缸体有向下的漏油痕迹可能是油封、油堵、凸轮轴堵头漏油，或汽缸体有气孔、裂纹等。

对于难以查找的泄漏部位,可以向曲轴箱内注入少量的荧光颜料,并运转发动机,采用紫外线照射的方法来确诊。当紫外线照射到泄漏部位时,含有荧光颜料的机油会发光而显示出泄漏点。诊断时,将一小瓶荧光染料加入机油中(荧光染料对发动机无害,通常行驶480 km就能散发掉),使用一只功率很大的暗光灯,即使在一般的车间照明条件下,泄漏处也清晰可见。有时需要用一面镜子将暗光灯的光线反射到难以观察到的区域。汽车刚刚运行时,轻度漏油迹象往往不太明显,需要行驶 24 h 左右再检查。泄漏部位修复之后,要擦净发动机并用暗光灯再检查一次。

二、PCV 阀的检查

曲轴箱通风 PCV 阀损坏,将使过多的机油被吸入进气管道,使机油消耗量增加,因此应对 PCV 阀进行检查。

拆下 PCV 阀至进气歧管的真空管,观察真空管内壁及进气歧管内是否有机油的痕迹,如有则为 PCV 阀损坏。检查方法是:捏住通往 PCV 阀的管子,或用拇指盖住 PCV 阀的端部,如果怠速转速降低,说明 PCV 阀工作良好。

三、机油变质的诊断与排除

1. 故障现象

机油变质的主要表现有以下三点:

(1) 将机油滴在白纸上或目测,机油呈黑色,且用手指捻试无黏性,并有杂质感。

(2) 机油高度增加,且呈浑浊乳白色,伴有发动机过热或个别汽缸不工作的现象。

(3) 机油变稀,高度增加,且有汽油味,并伴有混合气过稀现象。

2. 故障原因

机油变质主要是高温氧化或混入冷却液、汽油及其他杂质所致,具体原因如下:

(1) 机油使用时间过长,未定期更换,高温氧化而变质。

(2) 汽缸活塞组漏气、曲轴箱通风不良,机油受燃烧废气污染而变质。

(3) 燃烧炭渣、金属屑或其他杂质过多,落入油底壳使机油变质。

(4) 汽油压力调节器膜片破裂,汽油进入进气道,雾化不良,沿汽缸壁流入油底壳稀释机油。

(5) 汽缸垫损坏、汽缸体或汽缸盖破裂,冷却液漏入油底壳使机油变为乳白色。

(6) 机油散热器不良、发动机过热,使机油温度超过 70~80℃,加速机油高温氧化。

3. 故障诊断与排除

(1) 根据机油颜色和症状特征判断机油是否变质(经验法),也可利用机油清净性分析仪、机油黏度检测仪测定机油的黏度、颜色,并判断有无汽油、水分和其他杂质等。

(2) 根据机油变质后的症状,确定故障原因和故障部位。如机油呈浑浊乳白色且油面增高,说明汽缸内进水;如机油中掺有汽油,说明汽油压力调节器或汽油泵膜片破裂漏油。

(3) 检查机油是否使用时间过长,未定期更换。

(4) 检查曲轴箱通风阀,失效则更换。

(5) 检查曲轴箱通风口是否冒烟、排气管是否排蓝烟,并检测汽缸压,判断汽缸活塞组是否漏气窜油,导致机油污染变质。

测试习题

一、名词解释

1. 曲轴箱的自然通风：

2. 曲轴箱的强制通风：

3. 全流式滤清器：

4. 分流式滤清器：

5. 压力润滑：

二、填空题

1. 机油粗滤器上装旁通阀的作用是为了防止因_____而断油，当旁通阀打开时，机油经此阀流入_____。

2. 汽车发动机润滑系统所用的润滑剂有_____和_____两种。

3. 机油细滤器有_____和_____两种类型。

4. 国产机油是根据在温度 100℃情况下机油的_____进行分类的。

5. 机油的黏度是评价机油品质的主要指标，通常用_____来表示。

三、判断题

1. 主轴承、连杆轴承间隙过小会造成油压过高。　　　　　　　　　　（　　）

2. 粗滤器旁通阀只有在滤芯堵塞时才打开。　　　　　　　　　　　　（　　）

3. 细滤器能过滤掉很小的杂质和胶质，所以经过细滤器过滤的润滑油应直接流向机件的润滑表面。　　　　　　　　　　　　　　　　　　　　　　　　　　　（　　）

4. 润滑油路中的机油压力不能过高，所以润滑油路中用旁通阀来限制油压。　（　　）

5. 由于机油粗滤器串联于主油道中，所以一旦粗滤器堵塞，主油道中机油压力便会大大下降，甚至降为零。　　　　　　　　　　　　　　　　　　　　　　　　　（　　）

6. 润滑系统主油道中压力越高越好。　　　　　　　　　　　　　　　（　　）

7. 细滤清器能过滤掉很小的杂质和胶质，所以经过细滤清器过滤的润滑油直接流向机件的润滑表面。　　　　　　　　　　　　　　　　　　　　　　　　　　　（　　）

8. 润滑系统中旁通阀一般都安装在粗滤器中，其功用是限制主油道的最高压力。（　　）

9. 更换发动机机油时，应同时更换或清洗机油滤清器。　　　　　　　（　　）

10. 机油变黑说明机油已经变质。　　　　　　　　　　　　　　　　　（　　）

任务工单

任务1：汽缸压力的检测与分析		标准时间：2 学时
班级：	姓名：	日期：

问题：一位顾客前来修车，描述说发动机无力，请您准确说出发动机上哪些零件损坏，维修费用是多少？

任务：点火机构工作正常。检查发动机机械机构，并确诊发动机哪些部件损坏，请完成此项工作。

1. 简述使用测试仪的注意事项。

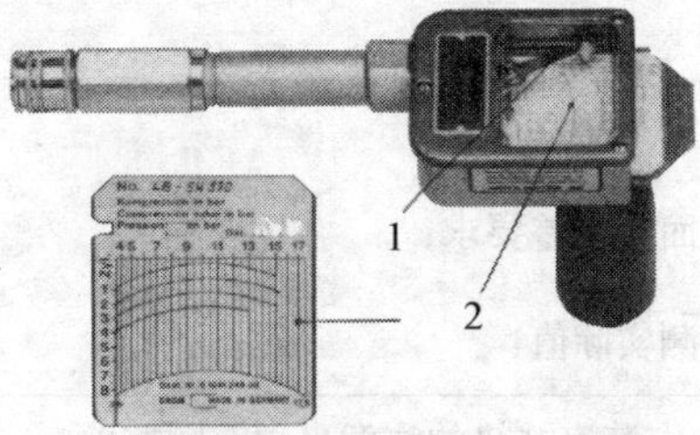

汽缸压力测试仪

1-指针；2-测试纸

2. 写出发动机缸压的测试步骤要点。

3. 整理、分析汽缸压力的测量结果。	技术标准 (1) 发动机状况良好：汽缸压力损失 10%。 (2) 最大额定汽缸压力损失：20%。 (3) 不同缸最大差异：10%。 通过活塞环容许少量汽缸压力损失（即便是发动机的状况比较良好）。

学习记要：

任务2：发动机汽缸盖的检测与修复	标准时间：2学时
班级：　　　　　　姓名：　　　　　　日期：	

问题：一位顾客驾驶的99款桑塔纳2000型轿车，行驶途中出现水温高，且发现冷却液偏少，便向膨胀水箱补充冷水。继续行驶，很快发动机动力明显下降，汽缸盖与汽缸体接合处出现大量水泡，无法行驶。经检查，汽缸盖严重变形。

任务：完成发动机汽缸盖的检修任务，在发动机装配时，为保证将汽缸垫和汽缸盖安装到位，要特别注意哪些问题？

---

1. 汽缸盖平面度检测注意事项？

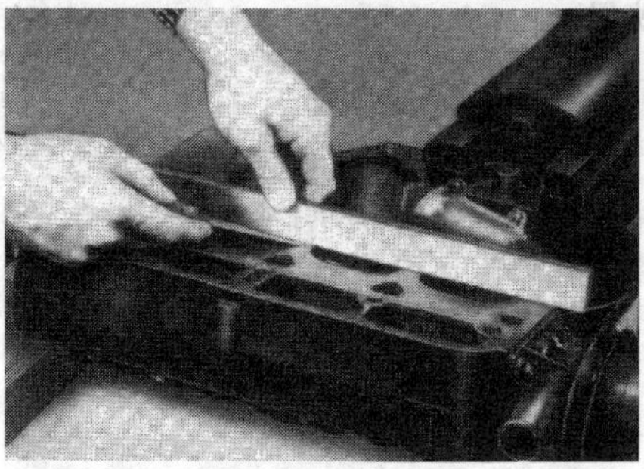

平面度误差要求：

所测实际值：

---

2. 安装汽缸垫的注意事项有哪些？

---

3. 写出右图四缸发动机螺栓的拆卸、旋紧顺序。

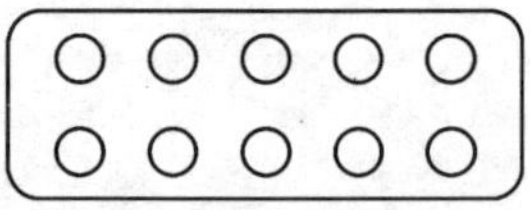

---

4. 汽缸盖裂纹的常用检验方法有哪些？

学习记要：

任务 3：发动机汽缸体的检测与修复		标准时间：8 学时
班级：	姓名：	日期：

问题：在修理发动机时，怎样判断发动机汽缸体是否能继续使用？

任务：检查和评价发动机汽缸体，如果需要，对汽缸体进行检修并实施下面的工作步骤。

1. 外观检查包括哪些主要内容？

2. 平面度误差检查的注意事项有哪些？

平面度误差要求：

所测实际值：

如果误差较大则要用专用机床对平面进行磨削加工修复。

3. 汽缸磨损的测量步骤有哪些？

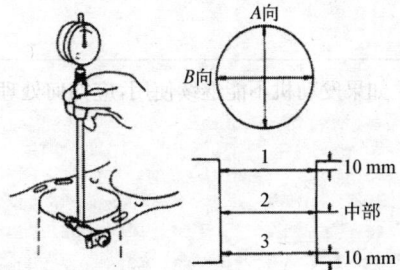

	汽缸号	横向	mm	纵向	mm
垂直活塞销方向（横向） 沿活塞销方向（纵向）	1	A1		B1	
		A2		B2	
		A3		B3	
	2	A1		B1	
		A2		B2	
发动机号：		A3		B3	

（续表）

基本尺寸：						3	A1		B1	
最大圆度误差 （比较 A 和 B）	1 缸	2 缸	3 缸	4 缸			A2		B2	
							A3		B3	
最大圆柱度误差 （比较 A 和 B）	1 缸	2 缸	3 缸	4 缸		4	A1		B1	
							A2		B2	
最大磨损度 （实际值-基本值）	1 缸	2 缸	3 缸	4 缸			A3		B3	

4. 请对发动机汽缸体进行总体评价。	发动机汽缸体是：□好的　　　　□坏的 说明判断依据

5. 如果发动机不能继续使用，应如何处理？

学习记要：

任务 4：发动机曲轴的检测与修复		标准时间：6 课时
班级：	姓名：	日期：

问题：从发动机上拆下曲轴，通过检测，这个曲轴能否继续使用？如何对轴承进行装配？
任务：请检查发动机的曲轴，对轴承进行装配，请处理下列问题，并完成此项工作。

1. 请进行曲轴外观检查，应该检查哪些方面？

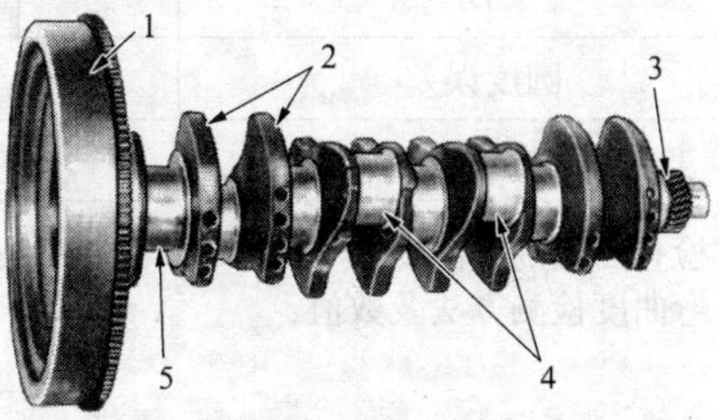

曲轴各部位的名称：

1-飞轮；2-曲拐；3-曲轴正时齿轮；
4-曲轴连杆轴颈；5-曲轴主轴颈

曲轴的轴颈有处轻微损伤，可以通过磨削来处理。在此之前，还应认真检查损伤位置是否有裂纹。

2. 完成裂纹检测，检测方法有哪些？

3. 检查曲轴轴颈的圆度误差和圆柱度误差。
   如右图所示说明测量曲轴轴颈的圆度误差和圆柱度误差时，所选择的测量部位。

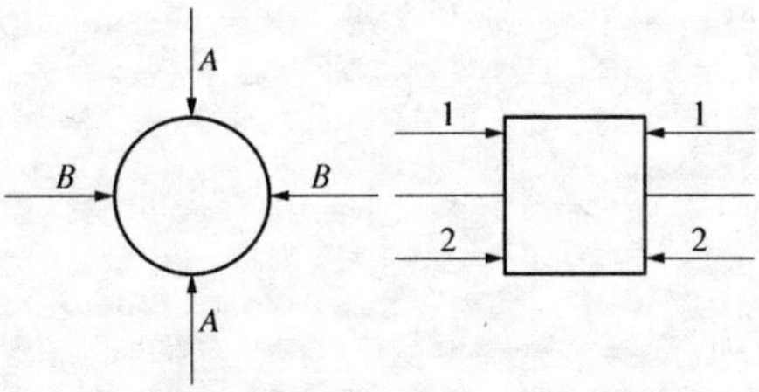

圆度误差　　　　圆柱度误差

曲轴主轴颈	1		2		3		4		5	
	1	2	1	2	1	2	1	2	1	2
A										
B										
圆度误差										
圆柱度误差										

（续表）

曲轴连杆轴颈	1		2		3		4	
	1	2	1	2	1	2	1	2
A								
B								
圆度误差								
圆柱度误差								

4. 检查曲轴的弯曲度。
   弯曲度检测方法及数值：

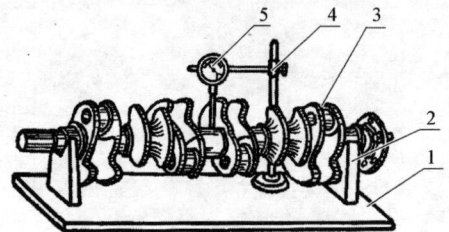

曲轴弯曲的检查

1-平板；2-Ｖ型块；3-曲轴；
4-磁力座百分表架；5-百分表

5. 请对曲轴进行整体评价。

曲轴   □正常   □不正常
说明判断依据：

学习记要：

任务5：活塞组的检测与修复		标准时间：4学时
班级：	姓名：	日期：

问题：在修理发动机时必须检测汽缸与活塞之间间隙、磨损程度，活塞与活塞环的装配间隙是多大等。

任务：确定汽缸与活塞之间的间隙、磨损程度，活塞与活塞环的装配间隙等，并按下面的工作步骤实施并回答问题。

工作步骤一：活塞的检修
测量活塞的外径，并将测量数据填入表中（单位mm）。

活塞1	
活塞2	
活塞3	
活塞4	

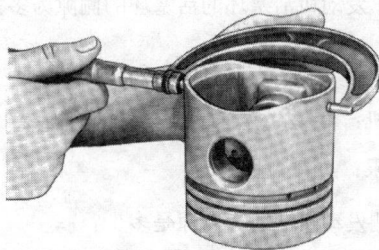

工作步骤二：活塞环的检修
1. 活塞环开口间隙的检测。
(1) 用塞尺检测环开口间隙。
① 检测活塞环应在哪个位置？

② 为何在此位置进行检测？

③ 轿车发动机活塞环的开口间隙一般为多大？

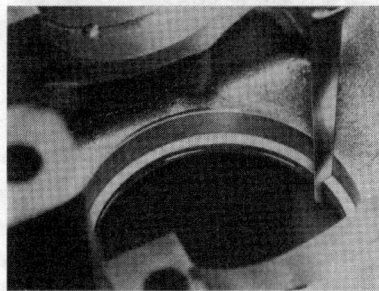

新发动机：　　　　　　　　mm

磨损极限：　　　　　　　　mm

(2) 所检修的发动机活塞环的开口间隙为多大？

汽　　缸	1	2	3	4
第一道气环				
第二道气环				
油　　环				

2. 活塞环侧隙的检测。

　　用塞尺检测活塞环的侧隙。

（1）轿车发动机活塞环的活塞环的侧隙为多大？

新发动机：　　　　　　　　　　　　mm

磨损极限：　　　　　　　　　　　　mm

（2）所测发动机活塞环侧隙是多少？

汽　　缸	1	2	3	4
第一道气环				
第二道气环				
油　　环				

3. 活塞环背隙的检测。

（1）活塞环背隙如何检测？

（2）检测活塞环背隙的数值。

4. 活塞环漏光度的检测。

（1）活塞环漏光度的技术要求是什么？

（2）如何检测漏光度？

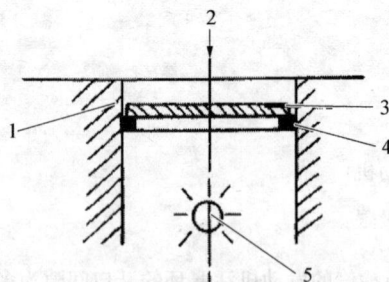

1-汽缸体；2-观察方向；3-盖板；4-活塞环；5-光源

学习记要：

任务 6：气门与气门座圈的检测与修复		标准时间：4 学时
班级：	姓名：	日期：

问题：在修理发动机时，怎样判断气门能否继续使用，气门与座圈性能的好坏。

任务：检查气门的技术状况，气门与气门座圈的磨损，建议对气门与座圈检修并实施下面的工作步骤。

工作步骤一：气门的检修

1. 气门外观检查：气门有裂纹、破损或严重烧蚀时，应更换气门。
2. 气门变形检验。

   气门变形检验包括哪些方面？如何检验？

3. 气门磨损检验包括哪些方面？

工作步骤二：气门座圈的检修

1. 外观检查气门座圈。
2. 用颜料法（或划线法）检验气门与座圈的密封性。

（续表）

(1) 工作环带的位置与宽度检查。
　进气门标准：
　排气门标准：
(2) 如何检验密封性能的好坏？方法有哪些？

3. 如果漏气应研磨气门座圈。
　研磨气门座圈的工艺过程，研磨座圈时应注意什么？

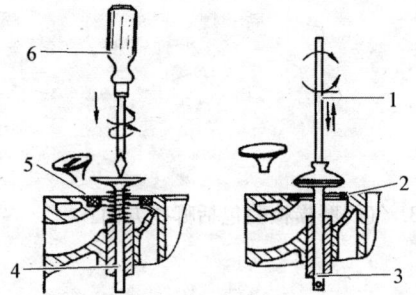

气门研磨

1—橡皮捻子；2、5—气门座；
3、4—气门；6—旋具

4. 如果气门与座圈的位置不合适，应铰气门座圈并研磨气门。
　铰销气门座圈的工艺过程是什么？

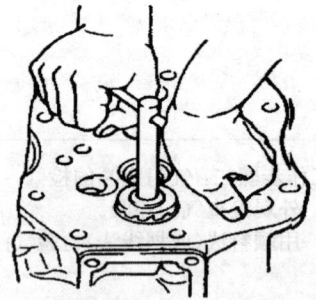

学习记要：

任务7：发动机的总装	标准时间：6 学时
班级： 姓名：	日期：

问题：发动机主要零部件经过检测、修复后，需要装配发动机，装配的工作步骤是什么？应特别注意哪些问题？

任务：装配活塞连杆组、曲轴飞轮组、配气机构等主要组件。完成发动机的总装任务。

1. 发动机总装时的基本要求是什么？

2. 安装曲轴飞轮组。

安装前应该首先检测轴承和轴颈之间的间隙：

(1) 安装时注意轴承和轴颈的对应关系。

(2) 间隙如何检测？

3. 安装活塞连杆组

(1) 装配前检测活塞环三隙，并选择不同横截面形状的活塞环，选择方法是什么？

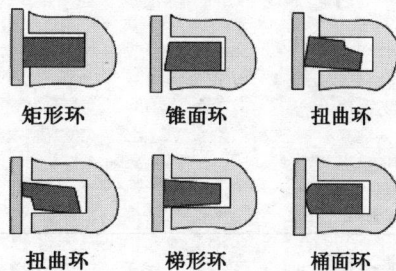

矩形环　　锥面环　　扭曲环

扭曲环　　梯形环　　桶面环

（续表）

（2）将活塞环开口置于正确位置。
　　活塞环开口的正确位置是什么？

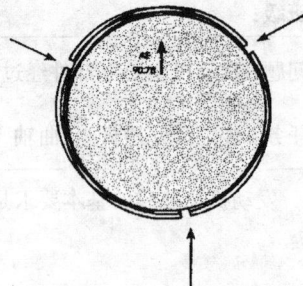

（3）安装连杆盖。
　　检测连杆轴承间隙：

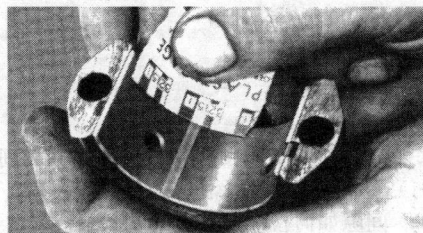

注意，连杆盖与连杆的相互标记！曲轴轴瓦的止口相对安置！

4. 安装正时皮带。
（1）调整 1 缸活塞至上止点（OT），在此找出发动机适宜的标记。
（2）旋转凸轮轴至正确位置，在此找出发动机适宜的标记。
（3）安装正时皮带并调整皮带张紧力。
　　发动机曲轴与凸轮轴的正时标记是什么？

学习记要：

任务 8：发动机爆燃的诊断与排除	标准时间：2 课时
班级： 姓名：	日期：

问题：一辆 2004 年的奥迪 A6 轿车，配备 1.8 T 发动机和自动变速器，行驶里程为 10 万 km。车主反映发动机在 2、3 挡加速时有"咯啦咯啦"异响声，声音已经持续了约半个月的时间，且时有时无，直到最近这两天声音变得明显起来。

任务：经试车发现声音果然如车主所述，在 2、3 挡时加速听见发动机传出"咯啦咯啦"声，听声音确实是发动机的爆震声。造成发动机爆燃的故障的原因可能有：点火时间过早，使用低率烷值汽油，发动机过热，汽缸压缩比过大，汽油中含有杂质和水分，混合气过浓、燃烧不充分产生积炭，长时间低速大负荷运行，废气再循阀工作不正常，及电控方面的原因等，请完成此故障的检修工作。

工作步骤一：完成检查点火时间是否符合规定

1. 简述测试仪的使用注意事项。

数字式点火正时枪

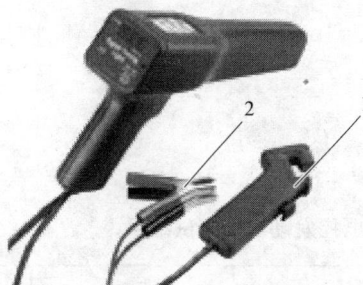

2. 检测点火正时的步骤？

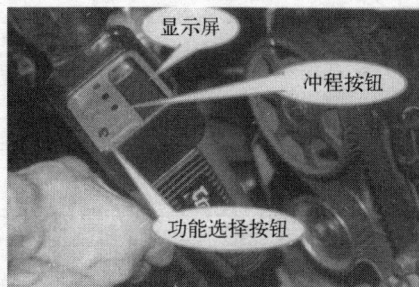

显示屏　冲程按钮　功能选择按钮

工作步骤二：检测发动机是否过热

　　写出冷却水的大小循环路线。

工作步骤三：检测发动机电控系统

1. 正确连接解码器，完成电控发动机的检测。

2. 进入发动机自诊断系统，简述其工作步骤。

3. 记录电控发动机的测试结果。

	个数	故障码	故 障 码 含 义
	1		
	2		
	3		
	4		
	5		
	6		

工作步骤四：制定故障诊断流程

学习记要：

任务9：发动机曲柄连杆机构异响的诊断与排除	标准时间：4课时

班级：	姓名：	日期：

问题：一辆2004年奥迪100轿车，发动机怠速运转时，发出"当、当"有节奏的清晰响声，且响声随发动机温度变化而变化，温度低时，响声明显；温度高时，响声减小或消失。

任务：经试车发现声音果然如车主所述，听声音确认为是发动机曲柄连杆机构异响。发动机曲柄连杆机构异响的原因有很多，主要有以下几方面：

1. 曲轴主轴承响。　　　　　　　2. 连杆轴承响。

3. 活塞组响。　　　　　　　　　4. 活塞敲缸响。

请完成此故障的检修工作。

工作步骤一：检查曲轴主轴承间隙是否符合规定

　　造成曲轴主轴承间隙不正常的原因有哪些？

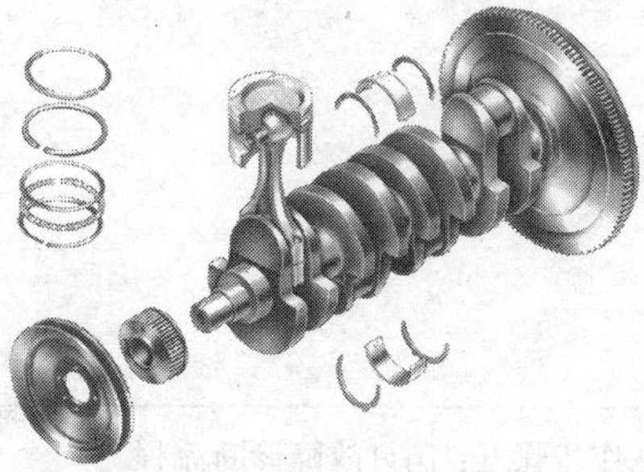

工作步骤二：检查连杆轴承间隙是否符合规定

　　造成连杆轴承间隙不正常的原因有哪些？

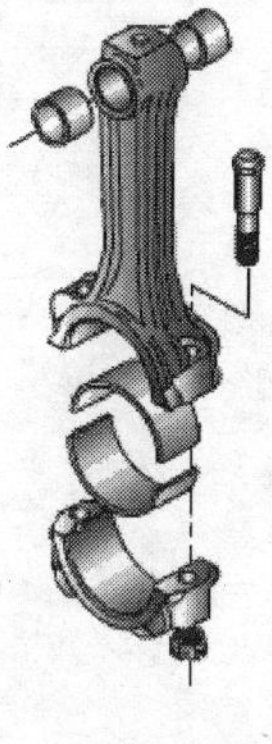

工作步骤三：检查活塞组间隙是否符合规定

1. 造成活塞销间隙不正常的原因有哪些？

2. 造成活塞环间隙不正常的原因有哪些？

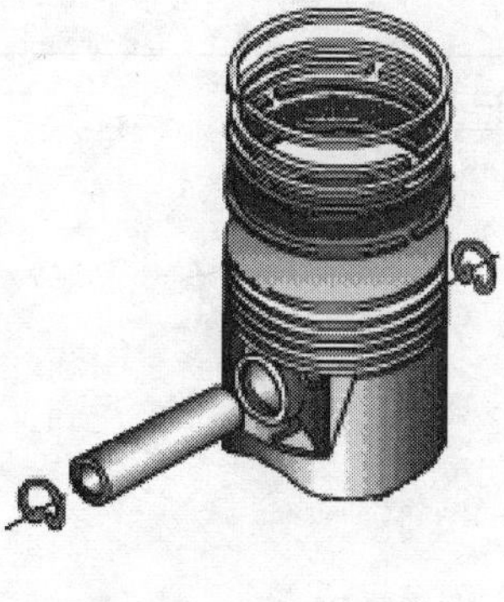

（续表）

工作步骤四：检测活塞与汽缸壁间隙是否符合规定 　　　　活塞与汽缸壁的配缸间隙是多少？如何检测？	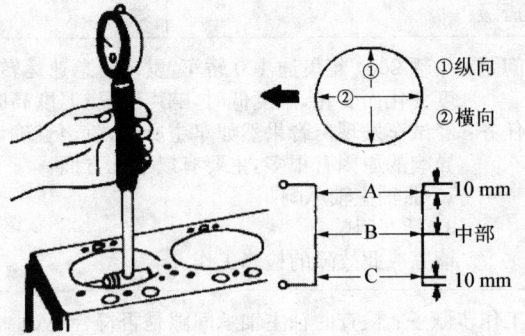
工作步骤五：制订故障诊断流程	
学习记要：	

①纵向
②横向

A ─ 10 mm
B ─ 中部
C ─ 10 mm

任务 10：发动机配气机构异响的诊断与排除	标准时间：2 课时

班级：	姓名：	日期：

问题：一辆 94 款丰田佳美 3.0 轿车，装用 V6 发动机，无论怠速与加速，配气机构都出现嘈杂的敲击响声，噪声大而严重。

任务：经试车发现声音果然如车主所述，经判断确定为发动机配气机构异响。发动机配气机构异响的原因有很多，主要有以下几方面：气门响、液压挺杆响、正时齿轮（皮带）响和凸轮轴轴承响。请您完成此故障的检修工作。

工作步骤一：检查气门组是否符合规定
　　造成气门组异响的原因有哪些？

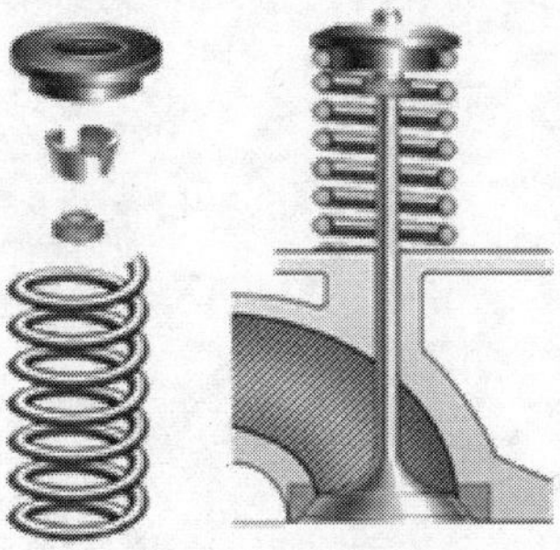

工作步骤二：检查气门传动组是否符合规定
　　造成气门传动组异响的原因有哪些？

工作步骤三：检测气门间隙是否正常
　　写出图中检测气门间隙的工作步骤。

工作步骤四：制订故障诊断流程

学习记要：

任务 11：冷却液温度过高的诊断与排除		标准时间：4 课时
班级：	姓名：	日期：

问题：一辆奥迪 A6 轿车在市区无法正常行驶,怠速运转时间过长则发动机冷却液温度过高,同时仪表板中的冷却液温度警告灯点亮,冷却液从储液罐的上盖中溢出。停车检查,发现电动冷却风扇不转。

任务：发动机过热或开锅、冷却系统温度报警灯闪亮的原因较为复杂。除了夏季长时间超负荷行驶以及点火时间等影响外,还有冷却系统工作不良、电控风扇故障等因素。发动机一旦发生过热现象,应通过正确的检查迅速排除故障。造成发动机冷却液温度过高的故障原因有：① 冷却液液面过低,循环水量不足,或冷却系统严重漏水。冷却液中水垢过多,致使冷却效能降低。② 冷却液温度表或警示灯指示有误,如感应塞损坏、线路搭铁、脱落或指示表失灵等。③ 百叶窗没有完全打开。风扇皮带松弛或因油污打滑,风扇离合器失效,温控开关、风扇电动机损坏,叶片变形等。④ 水泵泵水量不足,水泵皮带过松或油污打滑,轴承松旷,水泵轴与叶轮脱转,水泵叶轮、叶片破损,水泵密封面、水封漏水,水泵内有空气等。⑤ 节温器失效,不能正常开启,致使冷却液大循环工作不良。冷却水套、分水管等积垢过多、堵塞、锈蚀等。请完成此故障的检修工作。

工作步骤一：检查冷却液液面是否符合规定

1. 请简述如何检查冷却液液面。

2. 请简述如何添加冷却液。

3. 请简述如何选择冷却液。

工作步骤二：检查冷却液温度表或警示灯指示是否符合规定

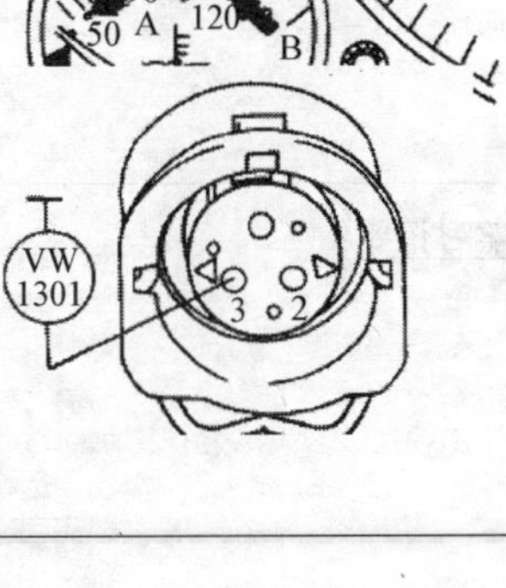

（续表）

工作步骤三：检查百叶窗、散热器、风扇皮带、风扇离合器、温控开关、风扇电动机损坏是否符合规定
1. 指出冷却水的大小循环路线。
2. 简述如何对百叶窗、散热器、风扇皮带、风扇离合器、温控开关、风扇电动机进行检测。

工作步骤四：检测发动机水泵
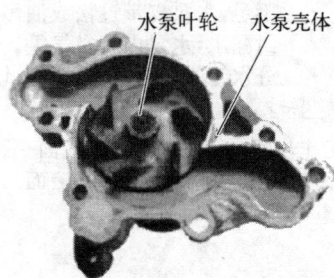 水泵叶轮　水泵壳体

工作步骤五：检测发动机节温器
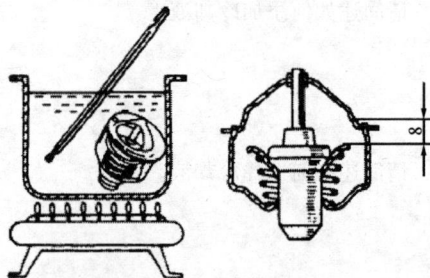

工作步骤六：制订故障诊断流程

学习记要：

任务 12：冷却液温度过低的诊断与排除	标准时间：2 课时
班级：　　　　　　　姓名：	日期：

问题：捷达 CEX 轿车装备的 ANL 发动机怠速升温慢。若将发动机水温在高转
　　　速下升到正常温度后，继续怠速运转或车辆低速行驶，水温表指针会回落，
　　　严重时将回落到水温表第一格处；高速行驶时水温回落的幅度较小。水温
　　　低时，发动机明显加速无力，发闷且费油。

任务：长时间冷却液温度过低（特别是冬天），发动机起动困难，行驶无力。水温
　　　表指针经常指在 75℃ 以下，发动机工作时，水温表指针长时间达不到 90～
　　　100℃ 正常位置（升温缓慢）。

　　分析造成发动机冷却液温度过低的故障原因有哪些？

工作步骤一：检查百叶窗是否符合规定

工作步骤二：检查水温表、传感器及线路是否正常，是否符合规定，并说明检测过程

（续表）

工作步骤三：检测发动机节温器

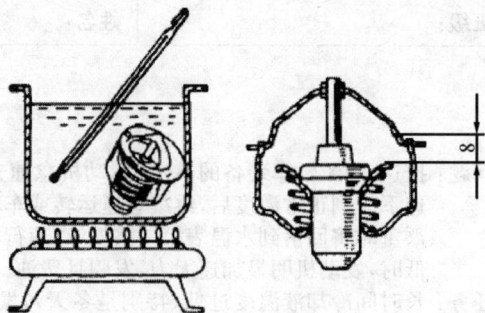

工作步骤四：检测发动机温控开关

工作步骤五：制订故障诊断流程

学习记要：

任务 13：冷却液消耗异常的诊断与排除	标准时间：2 课时

班级：	姓名：	日期：

问题：1995 年的四挡捷达，目前使用状况良好，油耗有点高，有 12 L/100 km。十一放假时换了蓝星的防冻液（6 L），今天早上发现水温升高的很快，打开发动机盖检查发现缺防冻液，又买了一桶灌上，没想到居然灌了半桶（3 L），仔细检查水箱及其附近并未发现有漏的地方存在，请问这是为什么？

任务：造成发动机冷却液消耗异常的故障原因有：① 冷却系统有无外部渗漏现象。应重点检查软管、接头、散热器芯和水泵等部位。② 冷却系统有无内部渗漏。应重点应拆检汽缸体、汽缸盖和汽缸垫。请完成此故障的检修工作。

工作步骤一：检查冷却系统有无外部渗漏，是否符合规定

工作步骤二：检查冷却系统有无内部渗漏，是否符合规定
1. 检查汽缸垫。

2. 检测汽缸盖。

工作步骤三：检测散热器的密封性

工作步骤四：制订故障诊断流程

学习记要：

任务 14：机油压力过高的诊断与排除	标准时间：2 课时
班级： 姓名：	日期：

问题：一辆普桑轿车，发动机大修，更换了气门、气门油封、活塞、活塞环、连杆轴承及机油泵等部件。两个月后，起动时机油指示灯报警，且机油滤清器滤芯漏油。

任务：机油压力过高的情况很少出现，若油压过高，可能的原因是：润滑油过多，指示装置故障，限压阀失灵导致机油泵输出油压过高，机油回油管路中有堵塞，回油不畅，使油压升高。请检查、排除机油压力过高故障。

工作步骤一：检查机油油面高度、机油黏度及牌号要求

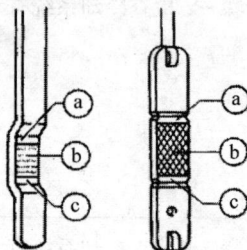

工作步骤二：检查润滑油路是否符合规定，并写出采用压力润滑与飞溅润滑的部件

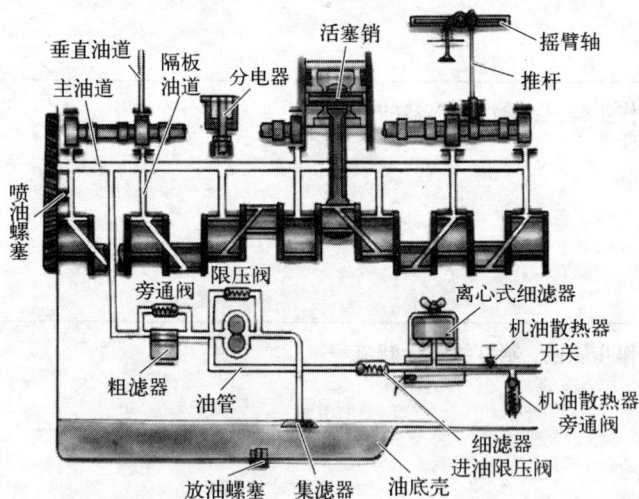

（续表）

工作步骤三：检查油压指示系统装置是否符合规定
工作步骤四：检测机油泵

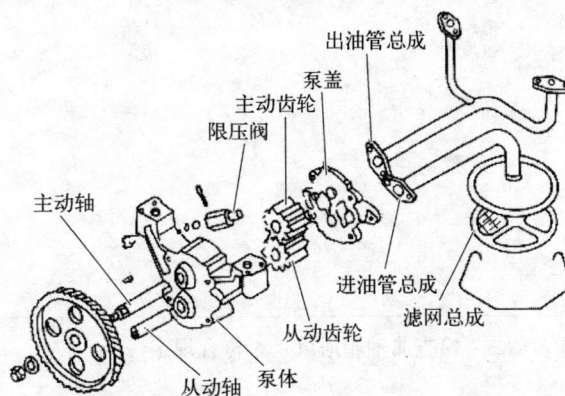

机油泵分解图，标注：出油管总成、泵盖、主动齿轮、限压阀、主动轴、从动齿轮、进油管总成、滤网总成、从动轴、泵体

工作步骤五：制订故障诊断流程
学习记要：

任务 15：机油消耗异常的诊断与排除		标准时间：2 课时
班级：	姓名：	日期：

问题：一辆桑塔纳 2000 俊杰轿车，装备 AYJ 发动机，01N 四挡自动变速器。发动机机油消耗过多，保养时发现冷却液中混有机油。

任务：产生这种现象的原因主要有：活塞与汽缸壁间隙过大，活塞环安装方向装错，进气门管磨损过量，曲轴箱通风不良，发动机正时齿轮室盖处漏油，发动机曲轴后端漏油，及油底壳或气门室盖(罩)漏油。请排除机油消耗故障。

工作步骤一：检查活塞与汽缸壁间隙是否符合要求(加注机油法)

工作步骤二：检查曲轴箱通风是否符合规定

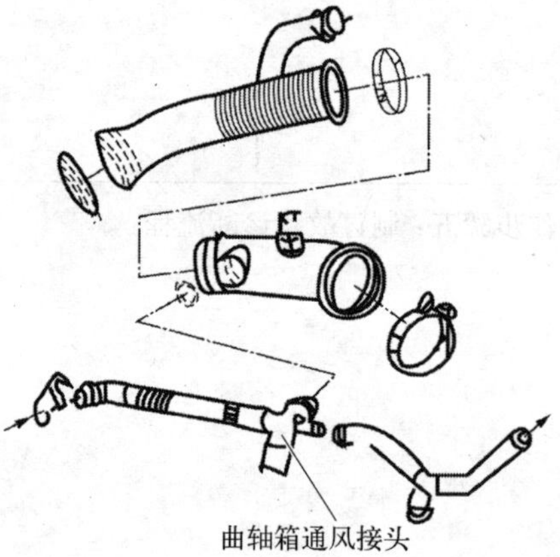

曲轴箱通风接头

工作步骤三：检查发动机正时齿轮室盖是否符合规定

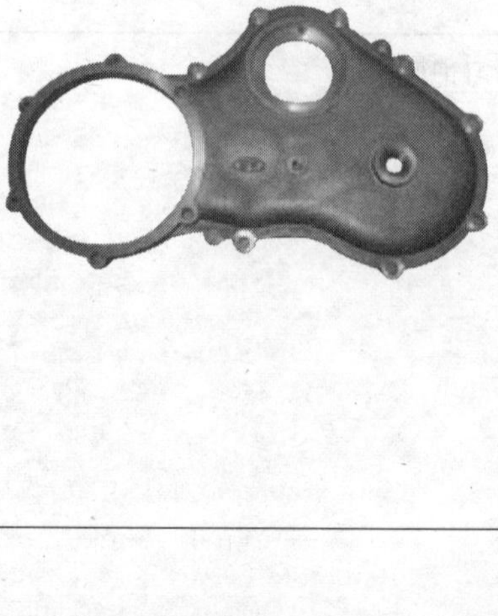

（续表）

工作步骤四：检查发动机曲轴后端是否符合规定	发动机后端盖　　梅花扳手
工作步骤五：检查油底壳或气门室盖（罩）是否符合规定	
工作步骤六：制定故障诊断流程	
学习记要：	

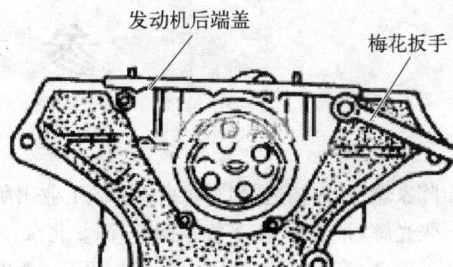

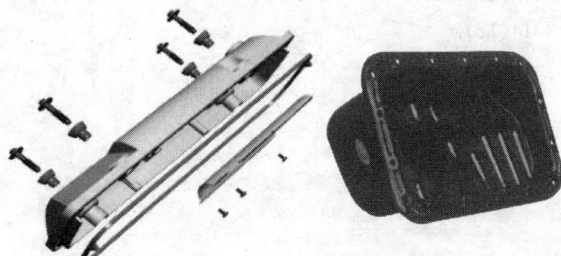

参 考 文 献

[1] 陈家瑞. 汽车构造[M]. 北京：机械工业出版社，2002.

[2] 张光辉，张宏坤. 汽车故障诊断[M]. 北京：高等教育出版社，2005.

[3] 王秀贞. 汽车故障诊断技术[M]. 西安：西安电子科技大学出版社，2007.

[4] 董安. 汽车故障异响诊断[M]. 北京：北京理工大学出版社，1997.

[5] 张大成，戴波南. 上海桑塔纳 2000 系列轿车维修手册[M]. 北京：北京理工大学出版社，2001.

[6] 黄俊平. 汽车发动机维修实训[M]. 北京：机械工业出版社，2009.

[7] 鲁民巧. 汽车构造[M]. 北京：机械工业出版社，2003.

[8] 王宪文，张宏彬. 2000 款红旗 CA7202E3 发动机排放污染物超标的分析与检修[J]. 汽车维修技师，2014(12).